Elite
04

關於 **社會學** 100 Stories of
的100個故事 Sociology

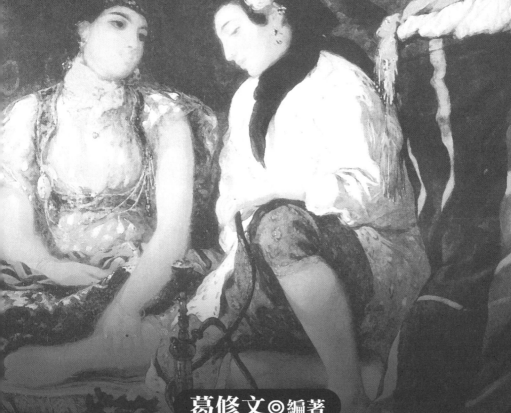

葛修文◎編著

00個故事，帶您進入社會學領域，增加對自我與社會關係的認識！

這是最好的時代，也是最壞的時代；這是智慧的年頭，也是愚昧的
年頭；這是信仰的時期，也是懷疑的時期；這是光明的季節，也是黑暗
的季節；這是希望的春天，也是失望的冬天……

——Charles Dickens《雙城記》

置身21世紀之初，我們迎接了一個交織著困惑和期望的世界，一個
充滿著變革的世界。深刻的矛盾、劇烈的衝擊、社會分化的張力、科技
發展對於自然環境的破壞……都將我們引向對於自我和世界的思考，而
這背後潛藏著一種更大的關懷——對於人類命運的美好前景的憧憬。

世界是如何形成的？爲什麼我們和其他人之間存在差異？爲什麼我
們的生活環境和社會狀況和以前的人們那麼不同？社會究竟是怎樣變化
的？將來又會朝什麼方向變化？這些問題，恰恰是現代思想文化重要組
成部分的社會學所關心的研究領域。明白地說，一個完整的學科領域的
建立並非一朝一夕，僅憑一己之力可以完成的。然而，因爲法國學者奧
古斯特·孔德（Auguste Comte）創造了「社會學」這一術語，我們還
是必須把他視爲現代所謂的社會學的創始人。

儘管與孔德同時代的其他社會學家，像我們所熟悉的史賓塞、涂爾
幹、韋伯等在認知社會的視角和方法上和其不盡相同，但是對於社會學
所要研究的領域，他們基本上還是能達成共識：社會學是對於人類總體
的生活進行研究的一門科學。既然把身爲社會存在的我們自身作爲研究
對象，那麼社會學的研究領域也就無限寬廣：從日常生活中人與人之間
的接觸，到都市生活中的邊緣人群，再到浩浩蕩蕩的全球化進程。從微
觀到宏觀，無所不包，不一而足。

當然，社會學中自然包含著形形色色的理論觀點，但社會學並不只

是一個抽象的研究領域，其對於人們的生活還是有著重要的實際意義。大部分人都是依據自己生活中的一些熟悉的特徵——一種常識來認識和解釋這個世界的，我們常常都生活在「生活的慣性」之中。而社會學則是需要我們拋開個人對於世界的片面看法，進而更加仔細地研究那些塑造我們以及他人的生活的因素的一門學科。

那意味著我們需要用更寬廣的視角來理解我們為什麼會是這樣以及我們為什麼會變成這樣。它忠告我們，生活中被稱為是「天意」或者「命運」的東西，可能往往是歷史和社會力量的產物；那些所謂的「理所當然」或「確證無疑」，實際上並非簡單地是那樣。社會學，讓我們聽出「生活中的弦外之音」。

綜合以上，社會學並不要求從現象和問題中找到終極而確定的答案，唯希望用超越自身和常識的更加開闊的視野去觀察現象和思考問題，換句話說，形成社會學的洞察力。因此，嘗試去做一名「社會學家」並不意味著是一次枯燥乏味的學術之旅，只需要帶著你的想像力，將社會學的基本理念和你自己生活中的具體情境聯繫起來思考就可以了。唯有多對生活中的「習以為常」問問為什麼，其實人人都可以是一個出色的「草根社會學家」。

因此，本書中的100個社會學小故事，不僅是對社會學的主要研究領域和方法的一次普及，更是一次非正式的「學術訓練」，讓你插上「社會學的想像力」的翅膀，在生活中體會「詩意的思考」所帶來的精神快感。對於那些艱澀難耐的術語辭彙，您所要做的就是徹徹底底地「不求甚解」一回，並且在對這些生動有趣的小故事會心一笑之餘，靜靜地沉思片刻，不僅會對您自身、更對您身處的社會獲得意想不到的新鮮認識。

第一章　熱點透視

第二章　概念解析

第三章　理論研究

第四章　流派學說

目錄

第一章

熱點透視

印度洋海嘯引發
的環境威脅論

環境危機的表現形式主要為環境污染和生態破壞。因人為的活動，向環境排入了超過環境自淨能力的物質或能量，導致環境發生危害人類生存和發展的事實和人類不適當地開發與利用環境，致使環境效能受到破壞或降低，進而危及人類的生存和發展的事實。

據泰國《民族報》報導，當大海嘯席捲泰國南部時，當地一個漁村的181名村民卻早已逃到了高山上的一座廟中，進而躲過了這場劫難。

是什麼賦予這些漁民神奇的預感？65歲的村長卡薩雷說，祖輩們留給他們一條古訓：「如果海水退去的時候速度很快，那麼海水再次出現時的速度和流量會和退去時完全一樣。」

這個漁村世世代代與大海關係密切，在泰國被稱作「摩根海的流浪者」。他們整個雨季都在大海裡航行，從印度到印尼，然後再返回泰國。

專家認為，大量海水迅速退去的確是海嘯即將發生的跡象。這個時候，許多漁民只是忙於撿拾那些被海浪沖到沙灘上的魚，而聽過古訓的「摩根海的流浪者」則已經向山頂出發了。

這次海嘯的發生，向人類敲響了自然

環境安全的警鐘。近年來環境災害越來越多，環境威脅論也成為社會學不可迴避的問題。

科學家對斯里蘭卡地區海域研究後發現，這次印度洋大海嘯造成的慘重損失與當地非法開採珊瑚有著直接關聯，而珊瑚原本可以抵擋住最狂暴的海浪對海岸線的侵襲。珊瑚開採是斯里蘭卡的一項重要產業，它們透過被賣給旅遊者或做成工藝品給當地帶來可觀的經濟收入，所以當地政府很少使用法律手段來制止這種行為。

在海嘯中，一個高達10公尺的巨浪在斯里蘭卡西南部的佩拉利亞鎮登陸，它在陸地上「橫衝直撞」1英里（約合1.6公里）有餘，並將一列滿載乘客的火車沖出鐵軌50公尺遠，共造成1700人死亡。

科學家們發現，該地區海中的珊瑚礁已不復存在。而在另一個名叫希卡杜瓦的地方，由於當地的珊瑚礁被悉心呵護，在海浪抵達陸地時只有3公尺高，且僅向前推進了50公尺，未造成人員死亡。

佩拉利亞鎮和希卡杜瓦兩地都經歷海嘯結果卻大不相同，這與海岸線的具體形狀毫無關係，而與珊瑚礁的保存狀況密切相關。事實證明，儘管遭受到去年那場海嘯的正面襲擊，但海拔很低的馬爾地夫的損失相對來說卻顯得微不足道，其原因同樣在於那裡的珊瑚礁未被破壞。

不難看出，由於我們對生態基本規律的認識不足，使人類活動產生的總壓

力超過了地球的環境承載能力的可能性。

同時，人口數量急劇增加，人口的壓力加大，人類賴以生存的生物圈不堪重負，再加上技術的濫用，自由經濟制度對利潤的貪婪導致了對大自然的嚴重破壞，政府行為失範，使全球環境不斷惡化。

目前整個世界面臨著一系列環境危機問題，全球性氣候暖化，海平面上升，大氣中二氧化碳總量逐年增加導致地球表面的溫室效應；土壤過分流失和土地沙漠化擴展，森林資源日益減少；臭氧層的耗損是潛在的不可忽視的環境危害，其原因是氧氟類物質的長期排放和累積所引起的；生物物種的加速滅絕，動植物資源急劇減少；淡水供給不足，水源污染嚴重；空氣污染和有害廢棄物危害人類的健康和安全。

孔德（1798～1857），法國實證主義哲學家，社會學家，西方社會學的創始人。他開啟社會學實證主義傳統的先河，社會學分為社會動力學和社會靜力學。人們把他尊為社會學的創始人、奠基人，或認為是社會學的命名人。著有《實證哲學教程》、《實證政治體系》、《主觀的綜合》等。

手機熱帶來的
社會身分的潛隱

當代的後工業社會資訊時代，其生產方式發生了根本性的變革，人的本質性內涵再一次得到了解放、延長和深化。人逐漸從「必然王國」向「自由王國」邁進。

　　著名主持人嚴守一，去電視台主持節目時把手機遺忘在家裡，這個小小的失誤卻讓他的妻子余文娟發現了他與一個陌生女子間的秘密，回想丈夫在電視上笑容滿面，回到家卻神情恍惚：對人滔滔不絕，對自己卻一言不發，妻子似乎明白了一切，便提出離婚。

　　戲劇學院台詞課老師沈雪是嚴守一的新任女友，兩人經過一段快樂時光後，沈雪發現嚴守一手機的答鈴方式發生了很大的變化，過去嚴守一的手機是設定在答鈴上，現在改成了震動。這使得沈雪產生了猜疑和嫉妒。從此，嚴守一對手機和日常的談話再次產生了嚴重的恐懼。

　　某出版社的女編輯武月在火車餐車上和嚴守一偶然相遇，嚴守一無心為出版社寫書，但武月窮追不捨，簡訊頻頻。為了讓武月幫助失業的前妻余文娟找個工作，嚴守一不得不答應，但從此以後，他的生活也變得「恐怖」起來……

　　以上是電影《手機》裡的故事情節，影片透過手機，長出了許多嘴，都在

說話，有說假話的，有說實話的，有不愛說話的，有話中有話的，也有說心裡話的，淋漓盡致地揭示了嘴和心的關係。但說話者的身分，朦朧而模糊，只聞其聲，未見其人。

故事中，手機主人和其他的手機持有者，在彼此身分隱蔽的情況下，透過手機發生了某種關係，這種身分的潛隱，是信息高度發達的結果，是資訊社會社會屬性發生變化的結果。人的雙重性（自然屬性與社會屬性），其中社會性是人的本質屬性。

「人就是各種社會關係的總合」，而具體的人也就是一個個體的人的社會性的生成，就是人在社會環境中在生產與生活中人與人的交往、交流中結合的關係。當代的後工業社會資訊時代，其生產方式發生了根本性的變革，人的本質性內涵再一次得到了解放、延長和深化。人逐漸從「必然王國」向「自由王國」邁進。

社會身分和社會階層是社會學中一個常見的問題，社會身分在馬克思經典哲學裡面主要是指由於在社會中特別在階級社會中個人的經濟地位和狀況（包括財產的多少等）和政治地位（主要是權利的大小），在實物時代人們的地位主要由其可表徵的經濟力和政治權利決定，一般社會地位與社會身分成正比，社會地位越高也就是他或她的經濟力和政治權利越強，那麼他或她的社會身分就越尊貴。

所以在傳統的社會裡有社會身分的標識，社會身分高者與社會身分低者之間有明顯的鴻溝，他們之間的交往往往很少，而且有很多阻礙，往往地位卑微者不敢登地位高貴者的廳堂，相反，地位高貴者也不願光顧地位卑微者的寒舍。而在資訊時代裡，這種明顯的社會標識逐漸被現代通訊技術所遮蔽，走向

潛隱。

通訊技術雖然在特定的社會裡會打上社會意識形態，但是它的存在形態是隱性的，難以被大眾所察覺。手機出現之初雖然也有些社會身分表徵的意味，因為那時手機使用率非常的低，而且非常的昂貴，一般大眾消費不起，所以它最初在一定程度上充當了表徵社會的社會角色，但是隨著手機技術發展，現代社會資訊化的發展，手機的迅速發展，生產成本大大降低，價格下跌，使用逐漸普及，就出現了手機熱的現象。

而手機熱的出現更加推進了社會身分走向潛隱！

霍布豪斯（1864～1929），Hobhouse，Leonard Trelawney，英國政治思想家，哲學家，社會學家。他的理想是建立一種自由主義式的民主社會主義。他既反對帝國主義和壟斷，也反對馬克思的共產主義、費邊社會主義。他是20世紀最具影響的現代自由主義思想家，英國新自由主義的主要代表。著有《論勞工運動》、《民主與反動》、《自由主義》、《社會演進與政治理論》、《衝突的世界》、《形而上學的國家理論》、《社會正義之要素》。

劉心武登上百家講壇：
誰給文學話語權力？

文學的文學性是透過訴諸形式而得以實現的，文學作為一種重要的話語實踐，透過二元對立的敘事，透過作用於我們的感知、體驗和觀念，透過在人的意識或無意識層面上改變人們的信念，而使自己成為一種意識形態裝置，成為一種符號權力。

打開電視，劉心武先生正在《百家講壇》大談《紅樓夢》：

這一回很重要，他寫了金陵十二釵第十二釵秦可卿死亡的故事，這個人物出場就很晚，還沒到第二十回呢，剛到第十三回，連十五回都沒到，她就死去了。這個無所謂了，一個大的著作，對人物的安排有早死的，有晚死的，有老也不死的，有老而死的，都有可能。問題是，這一回有一條脂硯齋的批語，脂硯齋批語說得很清楚，她說：「秦可卿淫喪天香樓，作者用史筆也。」

她說：「老朽因有魂托鳳姐賈家後事兩件。」就是曹雪芹寫到秦可卿的陰魂去向鳳姐說話，她說：「嫡是安富尊榮坐享人能想得到處。」那很不容易的，若不是一個思想比較深刻的人是不會說出這樣的話。說：「其事雖未漏，其言其意，則令人悲切感服，因赦之。」

「赦之」就是赦免的意思，「因命芹溪刪去」，「芹溪」是曹雪芹的號，別號，就是說，鬧了半天，「秦可卿死封龍禁尉」這個回目是後改的，原來這一回叫做「秦可卿淫喪天香樓」，而且曹雪芹寫了淫喪天香樓的種種事情、種種情節。脂硯齋由於她所說的那些原因，覺得秦可卿這個生活原型、這個人的命運

還是很值得人寬恕的，別把這件事寫出來，把這個事帶過去算了，她就讓曹雪芹把它給刪了。

刪了多少呢？哎呀，刪得太多了，也是脂硯齋自己說的，刪去了「四、五頁」，等於刪去了現在的八到十個頁碼，是不是啊？

劉心武針對這段話就提出了文學話語權的問題。曹雪芹有權按文學的規律，寫出秦可卿淫喪天香樓這一回，這是文學的話語權，但是，這種話語權有時會被非文學因素剝奪的，所以這一回被刪去了。

具體地分析文學話語的話語權力，也許可以從文學話語的敘事特徵開始展開作為陳述的敘事，規定著文學的文學性。先來看文學話語權力的性質及其特點。

首先，作為所指的敘事，文學話語確定著所敘之事的意義，例如故事中提到的秦可卿淫喪天香樓這一回，脂硯齋批語說得很清楚，她說：「秦可卿淫喪天香樓，作者用史筆也。」所謂「史筆」在一定程度上充當著符號權力或意識形態的功能。

在小說裡讓我們「看到」用意識形態的形式，再以個人「體驗」作為它的內容。

文學敘事遁跡於語言和故事的虛構性和想像性中，似乎擺脫了它與特定意識形態的關聯，但正是因為這一點，才更讓人注意到它與一定話語權力的關係：文學話語的權力策略「可能是自覺的也可能是不自覺的。」作為一種自覺

的權力策略，它是敘述主體的權威性的體現；作為不自覺的話語，敘述主體被壓倒了，敘述語式不過是意識形態再生產的一種插入方式。

但作為能指的敘事則又似乎總是傾向於瓦解著種種意識形態的可能性。文學所固有的虛構性、想像性、多義性，卻有利於文學行動者突破意識形態的獨白陷阱。

文學的文學性是透過訴諸形式而得以實現的，文學與權力的辨證關係：一方面，文學作為一種重要的話語實踐，透過二元對立的敘事，透過作用於我們的感知、體驗和觀念，透過在人的意識或無意識層面上改變人們的信念，而使自己成為一種意識形態裝置，成為一種符號權力。但另一方面，文學對於自己審美形式的追求又可能會使自己成為特定意識形態的離心力量，文學話語的文學性可能會淘空、肢解和撕裂意識形態的整體性、具體性和連貫性，並導致它所由出發的符號權力遭到削弱，甚至歸於解體。

文學可以被確認為一種話語權力，一種符號權力或意識形態，但卻遠不是一種嚴密、穩定和完善的權力。

立普斯（1851～1914），Theodor Lipps，德國心理學家、美學家，德國「移情派」美學主要代表。在美學方面的最大貢獻是提出了較系統的移情理論。他從心理學出發研究美學，認為美學是關於美和審美價值的科學。著有《空間美學和幾何學、視覺的錯誤》、《美學》、《論移情作用，內摹仿和器官感覺》、《再論移情作用》等。

六合彩賭出的弱勢群體

所謂弱勢群體，即由於某種因素的缺陷而導致行為人在社會競爭中處於被動不利的地位的人群。弱勢群體一般具備收入低、職業差、教育程度低等特徵。這個群體的產生是一種極為複雜的社會現象，是多種社會因素促成的結果。

「再也不賭『六合彩』了，那是騙人的東西！」來自五華的劉某話別醫護人員，重操「馬路天使」的行業。

劉某與妻子在東莞當了20年環衛工。兩人每月工資約有2000多元，生活過得還算小康。有一次，夫妻倆掃地時撿起許多四開小報，便拿到廢品站去賣。有人告訴他們，這是教人如何買碼發財的碼報！直到這時，老實忠厚的劉某才知道什麼叫「六合彩」。

一天收工後，劉某神秘兮兮地與妻子商量，先買200元「六合彩」試一試：中了，發點小財；虧了，他就把煙戒掉。其妻想，反正抽煙也沒好處，買「六合彩」還可一搏，便表示同意。

開獎了，劉某當然沒中獎。可是他不但未能戒煙，反而因懊惱而抽得更凶了。妻子開始罵他。為了挽回損失和面子，他又背著妻子下注，結果還是沒中。越輸心理越不平衡。隨著一次次下注、一次次失敗，劉某連續虧了三、四千元。妻子越罵越凶，劉某更是一頭熱，堅信遲早會中獎。

掃街、吃飯、睡覺，劉某都想著「六合彩」，以致一連幾天未合眼，開始精神恍惚，甚至出現幻覺。他胡言亂語，滿街亂跑，逢人便大喊大叫，聲稱自己一定會中大獎。同在東莞打工的親朋只好將他強行送醫院。

在香港「六合彩」不過是一種普普通通的彩券，傳進大陸後卻成了場外賭博。即彩民與一些實力雄厚的「組頭」進行賭博。具體的過程比較複雜，但不外乎是彩民押賭，中彩則從「組頭」那裡獲得幾十倍的豐厚賠償，不中彩則將賭資輸給「組頭」。

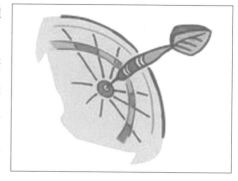

然而就是如此簡單的投機方式竟使一個地區出現了萬人空巷的局面，彩民三五成群聚集於家中研究彩券動向，爭相押賭，造成了嚴重的社會問題：因傾家蕩產走上自殺之路的人不在少數；輸得連孩子學費都繳不起的家庭更是不勝枚舉；而不論輸贏，只要參賭的勞動積極性都降到最低點，因為贏了就無須辛苦地賺那幾個小錢，輸了則賺來的再多錢也不夠賠，這種普遍心態便造成了整個地區經濟陷入停滯，甚至出現了倒退。

為什麼會出現這種現象呢？本來，經濟的投機是十分正常的現象，但弱勢群體由於自身的特殊性，往往成為投機活動的犧牲品。何謂特殊性？就在於弱勢群體普遍存在著低教育素質的特徵。而知識在社會中扮演著日趨重要的作用，加上二十年來市場經濟的逐步規範化，改革開放初那種靠坑、騙、宰也能使一個毫無知識的人發跡致富的年代已經一去不復返了。

現代的投機方式註定弱勢群體的失敗。

現代的投機方式具有大眾化特性的主要是證券的投機。但弱勢群體幾乎不可能透過這種投機獲取利益，事實上不傾家蕩產已經很不錯了。因為證券投機有兩個弱勢群體難以具備的前提：充足的可迅速調配的資金，以及複雜的投機

決策及投機技巧。所謂弱勢群體，即由於某種因素的缺陷而導致行為人在社會競爭中處於被動不利的地位的人群。弱勢群體一般具備收入低、職業差、教育程度低等特徵。這個群體的產生是一種極為複雜的社會現象，是多種社會因素促成的結果。

社會資源的稀缺與社會成員的眾多形成了劇烈反差，不可避免地導致社會競爭的殘酷化和無人情化，於是便出現「強者更強，弱者更弱」的惡性循環。弱勢群體是處於社會的不利地位，現有社會條件又不足以馬上改變他們的境況，因此弱勢群體被逼上梁山，進行社會越軌行為，最後發展至犯罪的傾向性十分強。

將發財夢寄託於用少量資金就可能帶來巨大財富的彩券投機上，是目前弱勢人群中一種相當流行的心態，社會也在積極引導和鼓勵這種行為的發生與蔓延。彩券是會使極少數人獲得意外之財，但如果把這當成改變弱勢群體狀況的途徑，無疑是荒謬而又可笑的。彩券非但不能為弱勢群體創造財富，反而起了相反的作用。但現實社會中的弱勢群體卻是在實踐在這個簡單的道理。

哈樂德·拉斯韋爾（1902～1977），Harold Lasswell，是一位著名的政治學家，也是一位社會學家、心理學家和傳播學者。傳記作家形容他為「猶如行為科學的達爾文」。他與勒納、史皮爾合寫的《宣傳與傳播世界史》三冊巨著正式出版發行，進而將宣傳與傳播研究又推向了一個新的高峰。

海藝辱師案折射的師道尊嚴

國人的尊師不是對作為個體的教師本人的尊重，而是對「師」的地位的尊重。「師」是相對於「生」的一種被神聖化的權力，教師只是作為抽象的「師」的代表，而不是具體的「師」才受到國人的尊敬。

2007年5月25日下午4點，網路上出現一段4分55秒的視頻錄影，視頻中的課堂上20餘學生各自為政亂成一團。這是一堂地理課，一班大約20餘名學生，睡覺的、說話的、打鬧的，亂成一團，還有人無聊地在課堂上走動拍攝錄影。

第一排右一是一名瘦弱、皮膚黝黑的男生，左耳戴著耳環。他背後的同學邊對其拍攝邊說，「這就是×××地理課。看表演啊！」戴耳環的男生隨即走到講台上，挑釁正在講課的約六旬的老師——一把摘掉老師的白色帽子。全班學生哄堂大笑。後來這名男生又到講台上對老師動手，被視頻拍攝者勸阻。

整個過程中，視頻拍攝者在教室內隨意走動，幾個學生在鏡頭前擺pose，一名男生用礦泉水瓶投擲到老師身上，戴耳環的男生指著老師喊叫「那就一SB！弄死他。」而老師則一直埋頭講課。

「你們不要影響別人。」這是這段4分鐘的視頻內，這名老教師唯一一次抗議。視頻被公佈後，很快在網路上引發了一場大規模的網路暴力事件。經網友搜索查證，此辱師案發生在北京市海澱區藝術職業學校。很快網友以發帖譴責、簽名抗議、駭客攻擊、建立專題網站等方式發洩著憤怒。

這段視頻讓網民震驚，並引起網友的熱議和憤慨。有網友指出視頻內容發生在海澱藝術職業學校「全能班」，還有網友公佈出「當事人」的姓名、家庭住址以及電話號碼。一個網路論壇還舉辦萬人簽名聲討海藝全能班。

尊師是傳統的美德，國人的尊師不是對作為個體的教師本人的尊重，而是對「師」的地位的尊重。「師」是相對於「生」的一種被神聖化的權力，教師只是作為抽象的「師」的代表，而不是具體的「師」才受到國人的尊敬。

由於這種傳統的尊師觀念的影響，在我們的課堂上，老師與學生的權力是不對稱的，而且，這種不對稱的課堂權力結構也得到了社會的默認與支持。於是，在課堂上，老師掌握著「話語霸權」，成了一個被神聖化了的核心，而學生則是被邊緣化與殖民化的相對沉默的群體。這種不對稱的權力結構決定了老師的授課方式，即「灌輸式」或「填鴨式」教學——本來應該是教師與學生之間的對話與交流的教學活動，成了從強勢方的老師向弱勢方的學生的資訊單向流動。從某種意義上來說，這種教學方式是針對學生的一種無形的暴力，不管教學的內容如何，是自由、平等、博愛先進理念還是陳腐落後的思想觀念，都將成為培養學生被動與服從性格，進而扼殺學生的主體性與創造力的溫床。

另一方面，師生間這種不對稱的權力結構也使教師對學生的體罰合理化了。舊時的私塾老師擁有一厚一薄兩把戒尺，薄的用來打學生的手掌，厚的用來敲學生的腦袋。現在，教育行政部門雖然禁止對學生進行體罰，但由於文化的惰性，教師體罰學生的權力卻仍然有著強大的社會心理的支持。正因為如此，教師體罰或侮辱學生的事件才會屢禁不止。

在這種權力結構下成長的青少年，會形成一種叫「權威型人格」的「人格模式」。具有這種人格的人，他的行為方式往往取決於外在的壓力，而不是內在

的自覺。一方面，他具有受虐狂的傾向，另一方面，又具有虐待狂傾向。到底表現為哪一種傾向，則視當時的場景而定。學生侮辱老師，表面看來似乎顛覆了師生之間的權力關係，其實不然，這次偶爾的「狂歡」正是這種不對稱權力結構的產物，並且強化了這種權力結構。

這些辱師的學生，一直以來就是被這種不對稱的權力結構邊緣化的和被教師侮辱的學生——在他們的心裡，只有對權威的尊重，不可能產生對「人」的尊重這種概念。如本新聞所示，當權威在某種情況下不再被認為是權威時，他們便表現出了自己虐待狂的一面，那位可憐的老教師不過是師生間這種不對稱的權力結構的犧牲品罷了。

只有當師生之間不對稱的權力結構被打破了，師生以平等的個體自由地進行對話與交流，身為個體的人本身的尊嚴得到尊重，課堂不再是控制與反控制的遊戲時，老師體罰或侮辱學生的現象才會逐漸消失，學生也才會真正地尊重老師，即把老師視為具體的人而不是抽象的權威來尊重——學生侮辱老師的情況自然也就不會發生了。

查理斯・羅伯特・達爾文（1809.02.12～1882.04.19），Charles Robert Darwin，英國博物學家，進化論的奠基人，機能心理學的理論先驅。主要著作有《物種起源》、《動物和植物在家養下的變異》、《人類的由來和性選擇》、《人類和動物的表情》等。

性的社會網路理論中
的愛滋病

有多個性伴侶關係的個體們，實際上是被他們的人際性行為給網路化地組織起來了。如果愛滋病在某個性網路中傳播開來，或者從另外一個網路傳播進來，那麼女性就會更多地成為被動的「終端受害者」。

幾週前，小恩科西出現了腹瀉症狀，他瘦小的身軀已經被病魔折磨得不成人樣了。這是他走向死亡的前兆。

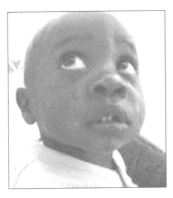

到5月底，與病魔抗爭的小恩科西仍想對前來看望他的人展現笑臉，但他笑得是那麼的不自然，因為他的嘴唇抖動得很厲害。

最後幾天，他的身體不停地抽搐，甚至已經沒有力氣翻一下身子。他與養母詹森的對話也出現了困難，只能將養母的手輕輕地握一下。

「也許他已經跑完了自己的比賽，再讓他跑下去已經不可能了，」詹森這樣說，「他已經盡了力，他向大家表明了愛滋病的另一面，告訴大家愛滋病不會對任何人有差別待遇，不管你是什麼種族、年齡多大，都有可能被它纏上。同時，他還給了許多人希望，因為直到最近，他才開始使用昂貴的藥物。對於許多人來說，他是一位小英雄，因為他竟然能撐這麼久的時間。」

6月1日這天，小恩科西終於永遠地離開了，12歲的他此時只有22磅！看到

那麼一張大床上躺著這麼一個小東西，任誰都忍不住落淚。詹森說：「他離開我了，我非常沉痛，但這也是一種解脫，因為他不用再遭受折磨了。」

南非前總統曼德拉在接受記者採訪時表示：「又一條年輕的生命離我們而去，這太可憐了。一個人究竟該如果面對天災，恩科西就是榜樣。」

愛滋病在世界上已經肆虐多年。但是，愛滋病給社會學界帶來的，不僅僅是「搭乘愛滋病列車」的機會，更是對許多既存的社會學研究成果的挑戰。

國際上在研究愛滋病問題的過程中，最初把具有感染愛滋病的高風險行為者的計量單位稱為「個人」或者「人群」，後來又稱為「群體」，再後來又稱為「人口」。現在則是怎麼稱呼的都有。這裡面當然有對於人數增長的考慮，有避免歧視的考慮，有對傳播途徑構成的變化的考慮，但是也反映出，研究者們對於這些人是不是形成了社會組織，個體究竟是怎樣被組織起來，而存在於社會和參與社會的，一直認識不清或者莫衷一是。

其結果是，多年來防病工作的具體方針也總是搖擺不定或者各行其是。相信「高危險行為者」並不存在社會組織的人，往往強調「人人預防，一個都不能少」（其中又更加強調青少年）；可是認為社會組織已經形成的人，卻更願意針對吸毒者和多性伴侶者（其中又集中指向性產業的參與者和同性性行為者）。

直到「性的社會網路理論」的出現，情況才有所好轉。它認為：具有多個性伴侶關係的個體們，實際上是被他們的人際性行為給網路化地組織起來了。

例如故事裡的小恩科西，身為一個獨立的個體，他並沒有經歷過性生活，表面看他處於性的社會網路之外，但我們研究他被感染愛滋病的途徑之後，就會發現問題所在了。小恩科西是在母親體內被感染的，他的母親除了自己的丈

夫，並沒有與第二個男人發生過性關係。他母親處於性的社會網路的終端位置。然而問題就出在他的父親身上。他父親曾與多名女子有過性行為，在他父親的性的社會關係網中，愛滋病在悄悄地蔓延，小恩科西被感染就不足為奇了，在此我們可以看出，由於女性的性伴侶人數普遍少於男性，因此她們更多地是處於性網路的邊緣，而不是中心，也更少成為「橋樑人」。

也就是說，如果愛滋病在某個性網路中傳播開來，或者從另外一個網路傳播進來，那麼女性就會更多地成為被動的「終端受害者」。如果再把母嬰傳播考慮進來，那麼女性所受到的傷害就是雙重的。小恩科西的不幸就源自於此。

性的社會網路理論可以簡單表達為：跟不同的人做愛，會有不同的方式，當你跟第二個人做愛的時候，你已經不是原來的你了。同時「性」不是你自己的，也不是你們兩人的；反而是一做愛，你們就「上網」了。

伯特蘭・亞瑟・威廉・羅素，第三代羅素伯爵，OM，FRS（1872～1970），Bertrand Arthur William Russell，3rd Earl Russell，是二十世紀最有影響力的哲學家、數學家和邏輯學家之一，同時也是活躍的政治活動家，並致力於哲學的大眾化、普及化。

黑磚窯事件背後的
政府職能缺失

政府職能缺失的主要原因是缺乏規範化、系統化和制度化。政府管理職能的重要內涵在於建立起能夠處理和解決各種複雜社會問題的制度系統，建構社會利益表達與協調機制、社會回應機制、危急事件應急機制。

一群十五、六歲的孩子，在磚窯裡搬動磚坯。他們每天工作十幾個小時，稍有怠慢就會棍棒加身，有的被監工暴打致傻或致殘。他們蓬頭垢面，有的身上還穿著沾滿塵灰、破爛不堪的校服。他們其中，甚至還有八、九歲的孩子。這是發生在山西南部幾百座黑磚窯裡的真實故事。

《誰來救救我們的孩子？》：我們是那些不幸被騙到山西黑窯場做苦工的孩子們的父親，我們的孩子因為年齡小、涉世未深，隻身在鄭州火車站、汽車站、立交橋下、馬路邊等地方被人販子或誘騙或強行拉上車，以500元的價格被賣到山西黑窯場做苦工。自孩子失蹤以來，我們放棄了一切，離鄉背井，走遍大江南北尋找孩子的下落。在歷經艱難的尋找之後，我們終於得到了確切的消息，孩子是被人販子賣到山西黑窯場做包身工了。

另據新華社鄭州6月15日報導（記者程紅根），河南警方日前首次集中舉行展開打擊拐騙強制他人勞動專項行動，從黑窯場解救被強制勞動的受害群眾217名，其中未成年者29名、智障人員10名，依法刑事拘留涉嫌強迫他人勞動、非

法拘禁等犯罪嫌疑人58名，行政拘留62名。

　　據瞭解，黑窯場透過介紹工作等誘騙方法，招收一些找不到工作的失業者特別是未成年人，然後限制其人身自由，集中關閉在窯場裡勞動。這些失業者不僅得不到工錢，還受盡折磨。前不久，河南警方獲悉，在山西等地有一些窯場非法雇用河南籍人強制勞動，甚至強迫未成年人勞動的有關線索。河南省公安廳和全省各地公安機關，相繼成立了由主要負責人任組長的打擊拐騙強制他人勞動專項行動領導小組，抽調治安、刑偵、法制、宣傳、督察等部門警力投入專項行動。

　　據河南省公安廳透露，從6月9日至12日，在這次專項行動中，河南全省公安機關共出動警力35000餘人，集中清查磚窯場7500餘座，建立務工人員資訊檔案7000餘份。鄭州市公安局6月8日晚間舉行集中抓捕「人口販子」、「黑職介」的專案行動，一舉破獲5個犯罪集團，抓獲集團成員13人，當場解救被非法拘禁、尚未來得及轉賣的8名受害人，其中年齡最大的70歲、最小的只有16歲。

　　之所以會出現如此野蠻、惡劣的事件，政府職能缺失是重要原因。不該管的卻管了，該管的卻不管——這就是政府職能的偏差與缺失。

　　黑窯主必然受到法律的懲罰，這一點毋庸置疑。但那些瀆職、和黑窯主在一條利益鏈上，助紂為虐的官員，在此次專項行動中能否受到嚴懲，是公眾最關注的。一個法治社會絕不允許慘無人道的虐工現象，杜絕此類現象靠的是日常的監管，而不是驚動中央高層後的一次次運動式整治。山西奴隸磚窯的存在，已經不是一天、兩天，甚至不是一個月、兩個月，乃至於不是一年、兩年，「在這些手腳並用、頭髮長得像野人一樣的孩子中間，有的已經整整和外界隔絕了七年」，牽涉的地區之多，奴隸童工人數之眾，持續時間之長，山西的

各級地方政府、公安部門、勞動監察部門居然「充耳不聞」。

其實，只要縣、鄉政府是個責任政府，這種黑煤窯、黑磚窯就不會存在，自然更不會出現打死媒體工作人員，出現現代包身工這樣令人髮指的事件。不幸的是，這種黑窯看在縣、鄉幹部眼裡，這種慘絕人寰的惡劣事件就發生在他們管轄區內。

政府職能缺失的主要原因是缺乏規範化、系統化和制度化。它具有兩個顯著的特點：一是短期性。政府在短期內最大限度地動員權力資源，對某些「久治不癒」的管理頑症集中清理整頓；二是被動性。政府往往在社會問題產生後，運用強制性的行政權力調控社會行為，維護社會秩序，填補管理漏洞。這種缺乏規範性和系統性的管理方式沒有充分考慮到市場的資訊結構和社會的機會成本，往往造成社會管理的總體無效率。

政府管理職能的重要內涵在於建立起能夠處理和解決各種複雜社會問題的制度系統，建構社會利益表達與協調機制、社會回應機制、危急事件應急機制；以現代公正理念為基本立足點，形成整體化、體系化和規範化的社會政策；建立一套激勵性制度框架（如社會公示制度、社會聽證制度、專家諮詢制度等），以制約行政管制的濫用，形成良好的社會預期和社會信任。

利林費爾德（1829～1903），Lilienfeld，Paul von，德國血統的俄國社會學家。社會有機論的代表人物之一。他認為如果沒有有機體原理，想要建立任何一種科學的社會學都是不可能的。著有《對未來社會科學的思考》、《社會病理學》、《捍衛社會學的有機方法》。

李先生還沒有底線公平概念

底線公平是全社會去除個人之間的差異之外，共同認可的一條線，這條線以下的部分是每一個公民的生活和發展中共同具有的部分。一個公民如果缺少了這一部分，那就無法保障生存和為謀生所必須的基本條件。因此需要社會和政府來提供這種保障。

他最近想養貓，一個朋友為我介紹了一隻。為此他見到貓和牠的主人李先生。李先生對他百般盤查，他的太太坐在角落的一張椅子上，不停搖頭。正在他以為要被拒絕的時候，李先生同意了我的申請。

李先生說，他們夫妻失業幾年了，最近想申請低保，但「街道」的人說，他不能養貓，也不能養狗、鳥、金魚、烏龜……等等。李先生複述了一句話：「政府的救濟是給你們吃飯的，不是拿去餵狗的。」有點刺耳，他同意李先生這一感受，並忿忿地想，為什麼烏龜也不可以養，沒見到烏龜吃什麼東西。兩天後，他陪李先生去街道辦事處，證明他的貓既不是藏起來了，也不是暫時由我包庇在外。

本市的低保標準是220元。這個數字的確定，大概和月人均食品支出有關。低保標準與人均收入的比例，高者如海口和上海，低者如烏魯木齊和長春，本市正好是在均值，22%。

每人220元，不是李先生家實際得到的。要扣除李太太去早市賣鑰匙圈的收入，扣除李先生送牛奶的收入，扣除這一家人其他各種可疑、不固定、但碰巧可以查明的收入。後來，李先生在電話中告訴我，他得到的實際數字是每人每月75元，全家300元。

本市民政部門寬宏大量，允許低保戶安裝電話。在有些地方，這是不可以的。在南京，李先生得不到低保，因為他抽煙；在太原，他也得不到低保，因為他有兩個孩子；在成都，他可能得不到低保，因為他的電話是一部小靈通（我不清楚在成都小靈通算不算「手機」）；要是在成都的青羊區，他還可能因為另一種原因得不到低保：他的體重超過90公斤，屬於「肥胖」之列。

他們覺得貧困是一種個人缺陷，或者說，社會中的貧困現象不過是個人問題的累積，是可以透過個人的努力而消除的。這種想法，能從他們對待申請者的態度上看得出來，那些諄諄的告誡，和氣的訓斥，習慣性的搖頭。

「我們不養懶漢。」一位工作人員說。其實，不鼓勵懶漢，與不養懶漢，是兩件事。懶漢也不能任其餓死，這是一個國家對其成員的義務。而他接觸到的幾位工作者，都不像把發放低保看作完成社會的義務，而像是在施恩。

人們普遍接受的政策是，隨著經濟的發展，由政府對國民收入實行「二次分配」，藉以實現「公平分配」，亦即主要在經濟意義上的公平。而在「二次分配」中，社會保障制度又是一個得到普遍認可的制度。因此，人們自然而然地認為社會保障制度的理念基礎就是社會公平。

「底線公平」雖然最終要落實到每個人的實際利益上，但它直接處理的並不是個人與個人之間的關係，而是社會與個人之間的關係（權利與責任）、政府與社會和個人之間的關係。

在相當大的意義上，貧困人口只是一些在為社會的缺陷承擔部分代價的人，如果社會拋棄他們，他們也會拋棄社會。人類理解這種社會關係的實質，已經有數百年了，此時此地，顯然仍在理論家的大腦中，多數人的看法與百年前沒有什麼兩樣。李先生本人，也不知道接受救助是他應享的權利。

所謂底線公平，是全社會去除個人之間的差異之外，共同認可的一條線，這條線以下的部分是每一個公民的生活和發展中共同具有的部分——起碼必備的部分，其基本權利必不可少的部分。一個公民如果缺少了這一部分，那就無法保障生存、溫飽和為謀生所必須的基本條件。因此需要社會和政府來提供這種保障。

所有公民在這條底線面前所具有的權利的一致性，就是「底線公平」。

「底線公平」不能說是最低水準的社會保障。底線公平是指社會保障制度和項目中，有些是起碼的、不可缺少的，這些制度和項目可能意味著較低的保障水準，但也可能保障水準並不低。總之，「底線公平」不是就保障水準高低的意義而言的，而是就政府和社會必須保障的、必須承擔的責任的意義而言的，它是責任的「底線」。那麼，「底線公平」所包含的制度性內容是什麼？第一，最低生活保障；第二，公共衛生和大病醫療救助；第三，公共基礎教育（義務教育）。而李先生享受的就是其中的最低生活保障。

雷德菲爾德（1897～1958），Redfield，Robert，美國人類學家，社會學家。他卻致力於農村社區的研究，他在對農村文化向城市文化變遷的研究中，區分民俗社會與都市社會，將兩者看作文明的連續統一體。著有《尤卡坦的民間文化》、《小社區》、《農民社會和文化》等。

減肥減出的身體社會學處境

身體變成了無本質之物，它是消費政治對之進行了重塑之後的產物，另一方面，它又壓抑、規馴和塑造著消費政治。

大胖子路易斯，體重120公斤，多年來千方百計想減肥，可惜毫無效果，心裡十分苦惱，深感生活毫無樂趣，欲尋短見。後來，他聽朋友介紹城裡有一家「美樂減肥中心」，效果不凡，於是慕名前往。

中心經理熱情接待了路易斯，對他說：「劉先生，我們完全有信心為你減肥。現在請你到櫃台找小姐繳費，她會指導你如何進行課程。你放心，如果達不到目標，我們保證把費用退還給你。」

路易斯聽了甚為高興，連忙去繳費。果然，櫃台小姐收款之後，笑容可掬地對他說：「劉先生，請你明天早上八點準時在家等候，到時我們中心會有人登門指導。」第二天上午八點，果然有人敲路易斯家的門。

「劉先生，你好。」一位身材苗條的妙齡女郎嗲聲嗲氣地向路易斯打招呼，「從今天起，我跑，你追，如果你能追上我，我就嫁給你，好嗎？」女郎邊說邊向路易斯送上溫馨的一吻。

劉易斯頓時被女郎弄得心花怒放，神魂顛倒，於是滿口答應，一場追跑運動就此展開。

第一天，路易斯跑不了幾十公尺便大叫追不上；第二天再跑，仍然力不從心，沒有辦法追上女郎。於是第三天、第四天、第五天……足足跑了五個月之後，路易斯體重終於減了五十公斤。現在，他身輕如燕，身體結實，容貌俊俏，神情瀟灑。他甜滋滋地想：明天我一定能追上那個妙齡女郎，到時，她可就成為我的妻子了！路易斯越想越開心，興奮的一夜沒睡著。

第二天早上八點，門鈴準時響了，可是誰知道站在路易斯面前的並不是那位女郎，而是一個足足有130多公斤的胖女人。胖女人吻了一下路易斯，嬌聲說：「美樂減肥中心告訴我，今天開始，我們一起跑步，只要我能追上你，你就會成為我的丈夫，來吧，我的美男兒！」

消費社會，對身體的物質性打造可謂變本加厲，它已經遠遠超越了身體作為本能所需要的限度，染髮劑的誕生、醫學美容術的發展、食品工業的進步等等，身體被食物、衣物、化妝品等過度打造，後工業時代，身體似乎獲得了前所未有的款待，成了當之無愧的消費主體。也因為身體的這種消費屬性，身體越來越成為政治物，它的自然屬性被自己的消費行為改寫甚至被消滅，它越來越和自己的本性相脫離，甚至成為自我本性的反對者。身體也因此成為自我消解、自我分延、自我梳離之物，身體製造了自己的後現代處境。

身體變成了無本質之物，它不再規定自身，也不再反對自身，它變成了後現代世界中的沒有規定性的空無。它透過再造自己的幻想而讓自己在後現代消費政治中成為核心的景觀之一。

在後現代景觀中，消費政治是主導一切的力量，它主導身體行為、身體倫理、政治身分的建構以及認同，在這個層面，身體是被塑造、被建構起來的；但是，在某種層面上，消費政治又是極其身體化的，它又遵從著肉身需要（欲

望）的邏輯，在這一點上，後現代消費政治和啟蒙、革命時代都不一樣，在啟蒙和革命時代，身體話語是沒有什麼發言權的，它是政治話語的需要壓抑和消滅的對象，而後現代消費政治對身體話語則是鼓勵的，它甚至主動從身體話語中尋求突破、散發、多元雜糅和狂歡的力量。

身體在啟蒙敘事、革命敘事之後，找到了消費政治這個棲身之所，在消費政治的宏大敘述之流中，它被規馴、疏導、開放、開發、惩惠，它成了消費政治的一個符號載體——它是消費政治對之進行了重塑之後的產物，另一方面，它又壓抑、規馴和塑造著消費政治。

身體並不是自然物，而是社會建構的產物，但是，人們也發現，它同時也是建構者，它總是與權力緊密聯繫在一起，在消費政治中身體話語擁有極高的表述權。

勒普累（1806～1882），Le Play，Frdric，法國社會學家，工程師。19世紀對社會現實進行經驗研究的先驅者之一。他對社會學的調查方法做出了重大貢獻，被各國社會學家所效仿。他對社會改革的各種設想和看法均以經驗資料為基本依據，並涉及宗教、財產、家庭、社團、私營企業和政治等問題。著有《歐洲工人》、《法國的社會改革》、《家庭的組成》和《人類的基本政體》等。

沃爾瑪人文氛圍裡的消費

文化因素對市場經濟過程的一個重要作用，表現在其對於人們消費行為的影響上。文化的這種作用尤其突出地表現在人們的消費需求和消費選擇上。

　　一個星期天的早上，阿肯色州哈里遜沃爾瑪商店的藥劑師傑夫接到店裡打來的電話，一名店裡的同事通知他，有一個顧客，是糖尿病患者，不小心將她的胰島素扔進垃圾筒處理掉了。傑夫知道，一個糖尿病患者如果沒有胰島素就會有生命危險，所以他立即趕到店裡，打開藥房，為這位顧客開了胰島素，這只是沃爾瑪商店所遵循的日落原則的眾多事例和方法之一。

　　日落原則是創始人山姆‧沃爾頓對那句古老的格言「今日事今日畢」的演繹。它還是沃爾瑪文化的重要組成部分，是一種向顧客證明我們想他們所想，急他們所急的一種做事方法。

　　在沃爾瑪，每天都會收到許多顧客來信，表揚員工所做的傑出服務。在這些來信中，有些顧客為了員工對他們的一個微笑、或記著他們的名字、或幫助他們完成了一次購物而表示謝意；還有一些為員工在某些突發事件中所表現出的英勇行為而感動——例如，塞拉冒著生命危險衝到汽車前勇救一個小男孩；菲力斯為一位在商場內心臟病突發的顧客採取了CPR急救措施；卓艾斯為了讓一位年輕媽媽相信他們的一套餐具是摔不破的，而將一個盤子扔在地上；安妮特為了讓一位顧客能為自己的兒子買到喜歡的生日禮物，而放棄了為自己兒子所買的電動騎兵玩具。

　　許多年過去了，山姆‧沃爾頓所宣導的「盛情」服務依然激勵著所有沃爾瑪人為之努力不懈。

他說：「讓我們成為最友善的員工──向每一位光臨我們商場的顧客奉獻我們的微笑和幫助。為顧客提供更好的服務──超越顧客的期望。我們沒有理由不這樣做。我們的員工是如此的出色、細心周到，他們可以做到，他們可以比世界上任何一家零售公司做得更好。超越顧客的期望。如果你做到了，你的顧客將會一次又一次地光臨你的商場。」

每當山姆‧沃爾頓巡店時，都會鼓勵員工與他一起向顧客做出保證：「……我希望你們能夠保證，每當你在三公尺以內遇到一位顧客時，你會看著他的眼睛與他打招呼，同時詢問你能為他做些什麼。」 這就是「三公尺微笑原則」，它是山姆先生從孩提時就得到了印證的原則。

山姆先生在參觀韓國的一家網球工廠時， 發現工廠裡的工人每天早上聚集在一起歡呼和做體操。他很喜歡這種做法並且迫不及待地回去與同事分享。他曾經說過，「因為我們工作如此辛苦，我們在工作過程中，都希望有輕鬆愉快的時候，使我們不用總是愁眉苦臉。這是『工作中吹口哨』的哲學，我們不僅僅會擁有輕鬆的心情，而且會因此將工作做得更好。」

在市場交換中，人們所共同持有的觀念、認識模式、相互關係等為市場創造了一個可靠的框架。從宏觀的角度來看，市場體系要求一套行之效的技能、策略及制度，而這些都是與文化因素分不開的。

文化因素對市場經濟過程的一個重要作用，表現在其對於人們消費行為的影響上。經濟消費作為一項人類的社會活動，自然也摻雜著各類文化因素，而

不僅僅是單純地把商品消費掉這一行為。文化的這種作用尤其突出地表現在人們的消費需求和消費選擇上。

事實上，任何消費行為都有一定的符號象徵意義。在人們的消費決策過程中，成本與收益的核算當然佔據著重要的地位。然而，購買者對消費品的選擇，並不是每次都是經過理性邊際成本運算的結果。比如，廣告與行銷策略本來的用意，就是塑造個人偏好，把消費者的需要引向某些企業的產品。特別是勸說性廣告，容許賣者試圖扭曲消費者的嗜好和偏好，以利於其產品的銷售。同時，更重要的還在於，在許多時候，消費者可以撇開某種理性計算，而聽從文化價值規範尤其是習俗的引導。

文化因素對消費需求的影響，還表現在擁有不同的「文化資本」的不同階級集團的不同消費偏好上。韋伯曾對集體行動者注重象徵性商品的使用這一現象做了研究。他認為，參與競爭的各方是具有某種社會地位的集團，他們所為之展開競爭的對象是地位文化、風格、特性、技巧等文化性事物。布迪厄也持有類似看法，他認為，不同階級集團的成員具有不同的美學偏好以及不同的文化資本，這就決定了他們不同的消費選擇。

拉扎斯菲爾德（1901～1976），Lazarsfeld，Paul Felix，美國社會學家。他在社會學上最有影響的成就首推應用社會學的研究方法，特別是定量的研究方法和技術。他還是民意測驗中採納社會調查方法的首創者。著有《社會科學中的數學思維》、《選民抉擇》、《定性分析》和《應用社會學導論》等。

打工打出的政治文化嬗變

流動農民的政治文化的嬗變表現為公民文化的生長、臣民文化的複製和暴民文化的贅生，進而形成三種截然不同的農民政治亞文化。

齊瓦勃出生在美國鄉村，只受過很短的學校教育。15歲那年，家中一貧如洗的他就到了一個山村做了馬夫。然而，雄心勃勃的齊瓦勃無時無刻不在尋找著新的機遇。

三年後，齊瓦勃來到了鋼鐵大王卡內基屬下的一個建築工地工作。

一天晚上，同伴們都在閒聊，唯獨齊瓦勃躲在角落裡看書。恰巧公司經理到工地視查工作，經理看了看齊瓦勃手中的書，又翻了翻他的筆記本，什麼也沒說就走了。

第二天，經理把齊瓦勃叫到辦公室，問道：「你學那些東西做什麼？我想我們公司並不缺少勞動者，缺少的是既有工作經驗又有專業知識的技術人員或管理人員，對嗎？」齊瓦勃認真地回答。經理點了點頭。

不久，齊瓦勃就升為技師。

工作的同伴中，有人諷刺並挖苦齊瓦勃，他回答說：「我不光是在為老闆工作，更不單純為了賺錢，我是在為自己的夢想工作。」

從齊瓦勃進城工作那一刻開始，他的人生就開始了悄悄的改變，體現在他身上的文化意識，也開始了不經意的嬗變。

農民的政治文化就是農民在歷史和現實的經濟、政治和社會活動過程中形成的，是歷史傳承和現實生活在農民精神世界裡的反映。當數以億萬計的農民掙脫土地的束縛，進城務工經商，使生產生活發生了翻天覆地的變化，相對的，其流動前建立在鄉土基礎上的傳統政治文化也會發生變化。

不過，這種變化並非延著傳統——現代的一維線路演進。由於流動農民自身原始條件的不同和進入城市後從事職業及社會生活經歷的不同，這種變化大致延著三種不同的道路演進，表現為公民文化的生長、臣民文化的複製和暴民文化的贅生，進而形成三種截然不同的農民政治亞文化。

公民文化的生長意味著農民在流動中政治知識擴展，政治參與意識和效能感增強，「公民意識」逐漸形成並得到強化。在學習和接受城市教化中，規則意識、協作意識、法制意識等現代意識在農民工的內心積澱和形成。二是城市生活的潛移默化。三是大眾傳媒的耳濡目染。大眾傳播一般包括報紙、雜誌、廣播、電視、書籍等等。這就很容易開拓農民工的視野，使他們獲取前所未有的知識，進而提高自己的認知水準。四是經濟地位的改善和提高。

他們其中絕大多數都不同程度的提高了經濟收入，改善了經濟地位。經濟地位的提高很容易改善農民工的自信心和效能感。

臣民文化的複製。農民在流動中其傳統政治文化並沒有發生大的變化，而是表現為農民傳統臣民文化的複製。農民傳統臣民文化的複製實質反映了農民

雖然在流動中實現了地域和職業的變動，但其在社會結構中所處的基層地位並沒有發生變化，也就是說農民工進城市務工經商的水準流動並沒有相對帶來其垂直向上流動。

這種「結果的不平等」固然與流動農民自身素質相對低下有關，更重要的是體制性原因導致的「起點的不平等」。

暴民文化的贅生。在歷史上，流民不僅是社會震盪的產物，也更加劇了社會的動盪不安。而當流民成為動盪的發源地和罪惡的製造者，流民也就演化為暴民。在這一特定人群裡彌漫著我們稱之為暴民文化的心態。

究竟是什麼原因促使流動農民從典型的「拜權主義者」變成無法無天的暴民呢？這種文化發生和存續的動因何在？這恐怕要從以下四個方面尋找答案。一是，農民的流動動機不但得不到滿足，而且正當權益屢遭侵害。二是，流動農民的社會生態環境惡劣。三是，城市主位的執法體系加劇了流動農民的反體制和反規則意識。四是，從政治社會化的角度看，心理上產生挫折感，以致發生政治文化上的認同危機和合法性危機。因此，進城的農民需要學習和適應城市的規則和生活方式。

富蘭克林‧亨利‧吉丁斯（1855～1931），美國社會學家，心理學派社會學的代表人物之一。主張用歸納法研究社會現象，認為各個個體會因共同的刺激、聯想、暗示、模仿等發生相同的情感，即「同類意識」，這是社會學研究的中心。著有《社會學原理》、《社會學基礎》、《歸納社會學》、《人類社會的理論研究》、《人類社會的科學研究》等書。

一根棒棒引起的
「民工──市民互動」

社會互動就是「社會中個人與個人、個人與群體、群體與群體之間透過資訊的傳播而發生的相互依賴性的社會交往活動。社會互動分為競爭──衝突──順應──同化四個階段。

50歲的「棒棒」余繼奎身上的扁擔一不小心撞上了萬州市民曾慶容，二者發生爭吵，氣急的曾慶容打了余繼奎一耳光，其夫胡宗權衝上去奪下扁擔打余繼奎的腿，引起了圍觀並受到阻止。但胡宗權稱自己是國家公務員，出了事情花錢可以擺平，甚至可以出20萬元要余繼奎的命，曾慶容也並不示弱地表示，自己家裡很有錢，只要圍觀民眾來幫助打余繼奎耳光，一記耳光可以給20元。

曾氏夫婦的舉動激起了圍觀民眾的怒火，後警方介入處理。但因有人說：「天底下公務員是一家，『棒棒』被打不會得到公正處理。」圍觀民眾拒絕讓警車啟動，交通嚴重堵塞，對峙多時。後萬州區政府採取了突發事件處置預案，常務副區長李世奎與群眾對話，下午5點左右，當事人被警方帶離現場。

因曾氏夫婦的「花錢擺平並可殺人的」語言攻擊被廣為傳揚，激起很多民眾的抗議情緒，這種情緒逐漸蔓延並失去控制。下午6點，萬州區公安局經偵支

隊一輛警車在新城路被砸爛燒毀，事件轉向民眾騷亂。大量民眾聚集萬州區政府大樓廣場要求「交出兇手，嚴懲兇手」，政府派出10餘名官員與民眾對話，呼籲民眾保持冷靜，但憤怒的民眾不但沒有退去，還向平台上的官員投擲石塊、花盆等物，場面開始失控。

9時許，政府大樓外的多輛警車、城管車被放火焚燒。後民眾開始攻擊政府辦公大樓，縱火焚燒建築、車輛，毀壞辦公設施；11時，警方開始使用催淚瓦斯，雙方對峙升級。19日凌晨，常務副區長李世奎發表廣播、電視談話，表明政府一定會查明真相，嚴懲肇事者。經長時間喊話，民眾開始散離。

就本故事而言，由民工與市民之間的個體互動轉化為群體互動，揭示了群體互動在社會生活的普遍性和影響作用。

就本故事而言，「民工——市民互動」是不斷的動態變化著的，日益強化的過程。第一，「民工——市民互動」是非組織互動也非個人互動，而是一種群體互動的類型，是以整群為基本分析對象的，確切的說應該是群際互動；第二，「民工——市民互動」本身並非僅僅是社會制度的安排，而是作為中國經濟社會改革和發展過程中產生的正常社會現象來考慮的。

「民工——市民」互動群體互動的起源其實是一種無奈的選擇。

它的形成源自於城市的吸引，因為城市和農村有著截然不同的生活。這主要是因為中國經濟社會發展過程中所出現的一種社會隔離現象所導致。城市中有他們所渴求得到的維持自身生存和發展所需要的社會資源：利益、機會、金錢、聲望、價值，以及權利等等。

廉價勞動力是他們最大的優勢，因此，以廉價勞動力為代價的交換成了他

們獲取所需要的資源的最主要甚至是唯一途徑，這種交換的形成，使得利益互酬成為互動發生的內驅力，城市和城市中的群體為了能夠以小的代價享受到城市現代化建設所帶來的成果，他們也就需要不斷的為民工提供他們所需要的社會資源，儘管這些資源的提供對他們來說不需要付出很多。基於兩個群體這種連續的付出——回報——再付出——再回報的過程上，「民工——市民互動」持續的發展了下去。

群體互動的共同的舞台均來自城市。城市是一個「競技場」。

而對於民工與市民群體而言，競爭是兩群體互動過程中的主要類型之一。二者競爭的主要目標集中在城市政府公共資源的獲取和享受上。

其次，衝突不可避免。在「民工——市民互動」中，不同形式、不同規模的衝突是存在的，最主要體現為民工群體針對市民群體的的犯罪行為以及一些因為群體摩擦而導致的突發性的大規模群體事件，正如文中故事描述的那樣。

再次，合作成為方向。「民工——市民互動」過程中的共同利益是兩個群體對各自所需要的資源的追求。同時，互動雙方行為的逐漸被對方所認可，為實現兩群體的互動提供了重要的條件。

霍曼斯（1910□，Homans，George Casper，美國社會學家，社會交換論的代表人物之一。他把社會看作是個人行動和行為交換的結果，個人行為是社會學研究的最高原則。他的理論被稱為行為主義交換論。著有《人類群體》、《情感和活動》、《社會行為：它的基本形式》、《社會科學的本質》等。

貧富懸殊裡的基尼係數

基尼係數是國際上通用的反映居民之間收入差異程度的比較精確的指標。其經濟含義是：在全部居民收入中用於進行不平均分配的百分比。農民收入的基尼係數用來說明農民收入分配「平等」程度的指標。

有個故事，說的是一個窮人，很窮，一個富人見他可憐，起了善心，想幫他致富。富人送給他一頭牛，叮嚀他好好開荒，等春天來了撒上種子，秋天就可以遠離那個窮字了。窮人滿懷希望開始奮鬥。可是沒過幾天，牛要吃草，人要吃飯，日子比過去還難。窮人就想，不如把牛賣了，買幾隻羊，先殺一隻吃，剩下的還可以生小羊，長大了拿去賣，可以賺更多的錢。

窮人的計畫如願以償，只是吃了一隻羊之後，小羊遲遲沒有生下來，日子又艱難了，忍不住又吃了一隻。窮人想，這樣下去不得了，不如把羊賣了，買成雞，雞生蛋的速度要快一些，雞蛋立刻可以賺錢，日子立刻可以好轉。

窮人的計畫又如願以償了，但是日子並沒有改變，又艱難了，又忍不住殺雞，終於殺到只剩一隻雞時，窮人的理想徹底崩潰。他想，致富是無望了，還不如把雞賣了，打一壺酒，三杯下肚，萬事不愁。 很快春天來了，發善心的富人興致勃勃送種子來，赫然發現窮人正就著鹹菜喝酒，牛早就沒有了，房子裡依然一貧如洗。

富人轉身走了。窮人當然一直窮著。

還有一個富人，他擁有無數的別墅、華麗的傢俱、豐盛的事物和許許多多的奴婢，一天，他經過一個窮人家門前，看見他只擁有又矮又破的茅草屋，於

是問窮人：「你的幸福是什麼？」窮人滿面笑容地回答說：「我身後的這間茅草屋就是我的幸福！」富人聽了，譏笑道：「你的這些破舊的東西，怎麼會是你的幸福呢？」說完，富人便回家了。但不久後，不幸的事發生了，富人家的房子有一天起火了，一夜之間，把豪華的別墅燒成了瓦片和灰塵，富人轉眼變成了一個一無所有的乞丐。第二年夏天，他碰巧又來到了窮人的茅草屋前，乞丐很口渴，便向窮人討水喝，這時，窮人用同樣的問題來問這個乞丐：「你的幸福是什麼？」這個曾經是富人的乞丐說：「此時，我最大的幸福就是我手中的這碗水啊！」

這兩個故事都是說貧富懸殊給人們帶來的生活和精神的差別。貧富懸殊是社會一種有效的激勵機制，是促進社會發展的動力源之一，但當一個社會的各階層貧富懸殊過大時，會帶來一些複雜的社會問題，嚴重時可能會威脅到社會結構的穩定。

那麼如何判斷貧富懸殊的尺度，並把貧富懸殊控制在一個安全和正動力的範圍內呢？目前國際上一般採用基尼係數來解決這個問題。

基尼係數，又譯為基尼指數及堅尼係數，是20世紀初義大利經濟學家基尼，根據勞倫茨曲線找出了判斷分配平等程度的指標。

基尼設實際收入分配曲線和收入分配絕對平等曲線之間的面積為A，實際收入分配曲線右下方的面積為B。並以A除以A+B的商表示不平等程度。這個數值被稱為基尼係數或稱洛倫茨係數。如果A為零，基尼係數為零，表示收入分配完全平等；如果B為零而基尼係數為1，收入分配絕對不平等。該係數可在零和1之間取任何值。收入分配越是趨向平等，洛倫茨曲線的弧度越小，基尼係數也越小，反之，收入分配越是趨向不平等，洛倫茨曲線的弧度越大，那麼基尼係數

49

也越大。如果個人所得稅能使收入均等化,那麼,基尼係數即會變小。

聯合國有關組織規定:若低於0.2表示收入絕對平均;0.2～0.3表示比較平均;0.3～0.4表示相對合理;0.4～0.5表示收入差距較大;0.6以上表示收入差距懸殊。基尼係數是國際上通用的反映居民之間收入差異程度的比較精確的指標。其經濟含義是:在全部居民收入中用於進行不平均分配的百分比。農民收入的基尼係數用來說明農民收入分配「平等」程度的指標。

經濟學家們通常用基尼指數來表現一個國家和地區的財富分配狀況。這個指數在零和一之間,數值越低,顯示財富在社會成員之間的分配越均勻;反之亦然。

由於基尼係數提出了反映收入分配差異程度的數量界限,可以有效地預警兩極分化的質變臨界值,克服了其他方法的不足,是衡量貧富差距的最可行方法,所以,得到了世界各國的廣泛重視和普遍採用。中國當然也不例外。目前,中國共計算三種基尼係數,即:農村居民基尼係數、城鎮居民基尼係數和全國居民基尼係數。

湯瑪斯・亨利・赫胥黎(1825～1895),F.R.S.,英國生物學家,因捍衛查理斯・達爾文的進化論被稱作「達爾文的鬥犬」。身為科普工作的宣導者,他創造了概念「不可知論」來形容他對宗教信仰的態度。他還創造了概念「生源論」,這一理論是說一切細胞起源於其他物質,也叫「自然發生」,就是說生命來自於無生命物質。

員警與罪犯：
監獄裡的現代規訓

監獄的誕生是一種典型的規訓作用形式。從公開處決到監獄刑罰的轉變，是從一種懲罰藝術向另一種毫不遜色的精巧的懲罰藝術的轉變，這是一種技術的變化。監獄作為一種規訓的手段，顯然僅僅是稍微有些強化性地模仿了社會中已有的各種機制。

監獄裡有個犯人叫蘇明，男性，30多歲，高個子。蘇明是管記數的，犯人進出的時候，他就站在監舍鐵門裡邊看著，等最後一個犯人從蘇明旁邊走過去，他就在身後的小黑板上記下數字，然後大聲地向站在鐵門外邊的獄警報告。這份工作，蘇明十分熟練，前後快要十年了，前六年，他是站在鐵門外邊的，穿著警服，威風凜凜地，那時，蘇明是獄警……

蘇明警校畢業，分配到監獄當獄警。

四年前的那個晚上，他值夜班，抓到兩個犯人打架。他把其中一個犯人叫到辦公室進行個別談話。那犯人是個累犯，多次進出，不知悔改，他和犯人談話的時候，那犯人不服氣，暴跳如雷的，蘇明很生氣，就用電棍電他，但那犯人又是個鬼靈精，一邊躲著電棍，一邊用腦袋瓜子使勁頂蘇明下巴，這是犯人最陰險的一招，不算打幹部，但卻比打還痛，他情急之下，又剛好電棍沒電，就順手拿起椅子向那犯人頭上砸過去，等同事聽到聲音不對，衝進來的時候，那犯人腦袋瓜子流著血，倒在地上。犯人還沒送到醫院，就死了。

他的案子沒幾個月就判決了。他被關到另一所監獄裡，又過了幾個月，他

服刑的監獄門口新開了一家食雜店，是他的媳婦開的，媳婦說，這家食雜店要一直開到蘇明回來。

在現代社會以前，對罪犯的懲罰並不少見，並且一般是在公眾前執行，這種執行在很多國家一直延續到18世紀。罪犯被裝進一個開有小口的籠子裡，要遊街，罪犯往往會被允許在遊街時演說，公眾根據其對罪犯的態度，或歡呼，或喝倒彩，就像人們看到今日的明星一樣。懲罰講究的是讓受懲罰者充分地意識到死的過程以及對這種死亡過程的意識。

如今我們很少看到這樣的情況，大多數西方國家甚至取消了死刑。我們要問：是否現在的人變得比以前的人更加仁慈了？

實際上，對罪犯的懲罰態度的變化是與社會的變遷相關的。如歐洲社會的工業化與城市化。古老的農村社會的秩序被打破，對城市的人口實行社會控制，已經不能夠依靠古老而殘酷的懲罰而維持。殘酷的刑法與懲罰只適用於彼此有緊密聯繫的小的社區。在這種情況，新的處理犯人的方法出現了——隔離關押。規訓代替酷刑是古典時期轉向現代時期的一個重要標誌。這個過程不是啟蒙思想家們宣揚的人性的張揚，而是一種新的知識型的產生，一種新的控制和塑造人的權力機制的產生。

規訓的任務是製造新人，是按照權力的要求製造溫順的主體。而在社會中，規訓無處不在，無時不在，導致了規訓社會的產生。在規訓社會中，各種規訓可能成為一個配合的機制，有效而精確地製造符合需要的主體。主體因此成為規訓的產物。執行懲罰變成了一個充滿羞辱的不光彩的行動逐漸在公眾的視線中隱匿，公眾的注意力轉向了審判。執行懲罰成為一個獨立的部門，肉體逐漸脫離了懲罰的重心，懲罰的對象被靈魂所代替。

對於靈魂的規訓也因此得以展開。透過提高懲罰的效率和擴充其網路來減少其經濟和政治代價，並相對地建構一種關於懲罰權力的新結構與新制度，進而導致監獄制度的誕生。監獄的誕生是一種典型的規訓作用形式。

從公開處決到監獄刑罰的轉變，是從一種懲罰藝術向另一種毫不遜色的精巧的懲罰藝術的轉變，這是一種技術的變化。監獄的誕生作為一種規訓的手段，顯然僅僅是稍微有些強化性地模仿了社會中已有的各種機制。如兵營、醫院和精神病院。但是，監獄不完全類似於社會其他的規訓結構，它是一種更為徹底而嚴厲的規訓機構；首先，與學校、工廠和軍隊不同，監獄必須對受規訓者的所有方面全面負責，包括身體訓練、勞動能力、日常行為、道德態度、精神狀況；其次，監獄是一種封閉的規訓，沒有受到外界干擾，沒有任何內部的斷裂，直至目標實現。

因此，監獄是一種不停頓的規訓；最後，監獄的規訓對於罪犯實施的是一種幾乎絕對的權力，它最大限度地強化了在其他規訓機制中的各種做法，更為徹底和有效地實現規訓的目標。可以認為，監獄的誕生是知識與權力最為成熟、最為典型的體現，是規訓權力的集大成。

路易斯‧科塞（1913～2003），Lewis Coser，社會學家。社會學理論中衝突學派的代表人物。著有《社會衝突研究》、《社會衝突研究續篇》、《理念人》、《貪婪的制度》、《社會學思想名家》、《一束荊棘花》、《在美國的流亡學者》等。

怎樣和你的說再見——
BBS上個人社會身分認定

在網路時代，人的自我同一的主體已經被具有多種身分、多重人格的「複合主體」所替代。

我還記得那天傍晚，妳邀我去「北江河畔」，妳說有話要對我說。我下班回到家，趕緊一邊洗澡一邊哼歌，連網管「鄰居男孩」都猜到我當時的感受。我來到「北江河畔」，手捧一束「紫丁香」，不時看看手錶，是我來太早了。等妳，「我願意」。

妳來了，穿著「蝴蝶的衣服」，「皎潔的月光」把妳映襯得更加美麗動人。

「送給妳！」我迫不及待地迎了上去。而妳卻遲遲不接。

「對不起，我來晚了！」妳身後傳來聲音。一個「老外」的聲音。

「我來介紹一下，這是我的男朋友，斑竹『傑斯』……」後面的話我已經聽不清楚了，腦袋一片「空白」。我不記得是「怎樣和妳說再見」的……

據說這是一個叫「不笑就打殘你」的網民用自己眾多的ID串起的一個小故事，其中引號內大多都是自己在某論壇使用的馬甲。如此眾多的ID，彷彿川劇中的變臉，讓人們莫衷一是。

變臉是運用在川劇藝術中塑造人物的一種特技。是揭示劇中人物內心思想感情的一種浪漫主義手法。而BBS中個人變化莫測的ID變換，揭示了ID擁有者

怎樣的社會身分呢？

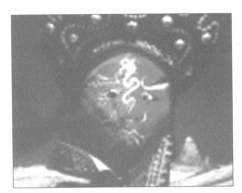

現代社會學，無論自由主義還是社會主義都把自律的理性主體預設為人民主權論的基礎。但是在網路時代，這種自我同一的主體已經被具有多種身分、多重人格的「複合主體」所替代。眾所周知，幾乎所有的上網者都有一個以上的ID（indentity，哲學上被譯為同一性），網民可以依據不同的情境和語境隨意變換自己的身分乃至「網路人格」，由此導致的直接結果就是網路行為主體變得不可識別和支離破碎，間接後果則是網路時代的知識生產、政治鬥爭和話語遊戲的日益複雜化。不管這種複雜化的具體指向究竟何在，至少有一點是毋庸置疑的，那就是現代政治學意義上的「自由」、「民主」等等政治理想在網路時代都面臨著主體消失的危機。

從社會學和政治學的角度看，BBS的權力結構並不複雜。其組成人員一般而言有網管、斑竹（版主）、資深網民和普通網民之分。

網管作為網站從業人員，儘管手中握有生殺予奪大權（從刪貼到封殺ID），但是並不輕易以真身示人，他們深居簡出、垂簾聽政，將日常事務交由斑竹打理，當然這絲毫無礙於他們偶爾地游走於各個BBS之間，就像波拿巴時期的便衣逡巡在巴黎的大街小巷，隨時準備逮捕信口雌黃的市民。

BBS中的顯性掌權者是斑竹，斑竹在BBS的日常事務中起著舉足輕重的作用，他不僅負責整飭BBS的言論秩序，而且負責引導、創建BBS的趣味和方向，可以毫不誇張地說，一個斑竹的個性和行為方式往往就決定了這個罈子的面

目、個性乃至興衰成敗。

資深網民是一個頗為模糊的概念，這個身分的獲得方式天壤之別，有靠網上拍磚一戰成名的（此類網民多是由於窮極無聊，終日以上網灌水為己任，其基本特點是愛好鑽研、鑽營、鑽牛角尖等等一切和鑽有關的活動，屬於「嘔像」級人物），有靠辛苦造磚、語不驚人死不休贏得大師稱號的（這些網民通常帖子品質較高，文采斐然，屬實力派明星），當然也不排除那些與斑竹在網下即是推杯換盞的私交好友，資深網民的共同特徵是帖子的點擊率和回帖率較高，由此導致網路積分高和精品數量高；同時他們與斑竹有著或多或少的關聯。

普通網民的特點一目了然，但凡是屬於花費自家或者公家的電話費、網費替他人增加點擊數，為網站抬升人氣、偶爾發表意見卻應者寥寥的就是普通網民了。

斯賓塞（1820～1903），Spencer，Herbert，英國社會學家，哲學家。社會進化論和社會有機體論的代表人物。他開啓了結構功能理論的先河。對社會學、人類學、哲學的發展都產生了深遠的影響。著有《心理學原理》、《第一原理》、《生物學原理》、《社會學研究》、《社會學原理》、《倫理學原理》。

秋菊眼裡的訴訟困惑

訴訟制度是一個國家糾紛解決系統中的正式制度形式，與民間的非正式制度相對應，為社會的衝突和糾紛尋求解決的途徑。相對於其他「私的」或「民間的」、「準司法的」解決糾紛方式，更具有正統性和權威性。

《秋菊打官司》的故事發生在中國西北一個小山村。

秋菊的丈夫王慶來為了自家的承包地與村長王善堂發生了爭執，後被村長一怒之下踢中了要害後，王慶來整日躺在床上無法工作。

秋菊是個善良有主見的女人，此時已有6個月的身孕。丈夫被踢傷，她便去找村長理論。村長不肯認錯，秋菊認為這樣的事一定得找個說理的地方。於是，便挺著大肚子去鄉政府告狀。經過鄉政府李公安的調解，村長答應賠償秋菊家的經濟損失，但當秋菊來拿錢時，村長把錢扔在地上，受辱的秋菊沒有撿錢，而又一次踏上了漫漫的告狀路途。

秋菊帶著家裡的妹妹，賣辣子做路費，來到了幾十里外的縣公安局。縣裡的裁決與鄉政府一樣，只是對村長進行經濟處罰。秋菊不服，拖著沉重的身子又來到了市公安局。市公安局的最後判決也是維持了縣鄉的調解與裁決內容。一心只為討一個「公道」的秋菊又一次帶著妹妹和辣椒來到市里，這一次她找了律師，決定向人民法院起訴，結果敗訴，但秋菊堅持要討回公道，於是又上訴市中級人民法院。

除夕夜，秋菊難產。在村長和村民的幫助下，連夜踏雪送秋菊上醫院。秋菊順利地產下了一個男嬰，秋菊與家人對村長感激萬分，官司也不再提了。

可是當秋菊家慶賀孩子滿月時，傳來市法院的判決，村長被拘留。望著遠處警車揚起的煙塵，秋菊感到深深的茫然和失落。

正式的司法制度不能給予秋菊她所要的「公道」，而同時，所在的基層社會的民眾也不支持秋菊討「公道」的「討法」。——這種「討法」就是對糾紛解決方式的選擇，秋菊的「討法」即訴諸正式的法律制度。——現代法治的建設已經逐漸地開始發揮它的影響了，即使在廣大的基層社會，也有一部分像秋菊那樣的民眾接受了正式司法的救濟方式，儘管這種接受有時僅僅是一種對正式司法制度的形式的接受（比如秋菊）。

現代法律制度給民眾提供了比較現代的「討法」，也有一小部分基層社會的民眾接受了這種「討法」，可是這種「討法」最終能否給民眾帶來他們所要的「公道」，這種「公道」與「現代」的「討法」之間能否實現一致？我想秋菊那雙困惑的眼睛已經回答了這一切。國家的正式司法救濟最後未能給予他們所要的「公道」，民間的「公道」與國家的「討法」之間產生了一種不對稱，並且顯示了「現代法治話語與民間社會形成的某種緊張」。

訴訟制度是一個國家糾紛解決系統中的正式制度形式，與民間的非正式制度相對應，為社會的衝突和糾紛尋求解決的途徑。正式制度是在與社會有機體的集體意識的互動下形成的，更多地包含集體意識的因素。因此訴訟作為正式法律制度的一部分，屬於這個社會的「精英理性」。並且相對於其他「私的」或「民間的」、「準司法的」解決糾紛方式，更具有正統性和權威性。

不同社會、不同的群體對制度的需求（或者說人們對自身糾紛解決的意識）不一樣，制度的供給也不一樣，這種解決糾紛的「中立」的第三者，情況也各不相同，進而不同的社會糾紛與解決所構成的畫面均不盡相同。

　　如果將視角切入組成一個國家大社會的一個個小成分，尤其是國家政權少有介入的基層社會，正式制度的輸入和滲透與城市社會極不相同，即制度的供給至少不像國家的制度設計那麼理想，制度的設計在實際生活的運作當中產生了流變。

　　那裡主要是非科層化的社會組織和社會力量在發揮作用，即使很多組織和機構（如鄉村政權的設立）是按照國家權力的模式設立的，其發生的作用和治理模式依然是傳統的、非科層化的。再加上社會經濟生活的簡單、人際關係的相對單一，對制度的需求至少不是現代法律制度所設計的那樣，因為現代法律制度是為陌生人社會設計的。

　　因此，儘管傳統的村落社會正處於現代化的轉型過程當中，但大部分還是屬於傳統的熟人社會。對傳統的村落社會，現代化的法律制度大多是為其將來的「現代化」的村落社會設計的。總之，一個社會的糾紛解決狀況取決於這個社會四面八方的因素，即各個因素相互作用的結果。

涂爾幹（迪爾凱姆）（1858～1917），Durkheim，Emile，法國社會學家。社會學的奠基人之一。迪爾凱姆的社會事實論及其一系列社會學理論概念，充實了由孔德開啟的實證主義社會學的構想，使社會學方法論具有實質性的內容。著有《社會分工論》、《社會學方法的規則》、《自殺論》、《宗教生活的基本形式》等。

老虎就醫的
醫療社會學問題

醫學社會學就是研究病人、醫生、醫務人員和醫療保健機構的社會關係、社會功能及其與整個社會相互關係的一門社會學分支學科。它是社會學與醫學相互滲透而形成的。

隋末唐初，有位著名的大醫學家叫孫思邈，一生鄙薄功名利祿，專心研究醫學，為百姓療傷治病。他的醫道很高，醫德也很高。他認為「人命至重，有貴千金」。所以他把自己嘔心瀝血撰寫的醫書稱作《千金方》。

《千金方》裡記載了八百多種藥物和五千多個藥方，發展了歷代醫學家的藥物知識，世稱「藥王」。他的醫舍修築在自己所種植的一片杏林裡。

一天晌午，一隻毛色斑斕的大老虎闖進杏林醫舍，趴跪在孫思邈的面前，痛苦地張開大口。醫術精湛、心地善良的孫醫師瞬間明曉定有異物哽卡虎喉，他立即拿出鑷子來，俐落地從虎口取出一塊硬骨頭，再用藥散噴灑虎咽喉。老虎擺脫了痛苦，向孫醫師連叩幾個頭。從此這隻猛虎就替醫師看守杏林，這就是醫壇上傳為「虎守杏林」的美談，杏林就稱為醫者懸壺濟世之所。

我們一般認為健康與疾病只是與身體狀況有關一個人感到這兒疼，那兒不

舒服，或得了感冒發燒，或得了心臟病，這與社會因素有什麼關係？但實際上，社會因素對人們的健康與疾病有很大的關係，某種疾病的發生與感受，以及對疾病的反應方式等，都會受到社會因素的影響。疾病不僅僅是人們身體功能的失調。一個人罹患什麼樣的病、什麼時候罹患、罹患時社會規範允許的行為反應是什麼、病到什麼程度可以脫離日常的義務，都是受社會因素影響的。

醫學社會學就是研究病人、醫生、醫務人員和醫療保健機構的社會關係、社會功能及其與整個社會相互關係的一門社會學分支學科。它是社會學與醫學相互滲透而形成的，有醫療社會學、衛生社會學、保健社會學、健康和病患的社會學、醫學和病患的社會學、醫學的社會學、醫學中的社會學等不同名稱。

1894年美國醫學家麥克英泰爾發表題為《醫學社會學研究的重要意義》的論文，首先提出醫學社會學的概念，他下的定義為：「是把醫師本身作為特定群類的社會現象來加以研究的科學，是從總體上研究醫療職業和人類社會的關係的科學。」

醫學中的社會學著重分析健康障礙的病因，社會對於健康的態度方面的差別，以及諸如年齡、性別、社會經濟狀態、種族和部族、教育水準和職業等因素對於某種特定的健康障礙的產生和流行的關係。研究目的主要是為了解決醫學問題。

醫學的社會學主要研究醫學實踐中的組織、角色關係、規範、價值觀念和信念等人類行為的因素，著重研討在醫學領域中的社會過程，幫助人們瞭解醫學與社會的關係。50年代後，醫學社會學的研究發展很快。英國《醫學社會學在英國：研究和教學名錄》一書，收錄1970年以來英國260位醫學社會學家的情況，介紹約500個進行中的研究計畫和在綜合大學、醫學院中所開設的約100種

醫學社會學的課程。國際社會學學會設有專門的醫學社會學研究委員會。

醫學社會學主要研究醫學領域中的角色，主要是醫生、護士、病人等角色；角色行為，包括求醫行為、施醫行為、遵醫行為等；角色關係，包括醫患關係、醫際關係、醫護關係、護際關係、患際關係等，以及角色組織、角色流動和角色變遷等。其次是研究醫學與各種社會因素的相互作用，如醫學與政治、醫學與軍事、醫學與經濟、醫學與文化、醫學與宗教等的相互關係，以及不同類型的醫療保健機構的組織結構、服務形式和社會效用。

醫學社會學主要是運用社會學和社會心理學的一般理論與方法進行研究，尚未形成自己的獨特理論和方法。隨著生物醫學模式向生物、心理、社會現代醫學模式的轉變，流行病學方法、實驗醫學方法、臨床觀察方法等醫學方法也越來越多地被引進了醫學社會學的研究。

馬克斯・韋伯（1864～1920），Max Weber，德國著名社會學家，公認的社會學三大「奠基人」之一。其對西方社會的影響是巨大的。是近代社會科學發展史上世界公認最有影響的人物之一，在社會學領域中與卡爾・馬克思、迪爾凱姆並駕齊驅。身為一位跨世紀的偉大學者，他在生命的五十多年時間裡為後世留下諸如：《新教倫理與資本主義精神》、《經濟與社會》等宏大巨著。

找朋友的六度分隔和150法則

「你和任何一個陌生人之間所間隔的人不會超過六個，也就是說，最多透過六個人你就能夠認識任何一個陌生人。」而「把人群控制在150人以下似乎是管理人群的一個最佳和最有效的方式。」

池塘裡的水靜靜的、柔柔的。一隻小鴨就在這樣的池塘裡游水。小鴨子游呀游，池塘裡沒有一個朋友。呀！很孤單、真無趣。

一隻小兔子蹦蹦跳跳從池塘邊路過，小鴨連忙喊：「小兔子小兔子，你能到池塘裡和我玩嗎？」小兔子說：「對不起，我不會游泳，不能和你玩。」

一隻小貓一路從池塘邊路過，小鴨連忙喊：「小貓小貓，你能到池塘裡和我玩嗎？」小貓說：「對不起，我不會游泳，不能和你玩。」

一隻青蛙跳來，小鴨連忙喊：「小青蛙小青蛙，你能到池塘裡和我玩嗎？」小青蛙高興地說：「好！」小青蛙縱身一躍跳到了池塘裡。小鴨終於找到在水裡和他一起玩的朋友了！

六度分隔理論由美國著名社會心理學家米爾葛蘭於20世紀60年代最先提出。1967年，米爾葛蘭想要描繪一個連結人與社區的人際聯繫網，做過一次連鎖信實驗，結果發現了「六度分隔」現象。簡單地說：「你和任何一個陌生人之間所間隔的人不會超過六個，也就是說，最多透過六個人你就能夠認識任何一個陌生人。」

　　六度分割理論或者說六度理論實際上描述了任意兩個人之間的建立聯繫的複雜度，數學公式說明，建立任意兩個人之間的聯繫，你可能只需要六次，或者說只需要驚動六個人。

　　「六度分隔」說明了社會中普遍存在的「弱紐帶」，但是卻發揮著非常強大的作用。有很多人在找工作時會體會到這種弱紐帶的效果。透過弱紐帶，人與人之間的距離變得非常「相近」。我們經常在與新朋友碰面的時候說「世界真小」，因為往往可能大家有共同認識的人。

　　看似數量龐大的人群，建立兩個人之間聯繫的代價到底有多大，是不是和人群的數量一樣大呢？透過六度理論得知，數量大的人群，透過人之間的直接聯繫，可以透過比較少的步驟獲得人與人之間的（間接）聯繫。即便人的聯繫寬度（一個人能夠聯繫其他人的數量）很小，透過間接方式來建立任意兩個人聯繫的代價也會遠遠小於直接尋找每個人。一個人的直接聯繫寬度總是有限的，擴展聯繫寬度也可以透過間接的方式進行，而且效果明顯，因為只要六次，你就可以聯繫所有人。

　　正是由於人的聯繫寬度有限的這一屬性，六度提供非一度的人際交流模式來解決這個交際瓶頸。150問題正是對這個問題的呼應。換句話說，創建關係並不是關係的唯一目的，也不是重要目的，在關係上面構築服務才是重要目的。

　　如果把創建關係看成一種特殊的服務，所謂關係傳遞中的種種悖論就可迎刃而解，如：朋友的朋友是敵人的情況，而且這裡還能得到一個有趣的結論，正是因為朋友的朋友是敵人，所以你不便於（不是「不能」）和他建立一度關係，相反，利用非一度的二度關係，透過你的朋友，你的敵人還可以為你服務，這才是六度的魅力。這是不是也說明六度的目的並不是把關係都變成一度

呢？如果區分了關係和關係之上承載的服務，關係的方向和傳遞問題就不難理解，圈子不斷擴大，而後破裂的不斷重複變化過程是關係透過「創建關係」、「刪除關係」服務的不斷發展過程。為此有了150法則。

從歐洲發源的「赫特兄弟會」是一個自給自足的農民自發組織，這些組織在維持民風上發揮了重要作用。有趣的是，他們有一個不成文的嚴格規定：每當聚居人數超過150人的規模，他們就把它變成兩個，再各自發展。

「把人群控制在150人以下似乎是管理人群的一個最佳和最有效的方式。」150法則在現實生活中的應用很廣泛。比如中國行動的「動感地帶」sim卡只能保存150個手機門號，微軟推出的聊天工具「MSN」（也是一種SS）只能是一個MSN對應150個聯繫人。

150成為普遍公認的「我們可以與之保持社交關係的人數的最大值」。無論你曾經認識多少人，或者透過一種社會性網路服務與多少人建立了弱鏈結，那些強鏈結仍然在此次此刻符合150法則。這也符合「二八」法則，即80%的社會活動可能被150個強鏈結所佔有。

曼海姆（1893～1947），Mannheim, Karl，德國社會學家。知識社會學的創始人和主要代表人物之一。他強調人的意識不可避免地依賴於人的社會地位，這是全部認識論包括現代認識論的基本要素。決定行動方式的正是這種深入到意識的「範疇結構」中的社會「存在制約」。著有《意識形態與烏托邦》、《變革時代的人與社會》等。

SARS傳播的集合行為理論

在社會學中，集合行為是指人們的無組織集體行為，比如恐慌、傳言、搶購等，往往發生在突發事件之後。

有一天，某宿舍大樓出現了一例SARS，結果整棟宿舍大樓被隔離。

這是被隔離的某人的日記：我現在終於明白了最真實的人生，就是用左手緊緊握住自己的右手，誰也幫不了你的孤獨。曾經熱鬧的記憶和冗長的愛情都怕被自己感染似的，女朋友曾經的山盟海誓在幾個星期之間就用厭煩的語氣，最後冷冷的拒絕兌現，當時眼前一黑，因為我見到了比被SARS感染更可怕的事實。

他沒想到自己曾經以為刻骨的愛情絲毫經不起考驗。

接著他寫到，每天都在宿舍大樓裡面對著同樣口罩上面不同表情的眼睛：變形的憤怒，灰燼的死寂，凝滯的絕望，見人都想咬上兩口的血紅，深深下陷的無底恐懼，被求生逃跑無望折磨的扭曲……

他們每個人都是一門大炮，稍有言語就點燃了導火線；他們每個人都是充足了氣的氣球，稍有碰撞便不可挽回地爆炸。

他說自己很平靜，一天還捧起了一本尼采（他喜歡被人至今誤解的思想英

雄）寫的關於快樂哲學的書，抬頭卻看見窗外飄過一陣鼓噪的風：一個跳樓的胖子，在地上掙扎著站不起來，很快地就被幾個全副武裝的醫院警衛抬向新的隔離區。

他最後開玩笑說：「如果這棟宿舍大樓裡，有最後一位倖存者，那一定會是我，因為外面有人等我最溫暖的承諾。」

這是一個典型集合行為理論的案例。

在社會學中，集合行為是指人們的無組織集體行為，比如恐慌、傳言、搶購等，往往發生在突發事件之後。美國社會學家斯梅爾瑟提出集合行為有六個要素：環境、結構性壓力、誘發因素、動員因素、普遍情緒、社會控制。在此次SARS事件中，所有疫區幾乎都出現過不同程度的集合行為。如何有效地認識、把握集合行為的要素，瞭解其發生機制，對於預防和化解此類事件是至關重要的。集合行為的發生和資訊的傳播通暢與否緊密相關，準確地說，是資訊的混沌狀態導致集合行為的發生。比如在一些資訊閉塞的農村地區，出現了「放鞭炮防SARS」的傳言，而且傳播迅速。這時如果有一個外部的聲音闡述真實情況，集合行為可能得到控制，但是這個外部的聲音必須有權威性。在防治SARS的過程中，有權威性的資訊發佈對於控制恐慌情緒的蔓延是非常關鍵的。這裡有些問題就需要引用如傳播學來探討。

實際上我們現在並不是在一個開放的傳播空間裡探討SARS問題。如果對於SARS，很多真實情況人們無從知道的話，那是很可怕的。比如某家報紙對「SARS」的第一篇報導裡，說「SARS」是謠言，不存在。像這種平時不注意維持自己的公信力的媒介，到危急時刻，人們需要權威消息時，是不會相信它的。如果人們無法判斷媒介裡得到的消息和「小道消息」何者為真，何者為

假，更大的恐慌就會出現。

集合行為理論實際上導源於社會互動理論，是宏觀或中觀層面的社會互動。恐慌、謠言、流行是集合行為的幾種典型表現。它往往具有人數眾多、無組織性、行為者相互依賴等一般性特徵。

集合行為既能夠形成新的風氣、確立新的規範，也能衝擊現有體制和價值規範。而那種出於對社會不公正、不平等、不合理、黑暗腐敗等現象義憤填膺的集合行為，可能會成為社會動盪和革命的火花。也就是說，集合行為進一步延伸就形成所謂的「社會運動」，涉及到安全社會學所要研究的國家安全、政權穩定、社會安定的問題。群體的集合行為對於社會的發展既有積極作用，也有消極影響。這也是安全社會學必須加以研究的重要面向，同時也必須結合安全心理學等學科加以研究。

艾森施塔特（1923），Eisenstadt，Shmuel Noah，以色列社會學家。新功能主義和現代化理論的代表人物之一。在國際社會學界有較高的聲望。著作有《世世代代》、《帝國的政治體制》、《現代化：抗拒與變遷》、《政治社會學》、《社會的分化和分層》、《傳統‧變遷‧現代性》、《社會學的形式：範式與危機》、《革命與社會轉變：文明的比較研究》、《社會、文化和城市化》。

伊拉克戰爭的
宗教社會學解讀

無論美以信仰的基督教、猶太教抑或阿拉伯、巴勒斯坦信仰的伊斯蘭教，都屬於一神論救贖宗教，終極關切上的排他性註定了巴以之間這場冤冤相報、輪迴式報復性仇殺的暴力衝突難以在短期內化解。

哈伊是個伊拉克計程車司機，這天正開著他那輛破舊的黃色計程車在公路上行駛，道路的兩旁處處可見車輛炸毀的殘骸，迎面不時傳來坐滿美國士兵的坦克車。哈伊一邊開車，一邊心裡咒罵著：「該死的戰爭！」兩天前。一顆導彈落在他家門口的市集裡，幾乎毀滅了一切，幸運的是他活了下來。於是他決定不再開計程車了，他盤算著等今天最後一趟生意做完，就和妻子、孩子一起離開這個地方。

哈伊轉頭看了看駕駛左上放的一張照片，相框的玻璃碎了，不過照片上，妻子和三個孩子的笑臉仍然讓他感到欣慰，他自言自語的說：「莎拉、孩子們，我愛你們，我們很快就能見面了，等我把最後一趟生意做完。」

不久，他到了一個檢查站，路邊停著不少坦克車，不少荷槍實彈的美國兵站在古邊。一個美國兵伸手示意他停車，哈伊定了定神，停下了車。這幾天，幾乎沒有什麼平民的車輛從巴格達出來，所以現在路上除了坦克車，就只有他一輛車了。

幾個美國士兵走上前，一個，兩個，三個，四個，五個。有一個為首的看了看這輛破車，彎下腰，問道：「你從哪裡來？要到哪裡去？」

　　哈伊笑了笑，用不太流利的英語回答：「長官，我從巴格達來，想離開這個地方，戰爭太危險了！」說著，他遞給士兵一根香煙，並點上了火，問道：「戰爭幾時才能結束？」

　　「快了，我們的軍隊馬上就能攻佔你們的首都。」美國士兵深吸了一口煙，神情挺滿意，他看到了車裡的相框，問，「那是你的妻子和孩子嗎？我也有兩個孩子，和他們差不多年紀。」

　　哈伊看了看那美國士兵，仍然微笑地回答說：「是啊！他們是我最牽掛的人，不久前就離開這裡了，我現在就要去看他們，也許不再回來了，戰爭年代開計程車太危險，我不想做了。」

　　那個美國士兵大概是很久都沒遇上對他笑的伊拉克居民了，所以他的心情不錯，靠在車窗上，對哈伊說：「等我們推翻了你們的獨裁者，你就可以回來放心的開車了。」

　　「也許吧！不過我得去看我的妻兒了，有興趣去我家嗎？我妻子會為你們做好吃的。一起去吧！最後一趟生意，不收你們的錢。」

　　士兵搖搖頭，說：「我們有任務在身，去不了了，代我向你的妻兒問好吧！」他忽然想起什麼，問，「對了，南方都是戰場，你要到哪裡去見你的妻子呢？」

　　哈伊依舊微笑著，拿起了那個破碎的相框，在照片上吻了一下，然後轉過頭來，看著那個士兵，一字一句地說道：「天堂。」哈伊最後能看到的，是那個士兵因為恐懼而扭曲的表情，還有從指尖滑落的煙頭。然後，哈伊按下了引爆炸藥的按鈕。

這是他對於侵略者所能做的最後一次戰爭。

美國總統布希的家鄉地處美國南部的德克薩斯州，新教基本教義派右翼勢力影響歷來甚大，小布希出身德州富商世家，年輕時酗酒玩樂，後決意戒酒並皈依宗教成為再生新教徒的經歷以及入主白宮後以「領導世界」、「拯救世界」為己任的強烈個人使命感（從「無限正義」的自我僭稱可管窺一斑），還有對外交往上的強悍、霸道作風，都顯示布希其人性格中的新教基本教義派特徵。

從中不難發現美國新保守主義在中東問題上偏袒以色列的宗教誘因，這也是巴以僵局難以解決並進而引發中東曠日持久、越演越烈的宗教與文化衝突的深層原因。

衝突者的雙方，無論美以信仰的基督教、猶太教抑或阿拉伯、巴勒斯坦信仰的伊斯蘭教，都屬於一神論救贖宗教，終極關切上的排他性及由此帶來的行為取向上的不妥協、不寬容，必然減弱甚至窒息實踐上的多元文化主義主張，註定了巴以之間這場冤冤相報、輪迴式報復性仇殺的暴力衝突難以在短期內化解。

赫伯特‧馬爾庫塞（1898～1979），Herbert Marcuse，德國人，哲學家、美學家、法蘭克福學派左翼主要代表，被西方譽為「新左派哲學家」，著有《愛欲與文明——對佛洛德思想的哲學探討》、《單向度的人》、《理性與革命》、《批判哲學研究》等。

蘇丹式政權下的土皇帝

發展中國家中存在著這樣一種權力極端私人化的政體，在這種政體下，當權者可以把自己的治理範圍視為私人領地，任憑個人意志為所欲為地進行統治。人們具體地稱為「蘇丹式政權」。

雙輪酒廠廠長劉俊卿有一個情人，長得很迷人，也特別風騷。她鼓動劉俊卿為自己配備一把手槍，她說：「自古以來，一個成功的男人都離不開四樣東西，就是權、錢、女人和槍桿子。再說，你在工作中肯定得罪過不少人，難保他們不會暗算你，但如果他們知道你有槍，就不敢輕舉妄動了。」劉俊卿覺得很有道理，同時為了表現自己有能耐，便為自己配了一把五四式手槍。

劉俊卿有了槍，在渦陽縣便經常可以看到這樣的滑稽場景：一個身為酒廠廠長兼縣委副書記的人，腰裡卻插著手槍參加各種會議和活動。興起時，他還會掏出搶來摔在桌子上。2001年夏天的一個下午，劉俊卿參加縣裡的一個會議，因為喝了酒，就在會場上睡著並發出了驚天動地的打呼聲。

當有人把他搖醒時，他猛然掏出槍來往桌上一摔，說：「誰敢打擾老子睡覺？有種站出來，老子斃了你！」當時整個會場竟然沒人敢說話。

黨委書記曾勸劉俊卿：「你喜歡喝酒，脾氣又不好，最好不要隨身帶槍，萬一哪天……」劉俊卿把眼一瞪：「我要不是喜歡喝酒，還不玩手槍哩！槍能助酒興，懂嗎？老子喝到興頭上，出去放幾槍，回來又能喝幾杯！」之後，大家都知道了劉俊卿的習性，只要聽到槍響，就說明劉總今天的酒喝得很高興，心情不錯。

此時趁機找他辦事，肯定比平時容易許多。

就在這時，劉俊卿發現有些想求他辦事的人把他的照片放大了掛在家裡，心中很得意。一次酒後他表態說：「這樣很好，對宣傳我們雙輪人的豐功偉績有幫助。」於是，吩咐手下人把他的照片拿到印刷廠放大，印了幾千份與毛澤東、鄧小平等偉人像一樣大的照片，要求所有雙輪集團員工家家懸掛。

1999年秋天，他在一次會議上說：「你們知道毛澤東思想是誰的嗎？那並不只屬於毛澤東個人，而是他們那一代人集體智慧的結晶。我想在廠裡為我塑個像，這個塑像就像毛澤東思想一樣，它代表著雙輪集團的一班人，這樣做的目的是想讓渦陽人永遠記住我們雙輪人的豐功偉績。」自然，這一想法得到了與會者的「一致贊成」。於是，劉俊卿專門派人去上海的同濟大學請來兩位藝術家。幾個月後，一座耗資70多萬，有兩層樓高的塑像豎立起來了——巨大的劉俊卿面帶微笑，向群眾揮手致意。

儘管這是個天大的鬧劇，塑像後也不知有多少各級的領導到酒廠參觀視察，但奇怪的是，竟沒有一人說過不同意見。相反，各種榮譽仍然接二連三地向劉俊卿送來，他想不要都不行。劉俊卿的膽子更大了，他又從「文化大革命」的「早請示晚彙報」中受到了啟發，廠裡只要有人不聽他的話，他就命令那個人站在自己的塑像前低頭反省，直到認錯了才准離開。

發展中國家中存在著這樣一種權力極端私人化的政體，在這種政體下，當權者可以把自己的治理範圍視為私人領地，任憑個人意志為所欲為地進行統治。人們具體地稱為「蘇丹式政權」。這種統治體制，類似於漢語中的「土皇帝」政治。

在這種政體下，當權者甚至可以在完全不受傳統習俗與慣例的約束的情況下行使權力。此類政權的統治的最基本特徵，就是把國家當作家族的私產。

在這種蘇丹式政體下，盤根錯節的裙帶關係、任人唯親的關係網與滲透於官僚各層面的腐敗甚至成為政治生活方式的組成部分。

這種體制的基本特徵首先是權力範圍的私產化。掌權者是一種特殊的「政治強人」，他把自己的治理區域視為私產或封建領地，國庫與當權者的私人財產幾乎沒有分界。

在蘇丹式政權統治下，也可能會在一定時期內出現一定程度的經濟增長，但這些國家根深蒂固的賄賂成風與政治腐敗，則從根本上破壞了經濟進步的必要條件。

在這種情況下，蘇丹式的國家裡，只有基於個人及其親屬利益壟斷資本主義類型才可能得到畸形發展。整個國家彷彿就像一個巨大的吸血盆，這是一種經濟上的「掠奪性國家」。

庇護網結構，是群體性的腐敗的一種重要的制度結構，它是透過這種在權力體制內部形成的庇護關係來實現非法的分利化，庇護網結構也是土皇帝式的腐敗的基礎。

戴安娜‧尼蘭，美國著名文化社會學家，藝術、媒體、大眾文化研究權威。主要著作有《無形學院》、《文化生產》、《時裝及其社會負載：服飾的階級、性別與身分》、《全球文化：媒體、藝術、政策與全球化》。

大魚吃小魚吃出
的村莊兼併

在工業化、城市化和現代化進程中，隨著農業勞動力逐步向非農產業轉移，農村人口日益向城市集中，自然村落的萎縮乃至消失將成歷史的必然。這是現代化所推動的重要社會變遷。

從前在海洋裡不管是大魚還是小魚，牠們都愉快的生活在一起。牠們以海草為食，海草取之不盡，用之不竭。

有一種數學運算叫乘法，小魚們學的很快，並運用到自身的繁殖上。一段時間後，小魚的數量大大的超過了大魚。於是，海洋裡的魚的總數大大增加了，而這時海草的數量卻在急劇減少。

大魚埋怨小魚數量太多，吃的海草太多了。而小魚卻埋怨大魚體積太大，食量太大。魚兒們的衝突也因此加劇了。

大魚們憤怒了，牠們開始了血腥之戰，一口一口的把小魚吞到自己的肚子裡。牠們發現，既能消滅敵人又能填飽肚子，一舉兩得。

從此，海洋世界的生物便一直延續著這個習性。

大魚吃小魚是自然法則，村落兼併是社會發展法則，二者有異曲同工之妙

村落是在自然經濟條件下人類自發聚居形成的農村社區的基本組織形式。它是以農業為基礎產業、以土地為基本生產資料、以個體勞動為基本勞動方

式、以血緣關係為紐帶的相對封閉的社會組織。在工業化、城市化和現代化進程中，隨著農業勞動力逐步向非農產業轉移，農村人口日益向城市集中，自然村落的萎縮乃至消失將成歷史的必然。這是現代化所推動的重要社會變遷。

近幾年來，隨著農村商品經濟的迅速發展，特別是農村工業化進程的加快，出現了一些富村和強企業兼併窮村、弱村的現象。

鄉鎮企業的快速發展和膨脹使這種兼併成為生產力發展的內在要求。同時凡是發生村莊兼併的地方，一般都具有兼併方與被兼併方貧富差距比較大的特點，雙方能實現互惠互利，優勢互補。而市場經濟發展對資源流動與重組提出了新要求。市場經濟則要求資源流動和優化配置，這就與原有的體制發生了衝突。而有些地方政府為了促進資源與人口的合理配置，探索扶貧開發的新路，也積極實施村莊兼併。

擴張式兼併主要是指一些經濟強村或強企業出於擴大規模、加快發展的需要而兼併弱村、窮村。兼併的對象主要是處於經濟強村或強企業周邊地區的弱村、窮村。這種兼併又表現為兩種模式，一是經濟強村兼併弱村、窮村，二是強企業兼併弱村、窮村。扶貧式兼併主要是指有組織地將一些地處邊遠山區，生產、生活條件惡劣，脫貧致富無望的弱村、小村，合併到城市郊區或本鄉鎮的富村、大村，整村或部分人口遷戶轉移。

聯合式兼併是一種漸進性的村莊兼併形式。它不像擴張式或扶貧式兼併那樣，一次性地直接改變農村社區組織形式和管理體制，而是在村與村之間原有

社區組織和管理體制暫時不變的條件下，在經濟發展和村鎮建設上採取合同契約或其他方式進行合作，使人口逐漸向中心村或強企業駐地集中，使自然村落走向萎縮。聯合式兼併，也有以企業為主聯合周邊村莊共同發展的典型。

透過政治一體化來推進經濟一體化，探索「合村並鎮」，促進城鄉一體化發展的新路。

村莊兼併是一種制度創新，促進了農業生產方式的轉變，推動了農村商品經濟的發展。使農民的職業角色發生了轉換，推動了農村社會結構轉型。農村封閉、落後的傳統社會結構正在轉變為開放、流動和進步的現代社會結構。促進了城鄉融合，推動了農村城市化進程。在一程度上改變了城鄉分割的二元社會結構，大大推動了農村城市化進程。

總之，村莊兼併是農村改革與發展中出現的新的社會分化和社會整合現象，是中國農村現代化進程中的重要社會變遷。

哈爾切夫，Kharchev，Anatoliy Georgievich，蘇聯社會學家。主要從事倫理學和家庭婚姻問題研究，對前蘇聯婚姻家庭社會學有重要貢獻。著有《蘇聯的婚姻和家庭》、《哲學中的價值問題》、《生活、家庭和閒暇：社會學和道德問題》、《蘇聯馬克思列寧主義倫理學史綱》、《現代家庭及問題》、《家庭和社會》等。

年羹堯的困惑：
追問社會資本

年羹堯生命中的最後一年，他的所有行動，都專注於設法取得君主的原諒。年羹堯身為行動者，除了雍正皇帝，其他的社會關係和資源對他而言都無關緊要，也無濟於事，因而可以忽略不計。

年羹堯，漢軍鑲黃旗人。

年羹堯在朝廷對十四阿哥發揮了舉足輕重的牽制作用，進而確保了雍正的順利繼位。

十四阿哥乃是雍正的胞弟，極得康熙的喜愛，在外掌撫遠大將軍印，也是繼位的熱門人選。康熙六十一年十一月初七，理藩院尚書隆科多在暢春園口含天憲，宣佈皇四子克承大統，十四阿哥當然嚥不下這口氣。不過，他在軍中受到年羹堯的暗中牽制，等回到北京奔喪，哥哥已經坐上龍椅，他的反應也只能是「舉動乖張、詞氣傲慢」，頂多對雍正「肆其咆哮」。

年羹堯在雍正繼位之後掌撫遠大將軍印，任甘陝總督，累封太子太保、一等公。

可惜月滿則虧，雍正三年（1725年）二月庚午那天，日月合璧，五星聯珠，年羹堯上了一道賀疏，用《易經》中的「朝乾夕惕」來讚美雍正的辛勤工作。可是年羹堯畢竟是個武夫，居然把「朝乾夕惕」寫成了「夕惕朝乾」。照理說皇帝應該一笑置之，然而雍正卻龍顏大怒，叱責年羹堯有意倒置，批示說

「羹堯不以朝乾夕惕許朕，則羹堯青海之功，亦在朕許不許之間而未定也。」

從此年羹堯禍事連連，數月內從大將軍被連降為杭州將軍、閒散章京，直到職爵盡削。當年臘月逮捕回京，定大罪九十二款，最後於獄中自裁，長子被斬，15歲以上的其他兒子被流放。

1725年年羹堯的生與死，都取決於雍正的態度。因此，年羹堯生命中的最後一年，他的所有行動，都專注於設法取得君主的原諒。

年羹堯身為行動者，除了雍正皇帝，其他的社會關係和資源對他而言都無關緊要，也無濟於事，因而可以忽略不計。這樣，年羹堯與雍正之間的二元互動，比一般的行動者的社會聯繫，要簡單許多。

布迪厄只給了我們一個開端。布迪厄會不關注年羹堯的死和活，而是關注年羹堯身為獲罪的權臣的行為姿態以及這些姿態的符號意義。他的品味是否會阻止其融入這個新的卑微的團體——監獄呢？

科爾曼一如往常高屋建瓴但是語焉不詳。在年羹堯得到賜死的聖旨之前，年羹堯或者科爾曼都無法得知年羹堯的死活，無法得知這次事件的最終結果，無法判斷社會資本的功能是否實現。既然社會資本只能在被行動者使用時觀察到，社會資本的存在只有靠它的結果來證明，那麼如果沒有一個「事先邊界」，就無法界定社會資本。

博特宣稱社會資本只是圈子裡的事情，是「朋友、同事以及一般的熟人，透過他們獲得使用金融和人力資本的機會」，年羹堯應該求助於這些關係。那

麼，年羹堯要問自己，誰是朋友？進而，「朋友」、「熟人」的概念是否永恆？如果這次行動成功使用了自己的社會資本，那麼，那個給予自己資源的好人和行動者之間的關係有什麼變化？

　　林南深入探詢了個人層次上社會資本的意義，但他也遇到了挑戰。當林南到杭州城外採訪年羹堯，測量他的社會資本時，其實學者充其量只是在記錄年羹堯的一個夢。這樣，難道林南所測量到的社會資本，並非所謂客觀的嵌入性的資源，而不過是年羹堯的一廂情願的幻想？那麼，社會資本的定義和社會資本的測量之間是否存在一個客觀和主觀的鴻溝？

　　波茨說社會資本是嵌入年大將軍「與他人關係中包含著的一種資產」，是「嵌入的結果」。而這個社會資本，是年羹堯「個人透過其成員身分在網路中或者在更寬泛的社會結構中獲取稀缺資源的能力」。這樣看來，社會資本的研究如果不以具體的事件為單位來進行，可能就不具有社會學的意義。

　　如果我們把求生、托孤和飲酒、聊天這些林林總總的社會資本迭加在一起，把皇帝的生殺大權和獄卒的一點同情之心組合在一起，得出一個總體性社會資本的資料，是不是顯得有點牽強附會？這樣的社會資本概念，是否過於野心勃勃？

　　波格丹諾夫（1873～1928），俄國和蘇聯哲學家、社會學家。十月革命後從事過高等教育工作，擔任過「無產階級文化協會」的領導職務和輸血研究所所長。著有《生動經驗的哲學》、《自然史觀的基本要素》、《經驗一元論》、《普遍地組織起來的科學》等。

麥當勞化的美國社會學研究

麥當勞化的最重要的四個要素：可計算性，可預測性，效率至上性，及使用技術來取代人力以減少人的不可預測性，即技術取勝性。至於第五要素，理性的非理性，將使我們更直接地剖析一些負面影響。

　　麥當勞的創始人是麥克唐納兄弟，他們在家鄉的路邊開了一家小店，專門賣漢堡速食。但是，有誰會想到一個賣奶昔的，沒有開過餐館的人，卻改寫了麥當勞的歷史。這個人就是雷·克拉克。

　　克拉克本來是一個奶昔機器推銷員，他在總結自己的銷售業績的時候，發現麥當勞買了很多台奶昔機器。他覺得很納悶，就去現場觀看，麥當勞火熱的銷售場面讓他非常驚訝。他認為麥當勞是一個很好的生意。

　　克拉克找到了麥克唐納兄弟，建議他們多開一些分店。麥克唐納兄弟說：「我們已經很知足了，不想開那麼多家店，也不想那麼累。」沒辦法，克拉克就決定自己開分店，他和麥克唐納兄弟簽署了加盟協定。從此，克拉克利用麥克唐納兄弟建立起來的麥當勞速食店模式開始了麥當勞速食連鎖店的複製過程。

　　克拉克的辦法很簡單，他把麥克唐納兄弟成功的麥當勞速食店模式加以完善、統一產品、統一包裝、統一員工著裝、統一店面形象，建立了一套完善的生產系統和管理系統。靠著這個系統進行重複的複製，不斷的建立新的連鎖店，隨著連鎖店數量的不斷擴大，實現了產品生產量的倍增。最終，締造了麥當勞這個食品速食帝國。

　　今天，1萬8千多家麥當勞分佈在全世界各個角落，他們仍然在繼續著麥克

唐納兄弟當初的工作，然而，麥克唐納兄弟已經不在了，克拉克也已經不在了，但是，麥當勞還在。無論麥克唐納兄弟在也好，不在也好；無論克拉克在也好，不在也好，麥當勞都在正常運轉，這就是系統的力量。

系統是一個魔法的輪子，它會自己轉動。你只要給了它啟動的力量，它就不會自己停下來。如果把你自己的生意做成一個帶有魔法的輪子，那你就實現持久發展、永續經營了，這種力量是神奇的、充滿魔力的，這種神奇的轉動造就了真正的生意。

社會學研究正在被麥當勞化，正如現代社會的其他方面一樣。 麥當勞化的最重要的四個要素：可計算性，可預測性，效率至上性，及使用技術來取代人力以減少人的不可預測性， 即技術取勝性。對這些要素的分析有助於理解為什麼社會學乃至現代社會其他方面，都在麥當勞化。至於第五要素，理性的非理性，將使我們更直接地剖析一些負面影響。

可計算性，對可以被量化的事物的強調，對數量而不是品質的強調，正在社會學中以各種方式顯明。特別是主要的社會學期刊對量化研究有一種過分的強調。可預測性，標準的美國社會學已經達到了穆林斯討論過的一種可預測性──研究論文在形式上趨於一致，在長度上能被預測。結果是，研究者能很精確地估計工作多久能得到結果。

效率至上性，這種文章的高效體現在不同的方面。它們能很快被讀完。因為它們都有一個明確的格式，炮製這種文章就會很有效率。作者知道文章該有

什麼組成部分，該按什麼樣的順序。各部分該如何炮製也有章可循。如果有許多文章將基於同一個研究，這些文章的各部分能被預製和預定──文獻分析、方法論、圖表、參考資料……等等，到時候拿來插進文章的適當點就可以了。

技術取勝性，以上所說種種非人化的技術手段不但在外部控制了社會學家，而且把他們作為人在研究中的重要性降低了。研究過程中重要的是電腦、電腦程式和越來越複雜的統計方法。大量研究交給機器，程式設計員，模組化了的程式和統計軟體。這些技術使研究更加量化，也更可預測因為大家都用技術而非人力，還更有效因為所需無多，唯技術耳。

當代美國社會學研究越來越多地帶上了如上所述的麥當勞化的四個特徵，亦即社會學研究，如社會的絕大部分一樣，在一定程度上被麥當勞化。這種理性化走向它的反面──產生和傳播社會學新知識的理性體系存在著非理性因素。不管是否把社會學看作是科學，或應該是科學，在當前社會學的現實條件下，它確實太依靠麥當勞式的規程了，而對非麥當勞式的藝術性創造又太不重視了。應該記住，所有成功的科學都包含一個混合體：藝術性創造（特別是在革命發展時期）和理性化方法（特別是在常規科學階段）。

哈貝馬斯，Habermas，德國哲學家，社會學家。哈貝馬斯的知識旨趣說、技術統治論和溝通行動論等學說，作為綜合的社會批判理論，產生了深遠的影響。他是西方馬克思主義重要流派法蘭克福學派第二代的代表人物，著述豐富，迄今有數十部著作問世，主要代表作包括：《公共領域的結構變化》、《理論和實踐》等。

第二章

概念解析

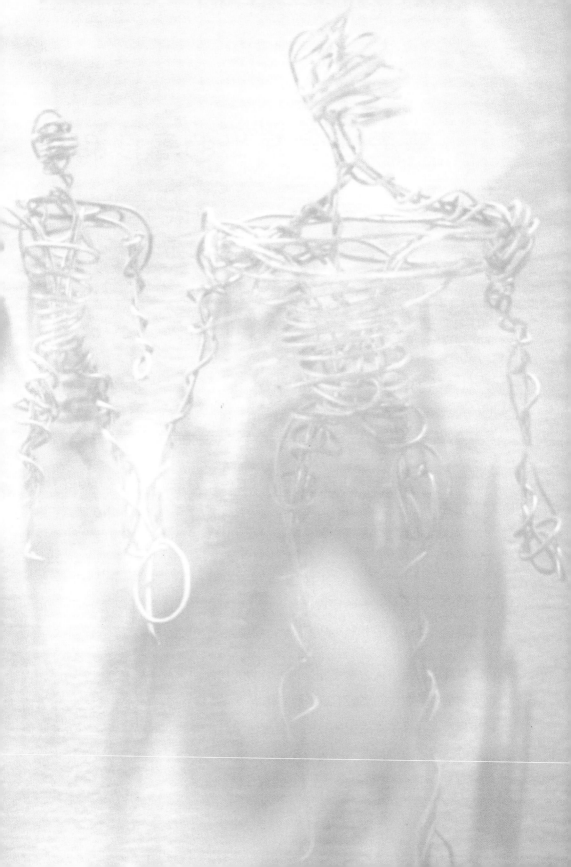

禁奢法案禁出的奢侈品

奢侈品是為人們所普遍欲求（因為尚未普遍擁有），被認為能夠給人帶來極大愉悅的、特別精美或者具有極高品質而相對稀有的物品——而且這幾項應該要同時滿足。

英法兩國在西元1337年～西元1453年間斷斷續續進行的戰爭。它從兩國封建王朝戰爭開始，後期轉變為法國人民反對英國侵略的戰爭。這就是歷史有名的英法百年大戰。

1337年11月愛德華三世大舉進攻法國，法軍連連敗北，領土接連失陷。1360年法國被迫接受了屈辱的《布勒丁尼和約》，把加來及西南部大部領土割讓給英國，英王則放棄對法國王位的要求，戰爭第一階段結束。

1363年，這位發動了英法百年戰爭的英王愛德華三世，忽然頒佈了一部《服飾法》。從根本上來說，這是一部「禁奢法案」。雖然對於長年在法國和蘇格蘭兩線作戰的愛德華三世來說，禁奢以集中國家資源備戰是題中之意，但這卻不是該法案的主旨。

1363年《服飾法》的序言裡有一段「批判」當時社會狀況的話：「各色人等違其資產及禮度之所命，衣著奢靡，感染風化……」

事實上，至少從古希臘開始，一直到近代歐洲，即使最奢靡的社會，如古羅馬的某些時期，從來都不缺少的一樣東西，就是形形色色的「禁奢法」，哪怕它從來沒起過什麼作用。所有的「禁奢法」最主要的共同點，就是不厭其詳地規定每一個等級可以或者不可以穿的服飾、吃的食物、住的房子或者從事的娛

樂活動。這集中說明了人類千百年來反奢侈的根本目的，並不在於它引起浪費，而在於它顛覆等級制度。

如1553年英格蘭另一部《裝束法》所聲明的，奢侈，即過度的揮霍「顛覆了以財產、地位、尊卑和職銜認可和規定人之歸屬的良好政治秩序」。因此奢侈與其說是一種過度的享樂，不如說是身分和地位的標籤。一旦大家都奢侈起來，社會就亂套了。所以禁奢是一種想當然的維護傳統社會穩定的手段。

近代以後，在資本主義、自由主義的指引下，奢侈的意義發生了轉移。最遲從亞當‧斯密開始，至少從理論上，它不再是十惡不赦的「七宗罪」之一。人們逐漸忘記了，從詞源上說，奢侈Luxus，在拉丁文裡就是「極強大的生殖力」，就是「淫蕩」，就是對欲望病態的過度滿足。儘管在道德領域裡，對奢侈的攻擊由於強大的歷史慣性依然很強大，但是近代的經濟學卻一直在試圖證明奢侈的清白，甚至是功績。你只要有興趣去翻翻德國人沃爾岡‧拉茨勒的暢銷書《奢侈帶來富足》，就很清楚了。但是奢侈就像任何一件和人有關的事物一樣，是充滿矛盾的，肯定不能用不是有罪就是有功，這麼黑白分明的兩分法去下定論。

首先什麼是奢侈和奢侈品，這是很複雜的。奢侈品的地位總是處於不斷的變化中。比如電視機在上世紀前2/3的時間裡，一直是當之無愧的奢侈品，但它現在只是一件普通的生活必需品，哪怕是價值好幾萬的等離子，由於人們對整個大類的「奢侈感」消失了，也不能再算是真正的奢侈品——雖然很多貨真價實的奢侈品還未必有這麼貴。

這說明價格並不是奢侈與否的決定因素。但它依然是一個很重要的因素。有時候奢侈品不是由「最高價」決定的，而是由「起步價」決定的。比如遊艇

就一定是奢侈品，因為哪怕是最小的遊艇，價格也不是一般人能夠接受的，這使得人們對這一類「物品」有敬畏感。

那麼手錶呢？手錶有幾塊錢一只的，也有幾十萬一只的，為什麼這並不妨礙一部分手錶成為奢侈品呢？或許在人們的潛意識裡，由於長期積澱的結果，普通手錶和「名錶」早就是兩個概念、兩類東西了，這其中有一個鮮明的斷裂帶，而從普通電視到液晶或者等離子電視之間的連續性卻要強許多。

通常認為，奢侈品是超出人們生活必需而專門用於享樂的那部分物品。但是人的需要也是不斷變化的，甚至在被不斷創造出來。人看電視的需要是最近100年才產生的，而它成為「必須」的時間更短。而奢侈品，一定是要大眾趨之若鶩卻又沒有力量擁有或者大規模擁有的東西。

因此對奢侈品比較準確的定義是，為人們所普遍欲求（因為尚未普遍擁有），被認為能夠給人帶來極大愉悅的、特別精美或者具有極高品質而相對稀有的物品——而且這幾項應該要同時滿足。

塔爾科特·帕森斯（1902年～1979年），Talcott Parsons，美國現代社會學的奠基人。他早期的主要理論傾向是建構關於社會價值如何引導個人行動的志願行動論，後期逐漸關注個人、社會與文化三個系統的整合問題，轉向更為宏觀的社會系統論。主要著作有《社會行動的結構》、《社會系統》、《經濟與社會》、《關於行動的一般理論》。

馬良神筆畫出的社會文化

文化是人類所創造的一切文明現象與產品，或者說打上了人類活動印記的一切現象與產品。文化的基本要素是符號、語言、價值、規範，它們是構成文化的框架。

　　從前，有個孩子叫馬良。他很喜歡畫畫，可是家裡窮，連一枝筆也沒有。一天，他放牛回來，路過學館，看見裡面有個畫師，拿著筆在幫大官畫畫。馬良看得出神，不知不覺地走了進去。他對大官和畫師說：「請給我一枝筆，可以嗎？我想學畫畫。」

　　大官和畫師聽了哈哈大笑，說：「窮娃子也想學畫畫？」他們把馬良趕了出來。馬良氣呼呼地說：「我偏不信，窮娃子就不能學畫畫！」從此，馬良用心學畫畫。他到山上去打柴，用樹枝在沙地上畫天上的鳥。他到河邊割草，用草根在河灘上畫水中的魚。他見到什麼就畫什麼。

　　有人問他說：「馬良，你學會了畫畫，也去幫那些大官們畫嗎？」

　　馬良搖搖頭說：「我才不呢！我專為窮人畫！」日子一天天過去，馬良畫畫進步很快。可是他依然沒有筆。他多麼盼望有一枝筆啊！

　　一天晚上，他躺在床上。忽然屋裡閃起一道金光，一個白鬍子老人出現在他面前。老人給他一枝筆，說：「馬良，你現在有一枝筆了，記住你自己的話，為窮人畫畫！」馬良真高興啊！他立刻拿起筆在牆上畫了一隻公雞。奇怪，公雞活了！牠從牆上飛下來，跳到窗前，喔喔地叫起來。原來白鬍子老人給他的是一枝神筆。

馬良有了這枝神筆，天天幫村裡的窮人畫畫。要什麼就畫什麼，畫什麼就有什麼。一天，他經過一塊田地，看見一個老農和一個小孩拉著犁耕田。泥土非常硬，拉不動。馬良拿出神筆，幫他們畫了一頭大耕牛。「哞——」耕牛下田拉犁了。

文化是人類所創造的一切文明現象與產品，或者說打上了人類活動印記的一切現象與產品。馬良神筆就是人類所創造的文化，這個故事包含了文化的產生過程、文化的基本要素，和文化的基本特徵以及文化的作用。

文化的基本要素是符號、語言、價值、規範，它們是構成文化的框架。例如這個，既是一種符號，神力的符號，也透過繪畫體現了語言的功能，同時也把它的價值以及規範貫穿其中了。

從這個故事裡我們也可以看出文化的特性和文化的功能：從文化的形成看——集體創造性；從文化的獲得看——非生理遺傳性；從文化的內容、形式看——文化的多樣性；從文化的意義看——文化的象徵性；從文化的發展看——動態性的特性。大規模的文化變遷一般受三種因素的影響：自然條件的變化、不同文化之間的接觸、發明與發現。文化的功能是識別、教化、整合、知識。

而且我們在故事裡輕易地看出了文化的態度。首先是文化中心主義——亦稱種族中心主義，指各個國家、各個民族常有一種將自己的生活方式、信仰、價值觀、行為規範看成是最好的、優於其他民族的傾向，並且將本民族、本群體的文化模式當做中心和標準，以此衡量和評價其他文化，常常敵視或懷疑自己

所不熟悉的文化模式。

這是一個團體認定自己的文化才是最優勢、唯一正確的一種觀念或習慣，是一種具有濃厚的主觀價值的態度。其次是崇外主義，當某些群體發現自己的文化低級時，就表現出對某種高級文化的崇拜，例如馬良對畫師的崇拜。再次是文化相對主義，各種不同的文化模式是不能評價和比較的，好的文化就是適合當時、當地環境的文化。就像馬良神筆，很受窮人歡迎一樣。第四是文化震驚，生活在某一文化中的人，當他初次接觸到另一文化模式時所產生的思想上的迷惑、混亂與心理上的震憾。

最後是邊際文化，文化邊緣地帶或兩種文化的交界地帶。

文化的規範作用也很明顯。它能確立行為標準，規範人的成長，保護社會秩序，控制越軌行為。文化規範的類型有習俗、宗教、道德、法規。

孟德斯鳩（1689～1755），法國偉大的啟蒙思想家、法學家。他最重要的貢獻是對資產階級的國家和法的學說做出了卓越貢獻，他在洛克分權思想的基礎上明確提出了「三權分立」學說。著有《論法的精神》、《羅馬盛衰原因論》等。

蜘蛛結網：

差序格局下的鄉村家庭

在差序格局中，社會關係是逐漸從一個一個人推出去的，是私人聯繫的增加，社會範圍是一根根私人聯繫所構成的網路。

有一天黃昏，一隻黑蜘蛛在後院的兩簷之間結了一張很大的網。難道蜘蛛會飛？否則，從這個簷頭到那個簷頭，中間一丈餘寬，第一根線是怎麼拉過去的？

經過細細地觀察，才發現牠走了許多彎路——從一個簷頭起，打結，順牆而下，一步一步地向前爬行，小心翼翼，翹起尾部，不讓絲粘在地面的沙石或別的物體上，走過空地，再爬上對面的簷頭，高度差不多了，或者說是牠滿意了，再把絲收緊。

收第一根絲要半個多小時，直到成為一條直線。

以後的進程通常比第一根絲的安置要快多了。儘管它很複雜，但蜘蛛操作十分熟練，彷彿是一種愉快、開心的表演似的。

蜘蛛不會飛翔，但牠能夠把網凌空結在半空中。牠的網編織得精巧而且規矩，八卦形地張開，彷彿得到神助。有一首詩讚道：「南陽諸葛亮，穩坐中軍帳。排起八卦陣，單捉飛來將。」

「差序格局」的概念是費孝通提出來的。他認為，「在差序格局中，社會關

係是逐漸從一個一個人推出去的，是私人聯繫的增加，社會範圍是一根根私人聯繫所構成的網路。」

這一社會關係的網路是以親屬關係為基礎而形成的，親屬關係是「根據生育和婚姻事實所發生的社會關係，從生育與婚姻所結成的網路，可以一直推出去包括無窮的人，過去的、現在的和未來的人物」，「這個網路像個蜘蛛的網，有一個中心，就是自己」。「我們社會中最重要的親屬關係就是這種丟石頭形成同心圓波紋的性質。」這波紋，「一圈圈推出去，越推越遠，也越推越薄」。

這樣的「從自己推出去的和自己發生社會關係的那一群人裡所發生的一輪輪波紋的差序，就是『倫』（人倫）」。

這種差序格局發生在中國傳統的鄉土社會裡，這種鄉土社會有它自身的特點。比如，它是封閉的、人口不流動的、經濟上自給自足的、有一定排外性的，血緣和地緣的合一是社區的原始狀態。它又是政府的行政權力控制相對較薄弱的，因而，可以在一定程度上實行民間自治，進而給家族的長老統治留下相當大的活動空間。在家庭制度方面它也與西方現代社會有差別，它是根據單系親屬原則組成的社群，即由許多家組成的族，是實行父系家族制度的。

中國的家是一個事業組織，是綿續性的事業社群，它的主軸是在父子之間，在婆媳之間，夫婦成了配軸。還有，鄉土社會是安土重遷的，生於斯、長於斯、死於斯的社會。不但是人口流動很小，而且人們獲取資源的土地也很少變動。總之，它是一個社會變遷很少而且變遷速度很慢的社會。

這裡所說的鄉土社會，就是中國傳統的農村社會，他所刻畫的鄉土社會的社會結構、社會關係的主要特徵，就是中國傳統的農業社會的社會結構、社會

關係及人們相互對待的社會行為的主要特徵。「差序格局」這一概念的提出對我們認識和分析中國的傳統社會無疑具有開創性的意義。

回顧費先生的「差序格局」概念，我們可以得出這樣的結論：首先，費先生認為，在鄉土社會中，人們基本是按照男系血緣（父系家族）來決定自己和他人關係的遠近和親疏的，所謂差序格局的行為方式即是建立在這一基礎上。

其次，血緣社會與商業活動不相容。商業活動奉行的是「理性」原則，而血緣社會中奉行的是「人情」原則，兩者是互相抵觸的，因此，血緣社會抑制商業活動的開展，而「理性」才是現代社會的特性。

亞多夫，Yadov，Vladimir Aleksandrovich，蘇聯、俄羅斯社會學家。前蘇聯60～70年代，社會學「三層次」理論的主要奠基人之一。80年代後發起重新討論，認為社會學研究對象是社會共同體。著有《勞動和個性發展》、《人及其工作》、《個性社會行為的自我調節和預測》、《社會學研究的程序和方法論》、《社會學研究：方法論、提綱、方法》、《工程師的社會心理概貌》等。

七步跨過底線倫理

底線倫理崩潰的一個重要特徵是人們內心深處恥感和罪感意識淡化以致消失：沒有了羞恥感、知恥感、恥辱感；沒有了負罪感、內疚感、懺悔意識。罪感和恥感消失的結果是，人性和道德中最後的、最起碼的準則被踐踏。

三國時期，曹操有三個兒子，曹丕是第一個，曹植是第三個，也是最聰明的一個。曹操曾說過：「如過天下的文才共一石，曹植自己占八斗，我和曹丕占一斗，剩下一斗，由天下人分去吧！」

曹操去世以後，曹丕繼承了王位，但他很嫉恨曹植，生怕他爭奪王位，於是，千方百計地要置他於死地。

有一次，曹丕對曹植說道：「我總聽人們說你才思敏捷，但我卻沒有考驗過你，現在，限你走七步，在七步之內作一首詩，如果不能，我就要用嚴酷的刑法來處置你！」

曹植無奈之下，只好一邊踱步，一邊思索，他對哥哥毫不憐惜手足之情而感到傷悲，沒走出七步，一首痛斥自相殘殺的好詩便脫口而出《七步詩》：「煮豆燃豆萁，豆在斧中泣。本自同根生，相煎何太急。」

於是曹丕放棄了殺害弟弟的念頭。

如果曹植七步之內作不出詩，曹丕就會越過底線倫理，骨肉相殘了。

　　一個社會最嚴重的價值危機不是道德理想的失落，不是功利主義和世俗文化的氾濫，而是文化中底線倫理的普遍崩潰。

　　底線倫理崩潰表現為人必須遵守的最起碼的倫理道德全面危機；表現為這些極端的非道德行為越來越頻繁地發生：它們失去了人之為人必須具備的最低素質，嘲解了人性最起碼的價值標準，冒犯和褻瀆了身為人開化、文明象徵的最後禁忌。

　　底線倫理崩潰的一個重要特徵是人們內心深處恥感和罪感意識淡化以致消失：沒有了羞恥感、知恥感、恥辱感；沒有了負罪感、內疚感、懺悔意識。罪感和恥感消失的結果是，人性和道德中最後的、最起碼的準則被踐踏。

　　這不但表現為大量毫無廉恥的行為、令人瞠目結舌和令人髮指的行為，更表現為行為者沒有任何負罪感和羞恥感，一副不以為然和泰然處之的心態。

　　底線倫理是指維繫人之為人的本性、樣態、特質起碼的倫理道德，是一種與人的本性和本質相同的基本倫理，是任何人都應認可並遵循的普遍倫理。底線倫理的意義之一是，經由一些最基本的價值和倫理，人乃保持「人」必須具有的特性、樣態和本質，使人免於沉淪和野蠻到非人的境地。違背了這樣的倫理，就是喪失起碼的人性和人的本質特徵。例如故事中，如果曹丕殺了曹植，他就陷入了一種非人的境地。

　　底線倫理的意義之二是，它是人之為人的下限。人在人獸之間、文明人與野蠻人之間畫了一條界線，越過這一界線，就不是「人」之所為，就「不是人」了。底線倫理的意義之三是，所有人都承認的共同道德和價值，凡具有「人」的基本特徵的人們都認同和遵循的倫理。

倫理底線是文化和文明中的一種嚴厲的禁忌。文明是透過強烈的恥感意識來維繫基本的文化價值，道德和文化價值的建構，就是要在人們內心深處喚起這樣的警戒意識。只有這樣，人們才有自覺的價值意識。

罪感是因經歷和體驗到了違背基本價值的行為、事件而從我們的人格深處蒙生的一種敬畏意識與懺悔意識。例如曹丕最終沒有殺曹植，就是罪感起了作用。

主體的價值意識告誡人們，我們的人性和文化中有一些基本的禁忌和規約，它規定人至少應該作為（如有起碼的同情心，把人當人）或不作為（如不能亂倫，不能濫殺無辜）的下限、底線。違背了這一禁忌和規約，就是一種罪過、罪孽。罪感也包含自我譴責的成分，但更主要的表現為因害怕懲罰而產生的一種負罪感、內疚感和懺悔心態。

人類文化的底線倫理與禁忌、罪感和懺悔意識的確緊密結合在一起。

斯託福（1900日1960），Stouffer，Samuel Andrew，美國社會學家。提出了「相對剝奪」理論，後來被R.K.默頓發展成為重要的社會學概念——參照群體。著有《第二次世界大戰中的社會心理學研究》、《共產主義、皈依和人權自由》和《測量觀念的社會研究文選》。

四人過橋所扮演的不同角色

角色是指一個特定的個體在履行職責時所表現出的實際行為。當任職者進入他的地位時，他自己必須承擔相對角色所包含的全部行為。

有一處地勢險惡的峽谷，澗底奔騰著湍急的水流，而所謂的橋則是幾根橫互在懸崖峭壁間光禿禿的鐵索。

一行四人來到橋頭，一個盲人、一個聾子，以及兩個耳聰目明的正常人。四個人一個接一個抓住鐵索，凌空行進。

結果呢？盲人、聾子過了橋，一個耳聰目明的人也過了橋，另一個則跌下深淵喪了命。

難道耳聰目明的人還不如盲人、聾人嗎？

是的！他的弱點恰恰源自於耳聰目明。

盲人說：「我眼睛看不見，不知山高橋險，心平氣和地攀索。」

聾人說：「我耳朵聽不見，不聞腳下咆哮怒吼，恐懼相對減少很多。」

那個過了橋的耳聰目明的人則說：「我過我的橋，險峰與我何干？激流與我何干？只管注意落腳穩固就夠了。」

四個人扮演了四個不同的角色，不同的角色在相同的背景中，處理相同的事務卻得到了不同的結果，這是角色的距離造成的。

「角色」這個概念是社會學中普遍運用的概念之一。

「角色」由這樣一種活動來構成，如果任職者純粹根據處於他這樣地位的人所應遵守的規範來行事的話，那他就會置身於這一活動之中，「角色」是一種借之行動的規範。例如本文中的四個人，分別扮演了盲人、聾人和兩個正常人的角色。當任職者進入他的地位時，他自己必須承擔相對角色所包含的全部行為。因此，「角色」意味著一種社會宿命論以及一種有關社會化的學說。

角色不是每次只承擔行為中的一項，而是包攬行為的所有項目。例如文中四人，同時又扮演了過橋者和落水者的角色。由此可見，「角色」是社會化的基本單位。正是透過角色分工，社會工作才得以分配和安排，以迫使這些工作得到完成。「地位」能夠為人們所獲取、佔據和棄離；「角色」卻不可以，「角色」只能被扮演。

個體的角色扮演主要是透過和「角色他人」，即和相關觀眾的一連串面對面交往的社會情境而發生的。角色扮演中的一個最重要的概念就是「角色叢」。「角色叢」包括角色中的一個個體所具有的這些各式各樣的角色他人，例如文中，四人構成了一個角色叢。一個角色的社會變化，可根據角色他人類型的得與失來追蹤。即使在一個角色的特殊區域中，這個角色把表演者與一種類型的角色他人相聯繫，所涉及的活動本身亦可以分為不同的、多少有點獨立的「宗」與「堆」，而且隨著時間的流逝，這些「宗」或「堆」還可能得到減少或增加，但每次僅增減一「堆」。

在扮演某一角色的過程中，個體必須努力使他在情境中傳達出來的印象與實際賦予他的同角色相稱的個人素質一致，這些應該具有並已獲得了的個人素質一旦和某一地位的頭銜結合起來，如果有這樣一個頭銜的話──就能給任職者

提供一個自我形象的基礎，並提供他的角色他人所要求他具備的形象的基礎。例如，盲人就有盲人的形象，與其他三人不同。

角色會逐漸領會到一個個體應如何恰當地依附於一個特定的角色，這就導致了一種可能，即，和這種道德規範相比，一個表演者可能過分地依附於他的角色，也可能和這一角色過分疏遠。

雖然個體表面上只參與一個角色系統，但他依然具有某種限制自己捲入其他模式的能力，這就使他能夠在其他場合中維持一個或更多的潛在地得以扮演的角色。那些包括在個體的一個主要角色叢中的人不再被劃入另一個角色叢，進而允許個體擁有相互矛盾的素質。

體現著「角色衝突」特徵的困難和躊躇便可產生於這種情境：一個像外科醫生這樣不把手術器具放在餐桌上，也不讓妻子接近另一張桌子的人，或許有一天在為親屬動手術時，他會發現自己正處於一種角色窘境之中。

斯莫爾（1854日1926），Small, Albion Woodbury，美國社會學家。芝加哥學派的代表人物。他與G.E.文森特合著的《社會研究導論》是世界上第一部社會學教科書。1895年他創辦了美國第一個社會學刊物《美國社會學雜誌》，生前一直任該刊主編。他是美國社會學會的主要創立者之一，並於1912～1913年任該會主席，著有《社會學道論》、《亞當·斯密和現代社會學》、《美國社會學五十年（1865～1915)》。

鬆鞋帶是為了
給他更多的話語權

在BBS權力運作過程中，尤其是在結構組合和重組、意義形成、旨趣形成的過程中，資深網民佔據了相當重要的地位。這個被想像成眾生平等的BBS其實不過是各種話語權力角逐的新競技場。

有一位表演大師上場前，他的弟子告訴他鞋帶鬆了。大師點頭致謝，蹲下來仔細繫好。等到弟子轉身後，又蹲下來將鞋帶解開。有個旁觀者不解地問：「大師，您為什麼又要將鞋帶解開呢？」

大師回答道：「因為我飾演的是一位勞累的旅行者，長途跋涉讓他的鞋帶鬆開了。」

「那您為什麼不直接告訴您的弟子呢？」

「他能細心地發現我的鞋帶鬆了，並且熱心地告訴我，我一定要保護他這種熱情的積極性，及時地給他鼓勵。至於為什麼要將鞋帶解開，將來會有更多的機會教他表演，可以下一次再說啊！」

BBS的主要交流方式是文字，這個被想像成眾生平等的BBS其實不過是各種話語權力角逐的新競技場。如同故事中的大師解開鞋帶一樣，BBS就是給公眾提供了某些話語權。在各種話語權力在BBS內部展開角逐之前，BBS首先得接受現實的政治遊戲規則的制約，亦即現實的新聞審查制度和言論監控制度的制約。除卻現實政治層面的控制，BBS還要經歷另外一個層面的篩選，即主題和趣味的

篩選（意識形態的符號層面）。BBS中的話語權力鬥爭主要體現某些群體以自己的旨趣對其他群體的旨趣（情趣、偏好、話語習慣、世界觀）進行框定的過程。

在權力的運行過程中，有可能呈現兩種狀態，一種是實際的（公開的或秘密的）可觀察到的衝突，在這裡權力的運行軌跡可以清晰被捕捉到；還有一種則是權力的潛在運行方式：即權力的行使可透過培養他人的需求來達到。

在可見的顯性層面上斑竹擁有毋庸置疑的權力（斑竹管理譚子的手段主要有灌水、回帖、刪帖、封殺ID和增選精品，後三項是斑竹的特權所在），但是出於人氣、形象等因素的考慮，事實上斑竹並不總是以衝突的形式推行他的理念和旨趣。常態的話語角逐是以潛在的方式進行的，比如灌水、回帖以及設立精品。

在BBS權力運作過程中，尤其是在結構組合和重組、意義形成、旨趣形成的過程中，資深網民佔據了相當重要的地位，這一特點在斑竹身分合法化後顯得尤為突出。身為顯性的掌權者，斑竹在行使權力、推行旨趣時勢必會有某些策略上的顧忌，這時候對於資深網民的扶植和培養就會對整個論壇的勢力格局、旨趣方向產生重大的影響。

資深網民資格的獲得主要靠點擊數和精品數的累積。當斑竹在給某個帖子的後面加上精品二字的時候，他不僅僅是給已界定的事物貼上標籤，而且是在確認、固定整個BBS中的旨趣和意義體系，設立精品的過程就是向BBS成員傳遞資訊、建構知覺環境的過程：什麼樣的帖子是好的帖子，是符合這個譚子審美標準的帖子，什麼樣的帖子能夠贏得更多的點擊率……等等。一個人數相當龐大、成員相當固定、擁護斑竹的資深網民群體的形成，對於BBS等級制度、旨趣體系的產生意義重大，這有點像中產階級在資本主義社會中所發揮的作用。

普通網民儘管在BBS建設中處於弱勢地位，但並不表明他們不會表達不滿和抱怨。

因此，對於一個成功的BBS來說，無論你實現的是「真實的意見一致」還是「虛假的意見一致」，關鍵在於你要部分有效地解決、掩飾或者迴避處於統治地位的群體的旨趣和被統治的群體的實際旨趣之間的矛盾，而且透過營造一種使人們對現狀表示理解的氛圍來防止不滿情緒的滋生。

BBS所導致的後果與其說是「自由人的自由聯合」，不如說是「有限人的有限聯合」，這種聯合的基礎就是「趣味」。隨著BBS日漸主題化、專業化和有序化，「到什麼山唱什麼歌」成為網民不得不然的舉動，BBS成為一個由各種壁壘分明、界限森然的小共同體「合眾」而成的「整體」，這種整體性僅僅體現在它們共同使用一種資源：網路，共同使用一種名稱：BBS。一個看似四通八達、互相鏈結的網路社會被細化、斷裂成有著不同趣味、取向、話語習慣乃至行為規範的小社會。在這樣的小社會中，人們追求的也就不是自由的表達或者表達的自由，而是趣味的投契以及幻覺的相互支持。

馬林諾夫斯基（1884～1942），Malinowski，Bronislaw Kaspar，英國人類學家。功能學派創始人之一。生於波蘭，卒於美國。強調「搶救人類學」的重要性，並成為他積極送學生到世界各地研究的理由之一。著有《原始社會的犯罪與習俗》、《文化論》、《巫術、科學與宗教》等。

兩個賣蛋的經濟人

市場競爭只褒獎那些理性地追求利潤最大化的企業家，同時用破產或停滯來懲罰那些按另一種方式行事的人。

在一條馬路上有兩家賣粥的小店，左邊一家，右邊一家。兩家相隔不遠，每天的顧客也相差不多，生意都很興隆，人進人出的。然而晚上結算的時候，左邊這家總比右邊那家粥店多出幾百塊錢的收入。

一年之後，左邊的小店變成了大店，擴大了規模，而右邊的那家還是一年前的老樣子。

有個人一直迷惑不解，一天，他走進了右邊那家粥店，服務員微笑著把顧客迎進去，幫他盛好一碗粥。問道：「加不加雞蛋？」那個人說加。於是她給顧客加了一個雞蛋。

每進來一個顧客，服務員都要問一句：「加不加雞蛋？」有說加的，也有說不加的，兩種情形大約各占一半。

又過了幾天，那個人又走進了左邊那家店裡。服務小姐同樣微笑著把他迎進去，幫他盛好一碗粥，問道：「加一個雞蛋，還是加兩個雞蛋？」顧客笑了，說：「加一個。」每進來一個顧客，服務員都會問一句：「加一個雞蛋，還是加兩個雞蛋？」愛吃雞

蛋的就要求加兩個，不愛吃的就要求加一個，也有要求不加的，但是這種情形很少。一天下來，左邊的這家店就要比右邊那家多賣出很多雞蛋。

人類為了確保自己的生存和增加自己的福利而完成的行動，稱為「經濟活動」。經濟活動的參與者是理性的，以自我利益為出發點的。經濟人的特徵可以概括為以下幾點：

第一是「自利」，亦即追求自身利益是驅策人的經濟活動的根本動機。個人追求自身利益最大化，只有在與他人利益的協調中才能實現，這就構成了交易的通義。互通有無，物物交換，互相交易是人類本性的第一個根本特徵。

第二是「理性」，經濟人能根據市場情況、自身處境和自身利益之所在做出判斷，並在各項利益的比較中選擇自我的最大利益。他只想以最小的犧牲來滿足自己的最大需要，因此，經濟人最後就要估算自己擁有的財富的用處，並進行計算。

第三是經濟人努力追求自身利益的最大化，最終將促進社會的利益。因此，國民財富增長的原動力就是「經濟人」對自身經濟利益的追求。

經濟人模式無疑為分析人的實際經濟行為及其結果（即市場經濟）開闢了道路，「這種理論追求隱含著經濟學家的這種認識論基礎：一切市場經濟現象都可以視為在交換中，彼此會發生衝突的無數個人追求自身利益的結果，而且正是交換過程產生的某種自發秩序協調著個人利益的衝突。因此，我們在理解整體社會經濟現象時，最有效的方法是分析那些作用於個人行為的因素。只有透過研究個人活動的綜合影響，我們才能夠理解在參與者的個人自願交換的過程中出現的市場秩序。

另一方面，經濟人抽象顯然有其深刻的現實基礎。在市場交易中，利他主義是無法與利己主義進行競爭的，因此會由於得不到強化而最終消失。因為利他主義者對自己的產品和服務所要求的價格總是低於市場價格，所以他們通常總是得到較少的利潤和其他貨幣收入。更為重要的是，以市場交易表達的利他主義是沒有多少「效率的」。

市場競爭只褒獎那些理性地追求利潤最大化的企業家，同時用破產或停滯來懲罰那些按另一種方式行事的人。

正因為如此，大多數經濟學家對「經濟人」的抽象基本上持肯定的態度，而「經濟人」則在傳統西方經濟學中一直扮演著基石的角色，支撐著理論經濟學的大廈。誠如經濟學家亨利·勒帕日所說：「研究微觀經濟學的全部著作構成了對『經濟人』範例進行經驗驗證的宏偉建築，『經濟人』這種簡化了的個人模式，用卡爾·布魯內的話來說，即『會計算、有創造性並能獲取最大利益的人』，是進行一切經濟分析的基礎。」

舒茨，美國哲學家，社會學家。主張社會學應置身於生活世界中，對互為主體性的人們的微觀互動過程進行研究，認識社會的結構、變化和性質。故他也把自己的現象學社會學稱為「生活世界構成的現象學」。著述收入《舒茨文選》（3卷），另著有《生活世界的結構》等。

誰給毛驢爬上屋頂的權

權力主體是指掌握和行使權力的人或組織。權力可以來自於個人、組織、人民。但權力主體往往不是人民，因為人民作為一個群體來說，太過龐大。

有隻驢費盡心機，終於爬上了屋頂。在人們的圍觀中，牠得意地手舞足蹈，跳起舞來，結果把屋頂的瓦片全踩碎了。

主人從田裡工作回來，發現了驢子在屋頂上的鬧劇後，他立刻爬上屋頂，把驢子趕了下來，並用一根粗棍子狠狠地打了牠一頓。

「為什麼打我？昨天我發現猴子也是這樣跳的。你卻非常高興，好像這樣做可以給了你許多歡樂似的。」驢子委屈地說。

「蠢貨，爬到屋頂上去跳舞，你以為你是猴子嗎？別忘了，你是一隻驢。」農夫對驢子又是一頓毒打。

毛驢並沒有爬上屋頂的權利，所以農夫有權對牠進行毒打。是誰給了農夫毒打毛驢的權力呢？

權利和權力的區別就在於：首先，權利的享有者是自然人，是生而有之的。只要是公民，就能夠享有法律賦予的權利，而自然人享有的權力是依靠自身的知識、能力、技術等素質獲取的，並具有支配他人或物的能力。其次，權

利的實現方式是內向的，直接用於保護自己。權力的實現方式是外向的，主要是支配他人。最後，二者的制裁措施不同。權利被侵犯後，主要依靠法律手段予以制裁，因為它的源頭是法律。權力雖然也受法律保護，但絕大多數侵犯權力的行為馬上就受到權力的制裁，因為權力具有強制性，本身具有制裁措施。

權力和權利間具有相互易轉化性，這二者相互滲透，權利能夠權力化，即私權利轉化為公權力；權力也可以權利化。權力和權利的屬性有本質區別，權利存在於市民社會，權力存在於政治國家，權力是保障政治社會（國家）獨立性的規範標誌，權利是保障市民社會獨立性的規範標誌

權力具有明顯的社會性，是一種人對人的關係，而非人對物。但同時，又有一種不是人，也不是典型意義上的「物」的存在，就是通常說的「組織」，即行使某種權力的機構、集團或者公民團體。組織可以視為權力的載體，但人在組織中透過職位和身分這些資源來掌握和行使權力，所以離開人的主動行為，權力還是會落空。因此，權力主體是指掌握和行使權力的人或組織。

權力主體和權力來源不一定會完全吻合。在很多情況下，權力主體與權力來源是不同的，權力主體只是作為權力源體的代表者來行使權力。

權力可以來自於個人、組織、人民。來自於個人的權力可能是出自於此人的身分、地位、掌握的資源等，當然也包括這個人的人格和思想，韋伯就曾說過，「超凡魅力並不簡單的是領袖人格的一種屬性，它是一種社會關係。」人格魅力可以成為個人的資本，即使自己沒有意識到這一點，但它也會對他人發揮某些意想不到的作用。所以當權力來自於個人且此人不代表任何人時，權力主體和權力來源重疊。但需要說明的是，也有人將暴力手段視為個人權力的來源看待。

　　「在各種違法犯罪行為中，出現許多支配性或衝突性權力關係格局。」當某人手上握著一把刀，逼我拿出錢包的時候，他擁有權力嗎？這可以說是權力，充其量可以稱為暴力，權力的低級形態。權力作為人與人的某種關係的本質，暴力只能給智慧的人類帶來更多的毀滅，如果權力僅僅是簡單的暴力行為的話，人類將倒退到最原始的蠻荒時代。

　　權力的第二個來源是組織，組織是許多個人的結合，他們結合在一起希望透過共同的活動來爭取利益或達到目標。權力來源是組織，權力的主體可以是個人，比如組織的負責人，也可以是組織本身。

　　權力的第三個來源是人民，具體來說是來自人民的權利，但權力主體往往不是人民，因為人民作為一個群體來說，太過龐大，比如政府、議會，以及國家領導人的權力來源都是來自於人民。

布魯默，美國社會學家。符號互動論的主要宣導者和定名人，認為人類社會是由具有自我的個人組成的，人類創造並使用符號來表示周圍的世界。著有《電影和品行》、《勞資關係中的社會理論》、《工業化與傳統秩序》、《符號互動論：觀點和方法》。

禁書牽扯的社會互動

社會互動就是行動者對其他行動者行為的回應行動。在社會互動中，交互作用是社會互動的基本特徵。

伊凡，是一個基督教福音派教徒，因從事傳教活動被關在俄羅斯的一個集中營裡。當他還是自由的時候，他準備在集中營裡繼續他的傳教使命，於是把聖經中一些經文記在一個小記事本裡。

但是怎樣把這個小記事本帶進集中營呢？檢查一向很嚴密，新犯人必須沿著一個大空房間的牆壁排成一行，獄卒們逐一進行搜查，而後命令他們走到對面的那邊牆站著。

伊凡想出了這個非常大膽的計畫：他把小記事本藏在腳下。一個老人：他是基督徒，突然假裝身體不適，以他的假裝暈倒分散一下看守們的注意力；伊凡就趁此機會把小記事本踢給對面一個已經檢查過的同伴，藏在他的腳下。

就這樣，天主的話進入了俄羅斯的集中營裡，並成了許多人「腳步前的明燈，道路上的亮光」。

社會互動就是行動者對其他行動者行為的回應行動。在社會互動中，交互作用是社會互動的基本特徵。 在這個故事裡，伊凡以自己的行動回應了俄羅斯集中營管理者們對信仰自由的禁止，因此這一禁書風波，帶有社會互

動的顯著特徵。

個人或群體互動的產生必須具備幾個條件：

1、社會互動必須發生在兩個或兩個以上的人或群體之間，這是互動的結構
條件；例如伊凡和集中營管理者。

2、個人之間、群體之間，只有發生了相互依賴性的行動才會產生互動，不
論這種依賴性是直接的或間接的，是親和的還是排斥的，例如本文中的
被關押者和集中營管理者，他們之間有著直接的依賴關係。

3、參加互動的人都是有意識的，都基於行動者一定的需要與利益，都力圖
用頭腦中成熟了的計畫去調動另一方的行動，被關押者與集中營管理者
都是為了自己的宗教信仰。

4、社會互動總是在特定的情境下進行的，同一行為在不同的時間、不同的
場合具有不同的意義，如果本次行動不發生在集中營裡，那就失去了意
義。

5、社會互動還會帶來一定的效果，對互動雙方及他們之間的關係產生一定
的影響，並有可能對社會環境產生一定的作用，天主的話進入了俄羅斯
的集中營裡，並成了許多人「腳步前的明燈，道路上的亮光」。

6、無論是個人或群體的互動都不可能為所欲為，都必須在一定的規範引導
下行動，這次行動就是在伊凡想出的非常大膽的計畫中進行的。

7、互動的雙方一般互為主體或客體，溝通雙方使用統一或相通的符號，溝

通雙方對交往情境有相同的理解，溝通雙方是相互影響的。例如伊凡與老人的合作，被關押者和集中營管理者對雙方宗教信仰的彼此理解等。

決定任何互動關係性質的因素無非是利益或精神兩大類，只不過所占比例大小不同而已。從互動的性質上可分為理性互動和非理性互動。理性互動以物質利益為中心，非理性互動以精神為中心。

社會互動分為宏觀互動和微觀互動。

日常生活中的互動與溝通。非言語互動分為三大類：動態無聲的互動（手勢、運動體態、觸摸、眼神、臉部表情等）、靜態無聲的互動（靜止體態、人際距離）、輔助語言和類語言。

社會互動的類型有三種。順從型：行動者之間發生性質相同或方向一致的行動過程，有暗示、模仿、從眾三種形式。合作型：社會交換和援助行為。衝突型：現實性衝突和非現實性衝突。

本故事屬於衝突型互動，其性質是精神和宗教導致的理性互動。既是宏觀互動──兩種宗教觀的互動，也是微觀的互動──個人與群體的密切合作。

科瑟爾（1913），Coser，Lewis A.，美國社會學家。衝突理論的代表人物之一。研究涉及衝突理論、知識社會學、政治社會學、社會學思想史等領域，尤以衝突理論著稱。著有《社會衝突的功能》、《社會衝突研究續篇》、《社會學思想大師》等。

林肯的台階——人的社會化

社會化從個人來說是將社會的文化規範內化並形成獨特的個性的過程；從社會來說，是將一個生物學意義上的自然人教化、培養為一個有文化的社會人的過程。

一個一週歲左右的小男孩，被年輕的媽媽牽著小手來到公園的廣場前，要上有十幾個階梯的台階。小男孩卻掙脫開媽媽的手，他要自己爬上去。他用胖胖的小手向上爬，他的媽媽也沒有抱他上去的意思。當爬上兩個台階時，他感到台階很高，回頭看一眼媽媽，媽媽沒有伸手去扶他的意思，只是眼睛裡充滿了慈愛和鼓勵。

小男孩又抬頭向上看了看，他放棄了讓媽媽抱的想法，還是手腳並用小心地向上爬。他爬得很吃力，小屁股抬得很高，小臉蛋也累得通紅，那身娃娃服被弄得都是土，小手也髒兮兮的，但他最終爬上去了。

這個小男孩，就是後來成為美國第16屆總統的林肯。他的母親便是南茜·漢克斯。

林肯的父親是個農民，家境極為貧窮。林肯斷斷續續地接受正規教育的時間，加起來還不足1年。但林肯從小就養成了熱愛知識、追求學問、善良正直和不畏艱難的好素質。

他買不起紙和筆，就用木炭在木板上寫字，用小木棍在地上練字。他把握一切時間看

書學習，練習演講。林肯失過業，做過工人，當過律師。他從29歲起，開始競選議員和總統，前後嘗試過11次，失敗過9次。在他51歲那年，他終於問鼎白宮，並取得了輝煌的業績，被馬克思稱之為「全世界的一位英雄」。母親南茜在林肯9歲那年不幸病故。但毫無疑問，她用堅強而偉大的母愛撫養了林肯，使他勇敢而堅定地走向未來。

社會化從個人來說是將社會的文化規範內化並形成獨特的個性的過程；從社會來說，是將一個生物學意義上的自然人教化、培養為一個有文化的社會人的過程。試看林肯的成長，這是一個把自然人培養成社會人的過程。

從個人的角度看，林肯只有透過社會化的途徑，接受社會文化，掌握社會生活技能，適應社會生活方式，才能在社會的政治制度、經濟制度、文化制度、家庭制度等複雜的社會環境中生存。

從社會角度看，社會化是人類社會的文明不斷傳遞和發展的基本條件，社會化的內容就是林肯學習和掌握社會化。社會文化的內化對社會來說林肯的成長關係到文化繼承、傳遞和延續。

社會化從個人與社會結合的角度定義，就是社會將個體的自然人教化成為社會的一份子的過程。

社會化的主要類型，從林肯身上得到了充分的體現。

預期社會化──兒童和青少年學習基本的生活技能，掌握基本的行為規範，能在社會中擔當最基本的角色過程，它是人的社會化的關鍵、基礎階段；繼續社會化──繼續學習和掌握原有的社會知識，不斷學習新產生的知識。再社會化──個體在社會情境或社會角色發生很大變化時，為了適應新情況而在生活習

慣、行為準則、價值觀念等方面做出重大調整和進行重新學習的過程；或者是社會化失敗或反社會化中斷以後而進行的社會化過程。

社會化的基本特點是：改變社會化對象原有的世界觀、人生觀、價值觀及生活方式和行為習慣。再社會化的形式分為自願的和被迫的兩種。

社會化的內容就是為了形成個性與自我。個性的核心標誌是自我。自我又稱自我觀念或自我意識，它是個體對自己存在狀況的察覺，是自己對屬於自己的生理、心理狀況的認識，其中包括自我批評、自我感覺、自尊心、自信心、自制力、獨立性、自卑感等一系列涉及認識自己的內心活動。培養完善的自我觀念，就是要把人們對自己的認識與社會規範協調一致，從外在行為到內心世界盡可能地合乎社會的需要。

社會化的最後結果，就是要培養出符合社會要求，能夠勝任特定的社會角色的社會成員。

達倫多夫（1929），Ralf Dahrendorf，德國社會學家。認為現代階級衝突的根源不是佔有和不佔有生產資料之間的矛盾，而是權威的分享和排斥之間的矛盾。還提出了社會人的概念。主要著作有《工業社會中的階級衝突》、《走出烏托邦》、《社會人》、《階級後的衝突》、《生活的機會》等。

繞線室實驗揭示出
非正式組織的作用

非正式組織與正式組織具有重大區別。非正式組織反映的是人際關係，所以奉行的是「感情的邏輯」。一般情況下，管理人員更看重效率，而工人則更看重感情。所以，效率邏輯可以認為是「經理的邏輯」，而感情邏輯可以認為是「工人的邏輯」。

霍桑繞線室實驗的主要研究者，是羅特利斯伯格和西部電氣公司員工關係研究部的迪克森。

從1931年11月開始了繞線室觀察實驗。進行實驗的繞線室有14名男工，在一個屋子裡工作，具體任務是裝配電話交換機上的接線器。

他們之間的工作緊密相連，9名繞線工分為3組，在接線柱上繞線圈；3名焊工負責把接頭焊接起來；2名檢驗工對繞線和焊接的品質進行監測。實驗的基本內容是在這個群體中試行一種特殊的個人計件工資制：工資數額是計件的，但卻不是按個人的產量計酬，而是按集體的總產量計酬；報酬由廠方直接支付給個人，而不是交由小組自行分配。

這樣，工人完成的工作數額，不但決定著自己的工資，而且直接影響著一

起工作的同事們的收入。

這個實驗就是要看看，當每個工人的工作情況不但與自己的報酬而且與同伴的報酬緊密關聯時，工人會如何辦？怎樣協作？

他們透過觀察發現，工人的產量標準不能由外部強加給工人，而只能由工人自己形成。按照科學管理的動作分析和工時研究，每個工人每天能夠完成7312個焊接點，但工人在事實上只完成6000～6600個。一旦達到這個數量，即使離下班還有一段時間，工人也會停下來，或者在接近這個數量時放慢速度消磨時間。當然，工人的工作快慢因人而異，但那些做得快的工人會把握自己的進程。例如，動作俐落的工人，上下午的數量差別較大，而動作緩慢的工人，上下午數量基本相當。

這說明，那些動作迅速的工人不是不能多做，而是在下午故意放慢速度。

這一現象，意味著工人的個人工作能力與他們實際完成的工作數量沒有關係，而工人的團隊環境則與完成的工作數量直接相關。顯然，這時對工人的管理就不再是技術性問題，而是社會性問題。

在工人上報產量時，會有意均衡數額。實際上，一個人的工作效率是快慢不等的。但是，他會悄悄把自己的產量拉平。這樣，統計表上的產品在數字上幾乎沒有變化，生產曲線圖接近水準直線。如果某個工人的產量增加了，他就會把多出來的部分藏起來，只上交和別人一樣的數量，之後則故意降低速度，把以前多做的量填充進去。而且往往是能幹的工人有意要做得慢一些。

研究小組為了掌握工人的差別，對工人做過靈敏度測驗和智力測驗。測驗結果和生產統計表相較，令人跌破眼鏡——三個工作速度排在倒數前三名的繞線

工，靈敏度測驗的得分反而高；其中動作最慢的工人，測驗出的靈敏度排名第三，智力排名第一。

這說明，工人自己的工作水準和工作進展，不是受個人的能力支配，而是受群體的行為規則支配。

同時，工人的人際關係，對行為的影響遠遠超出了廠方的想像。有一些大家都認可的行為準則和價值準則，能夠有效制約工人的表現，而且對工人的人格養成與群體關係有著重要作用。例如，幾乎所有人都認為，身為工友，不能打「小報告」。即使你的同伴有不當之處，你規勸他甚至和他吵架都在情理之中，但你如果向工頭或廠方彙報，你的人格就有問題。

身為一個工人，要「像個工人」，故作矜持或一本正經，像個「大人物」那樣，則會被工友指指點點，甚至遭到惡作劇式的嘲弄。如果你拒不參與工人之間常有的一些表現親昵的舉動，諸如打賭、嬉鬧等，你就不是「自己人」。生產上的問題是留給工頭和經理去操心的，輪不上你來管，過於好管閒事，顯示自己，會被人看作是想向上爬，諸如此類。

這種行為準則，幾乎沒有人懷疑它的正當性。這些準則都是關於「人」的，不是針對工作的，但卻對工作有著重大影響。

這說明，工人不是工作機器，而是處於社會中的具有情感交流和團體歸屬的人群，人際關係問題直接作用於工作數量和工作效果。

繞線室實驗就是社會學向管理學滲透的標誌。實驗人員對工人行為不加任何干預，只是觀察和記錄。如果說，在霍桑的其他實驗裡觀察者實際上起到了一定的「干預」個人行為作用的話，那麼，在繞線室的觀察就是完全「消極」

的。這一差別，正是其他實驗促進了生產率提升，而繞線室的產量並未增長的奧秘所在。這一實驗的重大發現，主要集中在工人的自發性行為規範和社會性非正式組織方面。

非正式組織與正式組織具有重大區別。組織不僅僅是一種工作結構體系，而且是一種人際交往體系。正式組織反映的是工作結構，所以奉行的是「效率的邏輯」；而非正式組織反映的是人際關係，所以奉行的是「感情的邏輯」。講求效率往往推崇理性，而感情則具有濃厚的非理性傾向。

一般情況下，管理人員更看重效率，而工人則更看重感情。所以，效率邏輯可以認為是「經理的邏輯」，而感情邏輯可以認為是「工人的邏輯」。

埃文斯・普里查德（1902～1973），Evans-Prichard，英國社會人類學家。撰寫的《努爾人》一書，已經成為人類學專業的經典著作。其最重要的貢獻在於，他指出了親屬制度中的裂變分支體系，另外對於原始認知的研究，也成為許多人類學後續研究的出發點。著有《亞贊地人的妖術神諭與巫術》、《努爾人的親屬制度與婚姻》、《努爾人的宗教》、《社會人類學論集》、《原始宗教理論》等。

袋鼠鑽了公共權力中
法律權力的漏洞

在公共共有權力中，由於其權力是社會成員自願適度出讓的，所以規範權力的決策、執行的法律屬於上位法律，是社會成員共同出讓權力搭建的一個社會權力平台。

動物園裡新來了一隻袋鼠，管理員將牠關在一片有著一公尺高的圍欄的草地上。第二天一早，管理員發現袋鼠在圍欄外的樹叢蹦蹦跳跳，立刻將圍欄的高度加到兩公尺高，把袋鼠關進去。

第三天早上，管理員還是看到袋鼠在欄外，於是又將圍欄的高度加到三公尺，把袋鼠關了進去。

隔壁獸欄的長頸鹿問袋鼠：「依你看，這圍欄到底要加到多高，才能關得住你？」袋鼠回答道：「這很難說，也許五公尺高，也許十公尺，可能加到一百公尺高……如果那個管理員老是忘了把欄門鎖上的話。」如果法律有漏洞，公共權力將會失去約束力。

社會法律是社會權力的具體體現，沒有規矩就不能成方圓，只要社會存在，都有其必然的規範社會成員的法律，就像本文的圍欄一樣。下面我們將就公共共有權力的法律體系中，和公共私有權力的法律體系中的各種權力來分別

闡述。

權力與法律都是社會的一種帶有強制性的支配力量，是保證社會秩序和有效運轉的必要手段。與法律相比，權力作為一種強制性的支配力量更多地具有特殊性和帶有人格化。法律是具有普遍性的和非人格化的支配力量。法律產生於普遍的公共權力，但法律一經產生，就要約束所有的權力，一切權力要授之於法，施之於法，法律必須以國家權力為後盾，否則就是一紙空文。法律是經過許多社會各方面利益代表性的人物，經反覆討論和達成利益妥協後制定下來的東西，它是理性的、穩定的、不為私利所驅動的，並且人們能事先預見其後果的尺度。

在公共共有權力中，由於其權力是社會成員自願適度出讓的，所以規範權力的決策、執行的法律屬於上位法律，是社會成員共同出讓權力搭建的一個社會權力平台，所以每一社會成員都有均等參與公共共有權力的決策權、均有等同的機會參與獲得公共共有權力執行權的競爭權、都有保護自身權力的神聖不可侵犯權力、都有罷免不合格公共共有權力執行者的權力。

公共共有權力的決策權就是法律的立法權，就是規範社會成員不能做什麼和公共共有權力能做什麼的權力，它關係到社會每一成員的行為，涉及每一社會成員自由度的出讓，所以這個權力是不能被取代的，應由每一位社會成員參與，當然，參與是自願的，社會成員可以放棄參與，但是並不意味透過公決的法律他有權違背，公決過程恰恰是法律達到每一社會成員的過程，它保證了每一社會公民的知道權，在法律層面上為社會創新提供了保證。

公共共有權力執行者的權力，它只是，也只能是法律，臨時法案的忠實執行者，只能對違背法律、臨時法案的社會界定的法律主體實施制裁，它沒有最

終的裁決權，也沒有決策權，並對公共共有權力不作為、越權作為承擔賠償責任，不管它的出發點如何。例如文中動物園的管理員。

法律的最終裁決權應歸全體社會成員所有，應由獨立法院制度下的、獨立法官主持的、社會成員代表組成的陪審團給予最終裁決，用於處理公共共有權力執行者不公執法行為的裁決。

社會成員有保護自身權力的神聖不可侵犯的權力，對於社會成員是否有權制止侵犯行為的權力，這要看公決後法律所賦予的權力。

在公共共有權力的社會中，社會成員行為所要遵從的唯一因素是法律，這種遵從是出於自願，出於自身的利益和意志，所以違法行為只是極少數社會成員的行為，由此決定了在公共共有權力社會中權力運行的成本極低。

格迪斯（1854～1932），Geddes，Patrick，英國生物學家，社會學家。現代城市研究和區域規劃的理論先驅之一。主張在城市規劃中應以當地居民的價值觀念和意見為基礎，尊重當地的歷史和特點，避免大拆大建。格迪斯還視城市規劃為社會變革的重要手段，運用哲學、社會學和生物學的觀點，揭示城市在空間和時間發展中所存在的生物學和社會學方面的複雜關係。著有《進化中的城市》等書。

從乞丐違約
看社會契約的作用

社會契約和原始狀態觀念是羅爾斯所說的代表制的設計。社會契約的各方當事人是自由、平等的公民代表，代表他們在某一公平條件下達成一致的協定。

一個沿街流浪的乞丐每天總在想，假如我手頭有兩萬元就好了。

一天，這個乞丐無意中發覺了一隻走失的很可愛的小狗，乞丐發現四周沒人，便把狗抱回了他住的窯洞裡，拴了起來。

這隻狗的主人是本市有名的大富翁。這位富翁遺失狗後十分著急，因為牠是一隻純

正的進口名犬。於是，他在當地發了一則尋狗啟事：如有拾獲者請速歸還，付酬金兩萬元。

第二天，乞丐沿街行乞時，看到這一則尋狗啟事，便迫不及待地抱著小狗準備去領那兩萬元的酬金，可是當他匆匆忙忙抱著狗又路過張貼啟示處時，發現啟事上的酬金已變成了3萬元。原來，大富翁尋狗不著，又把酬金提高到了3萬元。

乞丐似乎不相信自己的眼睛，向前走的腳步突然間停了下來，想了想又轉身將狗抱回了窯洞，重新拴了起來。第三天，酬金果然又漲了，第四天又漲

了，直到第七天，酬金漲到了讓市民都感到驚訝時，乞丐才跑回窯洞去抱狗。可是意想不到的是那隻可愛的小狗已經被餓死了，乞丐還是乞丐。

乞丐違約而使自己還是乞丐。這裡面的契約僅僅是簡單尋物約定，但它已經能夠折射出社會契約的價值和作用。

社會契約概念是想像的、假設的，是推導出某一結論的特殊程序。社會契約概念假定了一種關於政治秩序的理念，是對政治秩序的一種追求。

人有平等地相互尊重和在設計政治制度時同等被關注的地位。由於古典契約論的理論家們對理性的功能深信不疑，因此，在他們那裡，訂立契約的方法毋須對理性做深入地探討。羅爾斯面對的是各種有分歧的難題，各不相同的並且有合理性的觀點和多元理性，因此，對他來說，訂立契約的方法首先是處理理性一致性的問題，引進技術性的設計方法，如無知之幕。

由於社會契約觀念預先假定，各方代表人是自由、平等並擁有理性能力的，他們並排除了暴力、強制、欺騙和欺詐。對羅爾斯而言，他把契約構想成對政治安排的可欲性和可行性的一種試驗。社會契約和原初狀態觀念是羅爾斯所說的代表制的設計。社會契約的各方當事人是自由、平等的公民代表，代表他們在某一公平條件下達成一致的協定。

羅爾斯認為，社會契約並非是歷史性的事件。它是假設的、非歷史性的。這就是所謂理性的當事人在某些條件下達成的一致。這是一種意識的契約，甚至不是相互交流的行為。

在羅爾斯契約論中各方代表僅僅關注他或她自己的利益；羅爾斯把此描述為相互冷漠。為什麼羅爾斯會做如此假設？有兩種可能性：首先人們實際上是

自利的。但他在《正義論》中後來所說的又清楚地表明他並不認為他們都是自私的。其次羅爾斯想採用一種弱假設。

　　儘管他認為人們確實是社會性的，但他不想把這作為其論證所必須的條件。他的論證所需要的只是原始狀態中的人們是自利的，他們接受的是最大最小值策略。

　　契約的目的在於確定，什麼才是我們的社會所需要的正義；正義原則為我們的基本社會制度應該做出什麼樣的規定。各方從一系列可供選擇的原則中選擇兩個正義原則，排斥了混合原則、目的論原則、直覺主義原則和利己主義原則。兩個正義原則把我們視為平等、自由的道德人來尊重，這樣的原則是我們每一個人都可以接受的，它們是透過社會契約設計被選擇的原則。

迪爾凱姆（1858～1917），Durkheim，Mile，法國社會學家。社會學的奠基人之一。他運用統計方法對自殺現象的研究，用人類學資料對澳洲土著居民的宗教研究，是社會學理論和經驗研究相結合的範例，進而結束了西方社會學理論研究和經驗研究長期脫節的狀況，對社會學的發展也產生了深遠的影響。著有《社會分工論》、《社會學方法的規則》、《自殺論》、《宗教生活的基本形式》等。

夜郎自大拉開的無知之幕

無知之幕的目的在於排除特殊資訊，以此發展出一種人人能普遍同意的道德學說。正義不是基於某些制度化特徵使一些人比另一些人更有利。無知之幕正是表達了這一思想。

漢朝的時候，在西南方有個名叫夜郎的小國家，它雖然是一個獨立的國家，可是國土很小，百姓也少，物產更是少的可憐。但是由於鄰近地區以夜郎這個國家最大，從未離開過國家的夜郎國國王就以為自己統治的國家是全天下最大的國家。

有一次，漢朝派使者來到夜郎，途中先經過夜郎的鄰國滇國，滇王問使者：「漢朝和我的國家比起來哪個大？」使者一聽嚇了一跳，他沒想到這個小國家，竟然無知的自以為能與漢朝相比。

沒想到後來使者到了夜郎國，驕傲又無知的國王因為不知道自己統治的國家只和漢朝的一個縣差不多大，竟然不知天高地厚又問使者：「漢朝和我的國家哪個大？」夜朗國的自大源自於無知，無知的好處是對事物具有平等的認知機會。這在社會學家羅爾斯的眼裡就是原始狀態下的無知之幕。在繼承和發展傳統的社會契約概念上，羅爾斯發明了原始狀態這一理性設計。

這種最初狀態非常特殊，是一種假設的公平狀態，是為保證任何已經選擇的制度而設計的，它是極其公平的。設計原始狀態的目的在於原始狀態觀念旨在建立一種公平的程序，以使任何達成同意的原則都將是正義的。一旦公平的

程序已經建立，不管什麼樣的程序，倘若程序能夠得到很好的遵循，結果應該是公平的。

在原始狀態中，我們必須區分各方當事人，良序社會的公民和我們自己。各方代表人不是實際的人，他們僅僅是一種假想的生命，居住於我們的代表制的設計中。各方代表的本性與我們（你和我）相似，透過省思的平衡評估正義觀念。

為此，羅爾斯又提出無知之幕背後決定正義原則。這意味著，他們對自己的某些事實並不知道：

1、他們不知道自己在社會中的地位。

2、他們不知道他們的自然天賦（如智力）。

3、他們不知道自己善的觀念，即他們的生活中值得追求的。

4、他們不知道自己社會所處的特殊環境，如經濟發展水準等。

那麼，他們又知道些什麼呢？他們知道人類社會的一般事實，政治事務和社會經濟原則，基本社會組織和人類心理原則。他們試圖盡最大的可能發展善的觀念。

為什麼需要無知之幕？無知之幕的目的在於排除特殊資訊，以此發展出一種人人能普遍同意的道德學說。如果我們將要決定什麼是最好的正義原則，什麼是無關緊要的因素，如允許某人提出只對他或她本人有利的原則。正義不是基於某些制度化特徵使一些人比另一些人更有利。無知之幕正是表達了這一思

127

想。無知之幕觀念意在保護在自由、平等的人們之間，為了對政治的正義原則達成公平一致的協議，必須把各種條件規定得足以消除那些在交易中佔便宜的現象，而這些現象在任何社會制度背景中是不可避免的。

純粹程序正義的巨大優點在於，在滿足正義的要求時，它不再需要追溯無數的特殊環境和個人不斷改變著的相對目的。似乎沒有一種更好的方式，從社會基本理念出發，詳細闡述適用於社會基本結構的政治正義概念，特別是，當我們把社會看作是世代延續的時候，這一點似乎更為明顯。羅爾斯透過無知之幕這一知識程序，擺脫了個人、民族情感在選擇倫理原則中的偏見。他似乎是扮演了一個大法官的角色，把各種價值判斷綜合起來進行考察，力圖做出客觀而中立的分析。

需要強調的是，在羅爾斯的論證過程中，無知之幕是一個開放的過程。當各方對正義原則已做出了選擇，羅爾斯認為就可以放寬對知識的限制。值得注意的是，無知之幕的結果之一就是每個人都是一樣的：既然我們都實際擁有同樣的資訊，都不知道自己的特徵，我們就都會以同樣的方法進行推理。

羅伯特‧金‧默頓（1910～2003），Robert King Merton，美國著名的社會學家，科學社會學的奠基人和結構功能主義流派的代表性人物之一。20世紀最傑出的社會科學家之一。著有《論科學與民主》、《科學發現的優先權》、《科學界的馬太效應》等。

20美元引出的資產社會政策

資產社會政策針對傳統社會政策的概念，提出了一套整合經濟發展與社會政策的新概念和新假定。它表明資產本身而不是收入具有特定的和重要的福利效應。它提出要為窮人進行資產建設的新社會政策範式。

在一次討論會上，一位著名的演說家沒說一句開場白，手裡卻高舉著一張20美元的鈔票。

面對會議室裡的200個人，他問：「誰要這20美元？」一隻隻手舉了起來。他接著說：「我打算把這20美元送給你們其中的一位，但在這之前，請准許我做一件事。」他說著將鈔票揉成一團，然後問：「誰還要。」仍有人舉起手來。

他又說：「那麼，假如我這樣做又會怎麼樣呢？」他把鈔票扔到地上，又踩了一腳，並且用腳碾它。爾後他拾起鈔票，鈔票已變得又髒又皺。

「現在誰還要？」還是有人舉起手來。

「朋友們，你們已經上了一堂很有意義的課。無論我如何對待那張鈔票，你們還是想要它，因為它並沒有貶值。它依舊價值20美元。在上帝的眼中，它永遠不會喪失價值！」這是一個關於資產的故事。現在，一個以資產為基礎的社會政策正在形成之中。

以資產為基礎的社會政策是針對以收入為基礎的社會政策提出的。收入指

的是金錢物品和服務的流動，資產指財富的儲蓄和累積。由於資產社會政策是在政府的政策支持下，透過來自政府資源的資產作為窮人資產的啟動支持形式，所以這些試點或者示範工程也被稱之為資產建設。

資產建設成為當代的一個新辭彙。它代表著一種社會新形象。首先，它表明資產本身而不是收入具有特定的和重要的福利效應。個人累積的資產遠遠不只是一種對未來消費的貯存，而會產生消費以外的重要經濟、心理和社會效應。其次，它表明大部分家庭的資產累積來自制度化的政策而不是收入減去消費的一種剩餘，是政府以進入家庭的各種制度設計將貨幣直接引向資產累積。第三，它提出要為窮人進行資產建設的新社會政策範式，就是將制度化的資產累積政策引入窮人家庭，窮人需要獲得資產援助而不只是獲得傳統的收入援助。政府對窮人的轉移支付不只是收入也應包括資產。只有這樣，才有助於協助窮人長遠地脫離貧窮。顯然，資產社會政策的目標是使得社會的每一個人徹底擺脫貧困，透過跨代的資產累積與發展，獲得長遠幸福。例如本故事所說，直接將資產引入個人家庭。

在對社會政策的社會選擇當中，最大難題莫過於兩個非同質性的社會目標——緩解貧困與社會發展之間所具有的不相融的一面。

資產社會政策針對傳統社會政策的概念，提出了一套整合經濟發展與社會政策的新概念和新假定。例如，傳統的福利概念以某種水準的收入來界定。資產社會政策重塑福利概念，提出維持金融基礎的家庭福利概念，既包括資產觀點也包括收入觀點。

資產社會政策以是否擁有資產和資產累積的多寡界定能力貧困和長期貧困，引入對資產累積的多元社會效應的分析方法，設立了社會政策的新假定——

收入加資產比目前的單一收入模式更有利於取得積極的福利效果。

資產社會政策將財產提升到社會資源序列的第一位，提出財產是獲得長期福利的保障。由於在非窮人的資產建設政策中，「地位、權力」這些非經濟資源成為資產累積制度化的敲門磚，所以，需要設立專為窮人的資產政策。

資產社會政策突破了傳統的社會福利領域，將政策領域延伸到純粹的經濟領域。這種做法將資產政策與收入維持政策互相結合，可建立起整合型的社會政策機制。政策工具主要是政府支持的個人發展帳戶。

超越國界的社會政策需要一個適應全球化環境的方式和工具，不管勞動者在哪裡工作，他們都應該能夠參加退休計畫和醫療保健。個人發展帳戶有鑑於其便捷性、個人控制權和選擇權，可能成為地區與全球社會政策的主要工具。由此看來，從傳統的以收入為本的社會政策走向資產為本的社會政策，的確在社會政策的基本概念、資源序列、基本特徵和政策工具層面發生了重大變化。

丹尼爾·貝爾（1919）。貝爾（Daniel Bell）出生於紐約一個東歐猶太移民家庭。深入並廣泛分析了當代社會政治、經濟、文化各個領域的現象和問題，撰寫了一系列頗具影響的著作。他的名字和「意識形態的終結」、「後工業社會」和「資本主義文化矛盾」總是緊密地聯繫在一起。著有《意識形態的終結》、《美國的馬克思主義社會主義》、《普通教育的改革》等。

老鼠被吃是因為
沒有人格權力

人格權力又稱為影響力。影響力是由人格、智慧、吸引力、知識等因素決定的。有時在某個領域的成就會導致在其他的領域具有影響力。

　　一隻四處漂泊的老鼠在佛塔頂上安了家。佛塔裡的生活實在是幸福極了，牠既可以在各層之間隨意穿越，又可以享受到豐富的供品。

　　牠甚至還享有別人所無法想像的特權，那些不為人知的秘笈，牠可以隨意咀嚼；人們不敢正視的佛像，牠可以自由休閒，興起之時，甚至還可以在佛像頭上留些排泄物。

　　每當善男信女們燒香叩頭的時候，這隻老鼠總是看著那令人陶醉的煙氣，慢慢升起，牠猛抽著鼻子，心中暗笑：「可笑的人類，膝蓋竟然這樣柔軟，說跪就跪下了！」

　　有一天，一隻餓極了的野貓闖了進來，一把將老鼠抓住。

　　「你不能吃我！你應該向我跪拜！我代表著佛！」這位高貴的俘虜抗議道。

　　「人們向你跪拜，只是因為你所占的位置，不是因為你！」

　　野貓譏諷道，然後，牠像掰開一個漢堡那樣把老鼠掰成了兩半。

老鼠被吃掉是因為牠僅僅是老鼠，人們膜拜的是牠所處的位置而不是牠的人格魅力。

社會學中，人格的目標是盡可能深刻、完全和準確地理解人。人格的形成與個體的習慣密不可分，而習慣的養成，固然有外界環境的影響和作用，也是個體不斷嘗試著適應環境，嘗試讓自己接受現狀的過程。

人格要發揮其價值，就必須適合社會環境需要。如果脫離社會環境的需要，也就失去了人格所具有的價值。

人格的主體是人。因此對人格的研究應該放到人所生存的環境中去，它應該包含個人存在的物質環境，以及客觀存在給個體影射的精神環境。個體在不同情境下所表現出來的差異是內部穩定而有機的人格結構的反映。

人格權力又稱為影響力。如果說權威來自對擁有政治機構和政治程序的人的尊重，則影響力是來自對擁有一群追隨者的人的尊重。影響力是由人格、智慧、吸引力、知識等因素決定的。有時在某個領域的成就會導致在其他的領域具有影響力。我們知道，許多優秀運動員在比賽中獲得冠軍，隨後在為各種產品做廣告。

在一對一的基礎上，有影響力的人能夠運用自己的人格力量去控制別人。在政治上，這種品質稱為感召力。感召力在古代宗教上的意思是「不可思議授予的權力」。德國社會學家馬克斯・韋伯把它轉換成一個政治概念。在政治方面，感召力指某些人所具有的一種能夠使別人對他盲目追隨的超人品格。

從原始的意義來說，耶穌、穆罕默德和其他偉大的宗教領袖具有超凡的感召力。在二十世紀的政治領袖中，羅斯福、邱吉爾、希特勒等都具有感召力。

在當代，感召力的範圍更加廣泛，任何具有個人吸引力的政治家都被稱為具有感召力。

像其他類型的權力那樣，影響力也是一種關係。因此，一位領袖沒有影響力，除非有其他人受他的影響。這是最明顯，也是最基本的要點。有些人在施展影響力時並沒有意識到它的存在。我們認識一些我們所敬仰的人，例如，一位成功的親戚，一位知識淵博的教授，或者一位迷人的電影明星。

我們雖然沒有留意，但是，在我們以他們作為榜樣時，他們已經對我們的行為造成了影響。然而，政治上的影響力總是涉及有意識地利用諸如感召力等個人的品格去控制別人。因此，有感召力的政治家知道自己所具有的天賦並有意地培育這種天賦。

影響力還有另外一個特徵：具有影響力的政治領袖不需要透過一個職位來控制別人。控制的來源是人，而不是職位。我們服從政治領袖，可以是服從他的職位，也可以是服從他這個人。前者是一種權威，而後者則是一種感召力。

伯吉斯，美國社會學家。芝加哥學派的主要代表人物之一。著有《社會學導論》（與R.E.派克合著）、《家庭——相互影響的個性之統一體》、《婚姻關係成敗預報》（合著）、《家庭：從建立到夥伴關係》（合著）、《訂婚與結婚》（合著）等。

班長指揮司令的合法權力

由於政治越來越制度化，政治權威通常由政治機構和政治程序授予。權威表明一個人獲得了合法性，有權對其他人做出決定。在政治方面，權威由政治機構開始而流向佔據政治機構職位的人。這意味著服從合法的決策者的命令不一定要喜歡這個決策者或者這個決策。

在南美獨立戰爭期間的一個冬天，在某兵營的工地上，一位班長正在指揮幾個士兵安裝一根大樑：「加油，孩子們！大樑已經移動了，再加把勁，加油！」

一個衣著樸素的軍官路過這裡，見狀問班長為何不動手。

「先生，我是班長。」班長驕傲地回答說。

「噢，你是班長。」軍官叫了一聲，隨後下馬和士兵們一起工作。

大樑裝好後，軍官對班長說：「班長先生，如果你還有什麼同樣的任務，並且還需要更多的人手，你就儘管吩咐總司令好了，他會再來幫助您的士兵的。」班長愣住了，原來這位軍官就是南美大陸的「解放者」、獨立戰爭的著名領袖和統帥西蒙‧玻利瓦爾省。

在班長和領袖之間，有一個權力合法問題，班長有權力指揮別人勞動，但這種權力只限於他管轄的一個班內。班長之所以是班長，與他在班內權威分不開。權力自產生時起就存在被認同的問題，也就是權力正當性與合法性問題。

權力的來源是什麼？為了維持社會秩序，必須要有公權力，但任何權力若

僅依憑強力，社會不可能持續安定；權力的另一本質是「靠著勸說而來」，即社會成員在一套世界觀的支配下，用特有的詮釋系統把國家形態與社會結構概念化、合理化，使所有成員都相信那樣的結構形式與內容是合理的，或者是命定不可更改的。

社會成員的內心認可，是權力正當性與合法性最重要的基礎。擁有合法權力意味著做出決定的人可以執行這些決定而不需要採用威脅、承諾和操縱手段。權力的對象接受做決定者的權威。

在個人的水準，權威是指那些對某個特定的主題比別人懂得更多。我們說，某個人是權威，如醫師、經濟學家、科學家等，指的就是這個意思。如果說某個人是權威，這意味著別人要接受他的判斷而不需要證明。醫師對大多數診斷不需要進行解釋，病人都會接受醫師的結論，因為病人已經假定醫師更瞭解病人的身體狀況。真正的權威做出的決定是沒有疑問的。越多人要求證明和解釋表明這個權威越不可信。

由於政治越來越制度化，政治權威通常由政治機構和政治程序授予。當我們考慮政治的時候，最好先考慮領袖的權威。權威表明一個人獲得了合法性，有權對其他人做出決定。在政治方面，權威由政治機構開始而流向佔據政治機構職位的人。

這意味著服從合法的決策者的命令不一定要喜歡這個決策者或者這個決策。在政治制度中，權威是至關重要的；權威給予政治領袖呼吸空間做出不能

滿足所有人的要求的決定而不會引起反叛。反過來，權威也維護著這個政治制度的穩定性，這意味著支持政治機構作為決策者繼續運作。政治領袖或者政府機構獲得越多人的認可，其合法性就越強，國民服從政治領袖或者政府決策的可能性就越大。

政治領袖不能完全獲得他想要的權威。權威必須經過該社會的民眾的同意。不管是總統還是國王都無權統治人民，除非人民授權給他們。他們可以引用古老的傳統、高貴的血統、神聖的權力來證明自己的統治的正當性，但是，只有國民接受這種證明，他們的統治才是合法的。

在合法的君主政治體制中，加冕儀式象徵著權力的有序轉移。在西方民主國家，選舉程序確定誰將被授予做決定的權力。選舉在合法化方面起著非常重要的作用。因為，選舉被認為是合法的，被選舉出來的官員被承認有權威。

伯格，美國社會學家。現象學社會學的主要代表人物之一。是社會學思想具有人本主義和現象學的特徵。他認為，社會學的任務是發現人類的價值、研究人類自身的狀況。提出「方法論的無神論」研究準則，其宗教對人類建構和維繫世界的作用理論及宗教世俗化分析，對宗教學和社會學都產生了影響。著有《社會學入門》、《現實的社會建構》（與T.盧克曼合著）、《神聖的帷幕：宗教社會學理論諸要素》、《天使的傳言：現代社會和超自然的再發現》和《異端的命令：宗教命題在當代的可能性》等。

女人使用操縱權力
馴服了獅子

操縱權力不是建立在公開傳達資訊的基礎上。操縱權力的行使者試圖透過較為巧妙的方式來改變其他人的部分或者全部價值觀。

　　一位婦女因為丈夫不再喜歡她而煩惱。於是，她乞求神給予幫助，教會她一些吸引丈夫的方法。神思索了一會兒對她說：「我也許能幫妳，但是在教會妳方法前，妳必須從活獅子身上摘下三根毛給我。」

　　恰好有一隻獅子常常來村裡遊蕩，但是牠那麼兇猛，一吼叫起來人都嚇破了膽，怎麼敢接近牠呢？但是為了挽回丈夫的心，她還是想了一個辦法。

　　第二天早晨，她早早起床，牽了隻小羊去那隻獅子常出現的地方，放下小羊她便回家了。以後每天早晨她都會牽一隻小羊給獅子。不久，這隻獅子便認識了她，因為她總是在同一時間、同一地點放一隻溫順的小羊討牠喜歡。她確實是一個溫柔、殷勤的女人。

　　不久，獅子一見到她便開始向她搖尾巴打招呼，並走近她，讓她拍牠的頭，摸牠的背。每天女人都會站在那兒，輕輕地拍拍牠的頭。

　　婦人知道獅子已經完全信任她了。

　　於是，有一天，她細心地從獅子鬃毛上拔了三根。她激動地拿給神看，神驚奇地問：「妳是用什麼方法拔到鬃毛的？」

婦人敘述了經過，神笑了起來，說道：「以妳馴服獅子的方法去馴服妳的丈夫吧！」

在這個故事裡，神操縱著女人，而女人操縱了獅子。

被別人所控制但是自己卻不知道，這就是操縱權力。操縱權力是如何發生的呢？在強制權力和功利權力中，在控制者和被控制者之間存在有意識的關係。控制者必須把威脅或者承諾傳達給被控制者，讓被控制者衡量行動的後果。但是，操縱權力不是建立在公開傳達資訊的基礎上。操縱權力的行使者試圖透過較為巧妙的方式來改變其他人的部分或者全部價值觀。

操縱是個心理重塑的過程，心理重塑是非常不尋常的。但是，特定態度或者信仰的重塑則是比較平常。跟操縱權力關係最密切的重塑技術包括洗腦、宣傳和社會化。

洗腦是最特殊和個性化的，因為洗腦通常發生在戰爭時期，交戰的一方試圖摧毀俘虜的心理抵抗力時，會向其灌輸一整套新的價值觀。

宣傳是一種更重要的操縱方式，是一種透過心理技術進行操縱的有意識的行為動機。宣傳其實是一種廣告；事實上，推銷候選人和理念的政治宣傳技術與推銷肥皂、啤酒和汽車的廣告非常相似。宣傳的概念自從300多年前出現在歐洲以來沒有很大的變化。宣傳的最初意思是透過各種勸說技術來推廣某種觀念和價值觀。

大多數政治活動家都運用宣傳的手段，但是，有些人運用得成功些。

許多失敗的宣傳是由於不夠巧妙，使假設被影響的人知道了宣傳者的意圖而對抗這種宣傳。有些巧妙的宣傳獲得成功，發揮了效力。這種宣傳往往是將

宣傳與潛意識的欲望反應聯繫起來。在商業廣告中，我們可以看到，許多汽車製造商將他們的產品跟性和魅力聯繫起來，啤酒製造商則試圖讓男性消費者相信，喝啤酒是男性的生活方式。操縱權力不是建立在公開傳達資訊的基礎上。

操縱權力的行使者試圖透過較為巧妙的方式來改變其他人的部分或者全部價值觀。

我們都是透過社會化過程學到大多數價值觀。政治社會化是人們學習他們所在社會的政治價值觀的過程。雖然幾乎所有人都經歷過社會化過程，但是，要分離出社會化這個概念卻不太容易，因為這個過程太深入普及。

在日常生活中，家庭、朋友、學校、老闆、報紙、電視、網路和政府都在向人們講授政治價值觀。這種學習過程有些是有意的，有些是無意的或者自動的；這是一種持續的過程，可以從一代延續到下一代而不受任何人的控制。如果我們認為這種自動的社會化是一種操縱行為，那麼我們可以看到，所有的社會或者文化都是操縱者，而社會中的個體成員都是被操縱者。

布勞（1918），美國社會學家。社會交換論的代表人物之一。主要從事社會學經驗研究和理論建設工作，探討社會結構、社會組織問題。著有《官僚組織動力學》、《社會生活中的交換與權力》、《美國職業結構》（合著）、《不平等和異質性——社會結構的原始理論》等。

釀酒釀出的小樣本統計方法

總體應理解為含有未知參數的機率分佈（總體分佈）所定義的機率空間；要根據樣本來推斷總體，還必須強調樣本要從總體中隨機地抽取，也就是說，一定要是隨機樣本。

戈塞特是英國統計學家。出生於英國肯特郡坎特伯雷市，求學於曼徹斯特學院和牛津大學，主修化學和數學。

1899年，戈塞特進入都柏林的A.吉尼斯父子釀酒廠，在那裡可得到一大堆有關釀造方法、原料（大麥等）特性和成品品質之間的關係的統計資料。

在釀酒公司工作中發現，供釀酒的每批麥子品質相差很大，而同一批麥子中能抽樣供試驗的麥子又很少，每批樣本在不同的溫度下做實驗，其結果相差很大。這樣一來，實際上取得的麥子樣本，不可能是大樣本，只能是小樣本。可是，從小樣本來分析資料是否可靠？誤差有多大？

小樣本理論就在這樣的背景下應運而生。

1905年，戈塞特利用酒廠裡大量的小樣本資料寫了第一篇論文《誤差法則在釀酒過程中的應用》，在此基礎上，1907年戈塞特決心把小樣本和大樣本之間的差別弄清楚。為此，他試圖把一個總體中的所有小樣本的平均數的分佈刻畫出來。做法是，在一個大容器裡放了一批紙牌，把它們弄亂，隨機地抽若干張，對這一樣本做實驗記錄觀察值，然後再把紙牌弄亂，抽出幾張，針對相對的樣本再做實驗觀察，記錄觀察值。大量地記錄這種隨機抽樣的小樣本觀察值，就可藉以獲得小樣本觀察值的分佈函數。若觀察值是平均數，戈塞特把它

叫做t分佈函數。

由於吉尼斯釀酒廠的規定禁止戈塞特發表關於釀酒過程變化性的研究成果，因此戈塞特不得不於1908年，首次以「學生」為筆名，在《生物計量學》雜誌上發表了「平均數的機率誤差」。

他在文章中使用Z統計量來檢驗常態分配母群的平均數。由於這篇文章提供了「學生t檢驗」的基礎，為此，許多統計學家把1908年看作是統計推斷理論發展史上的里程碑。由於哥塞特開創的理論使統計學開始由大樣本向小樣本、由描述向推斷發展，因此，有人把哥塞特推崇為推斷統計學的先驅者。

在資訊缺乏和時間緊迫的情況下制定決策，對技術人員而言並不少見，實際上，許多技術員對此已習以為常了。可靠性試驗成本高昂，並需要先於競爭者接觸市場，因此留給資料分析者和技術員的資料經常無法令人滿意。許多資料根本不包含失效，或者只包含少數失效，或是少數失效和許多刪失（產品未失效）。如果你就是這些技術員中的一員，瞭解這些壓力，並想知道如何利用這些小樣本資料，以實現良好的可靠性估計，那麼戈塞特發明的小樣本統計法就有了特殊的意義。

戈塞特以「學生」為筆名發表的這篇論文開創了小樣本統計理論的先河，為研究樣本分佈理論奠定了重要基礎，被統計學家譽為統計推斷理論發展史上的里程碑。戈塞特這項成果，不僅不再依靠近似計算，而且能用所謂小樣本來進行推斷，還成為使統計學的對象由集團現象轉變為隨機現象的轉機。換句話說，總體應理解為含有未知參數的機率分佈（總體分佈）所定義的機率空間；要根據樣本來推斷總體，還必須強調樣本要從總體中隨機地抽取，也就是說，一定要是隨機樣本。

但是，應該指出：戈塞特推導t分佈的方法是極不完整的，後來費希爾利用n維幾何方法提出了完整的證明。戈塞特在其論著中，引入了均值、方差、方差分析、樣本等機率、統計的一些基本概念和術語。

戈塞特是英國現代統計方法發展的先驅，在20世紀前三十餘年是統計界的活躍人物，他的成就不限於《均》文。同年他發表了在總體相關係數為0時，二元正態樣本相關係數的精確分佈，這是關於正態樣本相關係數的第1個小樣本結。他對回歸和試驗設計方面也有相當的研究，在與費歇爾的通信中時常討論到這些問題。費歇爾很尊重他的意見，常把自己工作的抽印本送給戈塞特請他指教。在當時，能受到費歇爾如此看待的學者為數不多。

戈塞特的一些思想，對他日後與奈曼合作建立其假設檢驗理論有著啟發性的影響。他說：「我認為現在統計學界中有非常多的成就都應歸功於戈塞特……」

埃里希・弗洛姆（1900～1980），美國新佛洛德主義精神分析心理學家。指出了健康人格的本質：富於愛，有創造性，具有高度發展的推理能力，能夠客觀地理解世界和自我，擁有穩固的統一感，與世界相處得很好並紮根於世界之中，擺脫了亂倫關係，是自我和命運的主體或動因，即具有創造性定向。主要著作有《逃避自由》、《健全的社會》、《愛的藝術》、《為自己的人》等。

密碼開啟的網路空間

在虛擬的網路上，我們的語詞即是我們的身體，一種聯繫的紐帶迫使對「身體」重新檢驗，把它作為物理學的實體和現象學的經驗。網路與其說呈現了總體性的擬象，不如說是提供了遊戲的空間。

一天中午，妻子下班回家，因為忘了帶鑰匙，進不去家門，於是不停地按門鈴。「叮咚，叮咚──」丈夫正在網路中馳騁，玩得上癮的他沒有反應過來，就說：「請輸入用戶名。」

妻子大聲喊：「我是你的老婆啊！」

丈夫說：「請輸入密碼。」

妻子答：「趕快開門！」

丈夫又說：「密碼錯誤，登錄失敗，請重新輸入用戶名密碼。」

妻子發火了，吼道：「你是不是想挨揍？再不開門有你好受的！」

這時丈夫才如夢初醒說：「密碼正確，登錄成功。」

世界正轉變成一個新的國家，這個國家只是微型地存在於電腦螢幕的表面上。用可能的世界代替一個世界，網路最終提供了一個後現代世界的誘惑和壓抑。螢幕變成了穿越虛擬世界遨遊的超現實的媒介。

這個由網路支援的隱喻地型學描述了一個巨大的、未被發現的國家的擬象，在這個國家裡，只有我們的想像限制我們的能力。

在興趣撒謊從誘惑到次誘惑，從他者的誘惑到自我的迷補的變化，這種變化在螢幕上沒完沒了的重複。虛擬的在場逃脫了欺騙和再生產原始的可能性，因為原始不再存在了。

雖然我們可以把虛擬的真實性與投射鏡和身體衣服聯繫起來，但是一個人只需要一個螢幕和一個鍵盤來體驗現實的擬象，而不需要任何技術設備。物體需要被要求、被轉向、被誘惑。你能夠使它們出現，又同時使它們消失。

所有的事件都不在場，不可能預測。它們已經出現了，或者將要進入觀察視野。所有我們能做的就是訓練我們的洞察力，如它是什麼，並且著眼於這個虛擬的世界，希望那些事件中的一些親切的足夠允許我們把它捉到。理論不再會這樣：預先設下的陷阱，希望真實、天真地落入其中。網路能夠產生挑戰或誘惑的場所，一個躲避你的場所，和你如何逃避你自己，和你自己的真實性的場所。螢幕可以獲得深度嗎？對媒介的奇特的透明性，這個「虛擬王國」能夠作為無盡地重複它自己的模式不同的事嗎？

有人或許認為，網路的挑戰，潛在地使導致後現代的每一個假設出軌。在烏托邦社群裡，逃避、說明和暗示都沒有一席之地。這些「罪惡」或許證明是一種抵制，它阻止了假設的終結，保持了系統對試驗、漂流和「遊歷」的開放。

在網上，人們期望在每一個轉變中找到平凡。人們也希望找到引誘和欺騙的目標，找到改變我們原來目標的物體。人們或許還能發現試圖重寫現代性的抵制力量，它要透過書寫的任務來取代決定和複雜性。自由表演代替了策略表演。網路在逃避驅使世界向或超越它自己的假設的總體化體系的牽制方面具有優點。

虛擬的烏托邦看到了一個世界中的啟蒙思想的即時的和內在的實踐，這個世界從虛擬性中獲得自由。

或許這個模型的內在性會導致它產生的交涉提出挑戰。

那麼在相反的影像中，網路或許提供了一種虛擬性，它阻止我們試圖把它總體化為一個世界，我們對現代性理所當然的認識來描述更換的場所。社群、資訊、解放、自我。一般來說，虛擬社群提出了更多問題：個人除了回答關於獲得電子民主的終結之外，如何建立聯繫。網路空間不是為（再）生產一個模範的社群而運作，而是恰恰能使我們超越終結，通向新的聯繫：新的「地型圖」需要新的話語。而且，虛擬的主體使我們背離了擁有「現實」身體意味著什麼的假設。在虛擬的網路上，我們的語詞即是我們的身體，一種聯繫的紐帶迫使對「身體」重新檢驗，把它作為物理學的實體和現象學的經驗。

網路與其說呈現了總體性的擬象，不如說是提供了遊戲的空間。

皮埃爾・布迪厄（1930～2002），當代法國著名社會學家。著述達340餘種，涉及人類、社會學、教育、歷史、政治、哲學、美學、文學、語言學等領域，其中主要有《阿爾及利亞的社會學》、《實踐理論概要》、《再生產》、《離鄉背井》、《區隔》、《學術人》、《藝術法則》。其影響遍及世界，特別是歐美知識界。2000年，英國皇家人類學會授予他國際人類學最高榮譽赫胥黎獎章。

賣雞蛋的個人權利
和社會權力

在社會成員的權力出讓下，形成社會動力，產生社會行為規則，既然社會是大家的社會，唯有社會成員出讓其自身權力，才會有社會動力，根據出讓權力的不同而形成了兩種社會權力。

有一個人帶了一些雞蛋在市場上販賣，他在一張紙板上寫著：「新鮮雞蛋在此銷售。」

有一個人過來對他說：「老兄，何必加『新鮮』兩個字，難道你賣的雞蛋不新鮮嗎？」他想一想有道理，就把「新鮮」兩字塗掉了。

不久，又有一個人對他說：「為什麼要加『在此』呢？難道不在這裡賣，還會去哪裡賣？」他也覺得有道理，又把「在此」塗掉了。

一會兒，一個老太太過來對他說：「『銷售』兩個字是多餘的，不是賣的，難道會是送的嗎？」他又把「銷售」擦掉了。

這時來了一個人，對他說：「你真是多此一舉，大家一看就知道是雞蛋，何必寫上『雞蛋』兩個字呢？」結果所有的字全都塗掉了。

一個人來到了市場販賣雞蛋，就發生了個人與社會的關係，賣雞蛋是個人

147

的權力，提供市場就是社會的權力。

首先我們看人與社會的關係。生物進化論思想的影響造就了錯誤的結論，我們知道視覺中的動物、植物個體都是一個物種的生存個體，而視覺中的個人在走出森林後已不是物種意義上的生存個體了，社會作為生存個體，把其組成成分個人進行了分工，把個體分化成社會的一個組成成分，一個社會的主宰成分，我們把融入社會的智人稱之為社會成員，社會成員間是協同、合作關係，而不是動物個體間的競爭關係，故此社會行為或者社會表象是分工了的社會成員共同所為。

當個人融入社會後，分工造就了高的社會效率，但也造就社會成員的功能缺陷，形成了對社會的絕對依賴，即部分對整體的依賴，作為以維護社會成員力益為根本的社會，其職責就是維護每一社會成員的個人權力，那麼社會成員都有哪些權力呢？

社會成員有兩項基本權力是公認的，一是與生俱來的權力，它是社會成員在融入社會之前在森林中生存時已有的，但是在融入社會後，由於社會分工而使之喪失以及會隨社會變化而喪失的，必須由社會給予補償的那部分權力，即天生權力，也統稱為人權；二是社會成員在融入社會後，憑藉個人能力創造的，得到社會認可的後天權力，也統稱為財產權。

社會自身並不產生權力，其權力只有來自於社會成員對其自身權力的出讓。而社會先天並不具備對其自身的發展規劃，也不具備對其成員分工有先天的規定性，也就是說，社會的發展、演化過程並不像人們蓋大樓、造汽車一樣，事先有繪製好的藍圖，並可以做模擬試驗，一切都是不確定的，都要看社會所具有的智慧了，都要看社會權力的運行了，這就是人類社會的偉大之處，

社會權力扮演著上帝之手的角色，在社會成員的權力出讓下，形成社會動力，產生社會行為規則，既然社會是大家的社會，唯有社會成員出讓其自身權力，才會有社會動力，根據出讓權力的不同而形成了兩種社會權力。

一是社會成員出讓天生權力而形成的社會對生命的適度支配權，也稱之為政治權力，政治權力的典型例子是義務兵役制，為社會安全一定時間內將生命出讓給社會支配；二是社會成員出讓後天權力而形成的對財富的適度支配權，也稱之為經濟權力，經濟權力的普遍事例是稅收，為社會運行提供物質支持。

一般狀況下，社會中的政治權力與經濟權力處於平衡狀態，在以人為本的社會中，政治權力優先於經濟權力，但在社會已有的發展時期出現過政治權力和經濟權力畸形的狀況，如奴隸社會是典型的經濟權力遠勝於政治權力的實例，而封建社會反過來是典型的政治權力鼎盛的時代。社會的發展是這兩種權力相互作用、相互平衡的結果，偏向任何一方都會造成社會的畸形。

烏爾里希·貝克（1944），德國著名社會學家，慕尼克大學和倫敦政治經濟學院社會學教授。與英國社會學家吉登斯和拉什共同提出「第二現代」的觀念，力圖在現代與後現代之間開闢出「第三條道路」。主要著作有：《風險社會》（1986）、《反毒物》（1991）、《生態啓蒙》（1992）和《風險時代的生態政治》（1994）等。

身心對話：身體倫理的變遷

生理性的身體必須和語言性的身體、交往性的身體結合在一起，身體的倫理才會是健全的。

身體問心：「我痛了，醫生會幫我治；你痛了，誰幫你治呢？」心說：「醫生治不了我，我只能自己治，只有你才能幫助我，你願意幫我嗎？」身體毫不猶豫地點點頭，「當然！」從此，身體和心一直在一起。有一天，心對身體說：「我累了，我要離開這裡，你願意和我一起走嗎？」

身體猶豫了，「可是，我並不想走。這裡很好啊，為什麼你要離開？」

「這裡不是我要的，我要離開，去尋找屬於我的世界。」

「不要走好嗎？為了我，也為了你自己，我已經習慣了這裡，不想離開，我會害怕！」

「為什麼害怕？不用怕，有我！」

「怕，怕死，怕有一天我死了，你會活不下去，你是那樣的依賴我。我已經不敢冒險，因為我要保護好自己，才能保護你！」

「讓我走吧！這裡不是我要的，我要找到屬於我的世界！」

「那，你走吧！我會祝福你，遠遠地眺望著你。」

「如果我痛了呢？你答應要幫助我的，離開你，我還怎麼救自己？」身體沒有說話，因為它也不知道該怎麼辦。

之後的日子，身體和心打起了冷戰，它們誰也不願妥協。不知道從什麼時候起，身體經常感到疼痛，連醫生也治不了它；心呢，還是那樣的想飛，卻又飛不出去，終於也撞得傷痕累累。

身體和心都傷了，都痛了，它們始終不肯讓步。沒有人告訴過它們，如果它們兩個都病了該怎麼辦。於是，它們就這樣一直痛著、傷著，不知道哪裡是盡頭。如果身體和心一直是這樣，我怎麼辦？

每個人都擁有一個身體，但並非每個人都真正認識身體的價值、意義和侷限。我們大多數時間所受的教育，都是反身體的，並在身、心二分法的誘導下，把心和高尚相連，把身體留在黑暗之中。

身體的政治化，實際上也就是日常生活的政治化，它扼殺的是個體的自由，私人的空間，真實的人性。日常生活是一個社會的肉身，沒有它，人的身體也就沒有展開的空間。只有日常生活得到有效的恢復，身體才能找到自身的完整性、倫理性和生理性的完美結合。身體同樣是我們在社交中表達親昵和熱情的工具。最高的社會懲罰就是人身限制或肉體監禁，用疼痛折磨、饑餓，甚至死刑來達到懲處的目的。

人不僅有思想上的自我，也有身體上的自我，也就是說，一個人自由與否，不單要看他是否能不受限制地思想，還要看他是否能照著自己的喜好隨意地穿著、打扮和戀愛。因此，在社會的轉型期，身體往往充當著社會進步的載體和先鋒。

　　有意思的是，政治剛剛解除對身體的監視和管理，消費文化便開始了和身體的合謀。消費文化試圖要告訴每一個人，你身體上的重擔已經消失，它唯一的真實是欲望、享樂和消費。而為了讓身體獲得最大限度的觀賞性和享樂性，你在消費的時候就要透過廣告來重塑自己的身體。我們經常可以在那些時尚雜誌和產品廣告中，看到我們這個時代流行的身體樣式，如那些模特兒所示，男的要強壯，女的要苗條，相反，肥胖則是難堪和醜陋的象徵。

　　如同政治社會有一整套反身體的身體管理學，消費社會也慢慢形成了一整套異化身體的身體控制學。這跟我們整個社會對欲望的張揚是密切相關的。有時我們顯然忽視了身體在歡樂化的過程中所蘊含的危險因素，那就是身體沉溺在自我欲望中時，它已經變成了一個商品。

　　這其實是對身體尊嚴的嚴重傷害。無論是政治奴役身體的時代，還是商品奴役身體的時代，它說出的都是人類靈魂的某種貧乏和無力。生理性的身體必須和語言性的身體、交往性的身體結合在一起，身體的倫理才會是健全的。

約翰・湯普森，是英國社會學家、傳媒研究專家。他的著作對現代西方社會學乃至文化哲學界產生了極大的影響。對文化與意識形態進行了理論詮釋，並使這一詮釋與大眾傳播媒介的發展相聯繫，概述了關於大眾傳媒及其影響的各種相關理論，運用深度解釋學模式，揭示了意識形態在當代文化各個層面的輻射和穿透，對法蘭克福學派的批判理論做了延伸和拓展。

一刀戳出的社會問題

社會問題指社會關係或社會環境失調，影響社會全體成員或部分成員的共同生活，破壞社會正常活動，妨礙社會協調發展的社會現象。社會問題的特徵主要表現為普遍性、變異性、複合性和週期性。

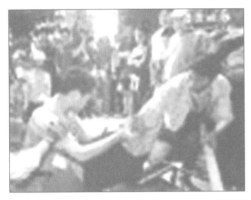

2006年8月11日下午，海澱城管大隊海澱分隊副分隊長李志強帶著他的城管兄弟上街巡查，無照經營的流動商販崔英傑，理所當然成為他們的「獵物」。

隊員要沒收崔英傑的三輪車，並且已經準備帶著三輪車揚長而去，而後者覺得這樣三番兩次的「打擊」已經讓他本來就困厄的生活更為艱辛。

恐懼夾雜著憤怒、絕望包圍了僥倖，瞬間爆發的他，突然追上城管，用隨身攜帶的小刀朝城關隊員刺去。這一刺，刺中了李志強的頸部。

一個城管隊員、一個小商販，兩個「小人物」，以這種慘烈的方式，成為社會問題的「又一個」微不足道卻必須存在的論證和參照物。

社會問題指社會關係或社會環境失調，影響社會全體成員或部分成員的共同生活，破壞社會正常活動，妨礙社會協調發展的社會現象。

社會問題有客觀和主觀兩種因素。前者表現為威脅社會安全的一種或數種

情況；後者表現為社會上多數人公認這種危害，並有組織起來加以解決的願望。社會問題包括兩個方面，一是社會共同生活發生了障礙，一是社會進步發生了障礙。

這兩個方面決定了社會問題涉及的人數，或為社會全體成員，或為社會部分成員。從個人麻煩和公共問題兩個方面來看，在社會上流行一時，同時又使個人深受其害的問題不一定就是社會問題。只有超出個人特殊生活環境，與人類社會生活、制度或歷史有關的，威脅社會多數成員價值觀、利益或生存條件的公共問題，才具備形成社會問題的條件。

一方面社會問題從類型角度應有社會解組和離軌行為之分；另一方面社會問題應有潛在性和外顯性兩種特性。社會問題的構成要素包括問題的社會性、紊亂性和破壞性。即社會問題必然是社會共同具有的，表現為社會結構和功能失調、社會規範和社會生活發生紊亂，並直接造成社會日常生活的破壞。

判定一種社會現象是否為社會問題，要看它的發生的情境、價值、規範和利益幾個方面的失調或破壞，以及並非由個人或少數人引起或所能負責的，同時必須有多數人或整個社會採取行動加以改進。

另一些學者認為，社會問題的構成應考慮它的形成原因、影響範圍、問題的性質和社會後果等四個方面。一般認為，社會問題有以下現象，必須有一種或數種社會現象產生失調的情況；這種情況必定影響許多人；這種失調情況必須引起許多人的注意；必須透過集體行動予以解決。

社會問題在各時代反映的內容各不相同，在當代，最突出的社會問題有以下幾個：人口問題是全球性最主要的社會問題之一，是當代許多社會問題的核

心。生態環境問題突出表現為生態破壞、環境污染嚴重。

它是社會運行和發展的重大障礙。預測未來社會問題的主要矛盾將集中到生態環境上。如不及早解決，它將給社會帶來巨大的破壞，甚至是全球性的、毀滅性的破壞。

勞動就業問題源自於勞動力與生產資料比例關係失調。就業問題的社會後果，一方面妨礙了人民生活水準的提高，進而誘發社會動盪及社會犯罪；另一方面，不利於社會經濟的協調發展，進而威脅整個社會結構的穩定性。青少年犯罪指少年或未成年人的違法犯罪，是世界各國面臨的日趨嚴重的社會問題。

查理斯‧霍頓‧庫利（1864～1929），Charles Horton Cooley，美國社會學家和社會心理學家，美國傳播學研究的先驅。對於自我的觀念有重要的貢獻。他認為心智不但不是像笛卡兒所認為的超然於外在的世界，反倒是個人與世界互動的產物。著有《人類本性與社會秩序》、《社會組織》、《社會過程》。

記者的職業風險與風險社會

風險社會是工業社會的一種新的形態。風險社會突出的標誌是「有組織的不負責任社會」的存在。風險責任的制度化是取締那些不負責任的行為的唯一方法。

2003年某夜，任《鄭州晚報》記者的黃普磊接到黃河水資源保護區內私設垃圾場的反映後，和兩位同事驅車來到鄭州市107國道鄭東新區入口處跟蹤可疑自卸垃圾車。

「你們在這兒轉來轉去是做什麼的？」一個男子質問。

「不做什麼！你們又是做什麼的？」劉勇反問。

「我們是八里廟巡邏的。」該男子回答。

「我們是鄭州晚報的記者。」為了避免引起不必要的誤會，黃普磊將證件遞了過去。

「這是假的！」車外一男子將證件接過去瞄了一眼就猛然摔回車內。司機劉勇想和他們講道理，不料一把刀又突然向他刺了過去。「哎呀！」司機劉勇慘叫一聲，下意識地用左手臂去擋，右手扶著方向盤，猛踩油門朝著前面的空隙衝過去。「嘩啦」，幾個啤酒瓶猛然砸了過來，車後玻璃被砸得粉碎，啤酒瓶和碎玻璃碴飛濺開來。

採訪車向市區飛馳，行兇者的車在後面緊追不捨，直到107國道口的一個警亭處，後面的車才停止追趕。

司機劉勇的左臂已是血肉模糊，經診斷，劉勇的肌腱被砍斷。

這是一個職業風險的故事，同時也暴露出社會風險問題。

現代社會中存在著某些未被人感知的風險。這些潛在的風險都是人類自己製造出來的。潛在風險的存在，可能會導致人類生活和個人生命毀滅的危險。社會中存在著這種由人類自己創造的危機，是現代社會的特徵，稱為「風險社會」。

風險社會是工業社會的一種新的形態。在這種社會中，財富與風險交織在一起。進入全球化時代，全球的社群成為一個世界性的風險社群。工業的風險和危機成為世界性的，對全人類全球性工業社會帶來的不僅是地區性的污染和貧困，還有許許多多無法預測的風險，如生化核武器的生產、轉基因食品的生產、克隆技術和幹細胞的研究與生產等等。

這些都有可能帶來無法預測的全球性風險，如全球氣候暖化造成的危害，化學農藥對土壤和水資源的破壞，這些都對人類的健康構成了嚴重的威脅。

風險社會突出的標誌是「有組織的不負責任社會」的存在。在這一社會中，政治體制和企業組織中都存在著「無需負責任的決策者」。他們對自己的決策，有意和無意識附帶產生的社會風險不必承擔任何責任。如故事中的肇事者。

社會上存在著有組織的不負責任行為，是由於政府與法律將風險指數估計

得太低。在風險事件衝突中，要求受害者提供證據，證明肇事者確實應對某一風險負擔責任，對受害者來說是一件非常困難，甚至可能是無法做到的事情。現在的制度力求否認工業生產中，存在著無法控制的危險。一旦風險發生，政府或企業也會力圖將風險描畫為個別的例外事件。

為了避免社會中風險的蔓延，風險責任的制度化是取締那些不負責任的行為的唯一方法。風險事件發生後，人們還可以從中獲得一些教益：提高知識在社會中和政治上的地位（風險知識社會地位的提高）；提供營建知識結構的科學和研究的基礎（風險知識的改造）；利用媒體的報導，推廣和改造社會的知識結構（風險知識的推廣）。在風險事件之後，人們會要求重新定義風險的波及面（風險的量）、危害度（風險的質）、嚴重性和迫切性。

從本質上說，風險是一種社會災難。如果社會中經常發生災難，人們習以為常，異樣的狀態也會平常化。在災難經常出現的情況下，人對周圍的環境就會變得「無所謂」，轉移視線，不再思考，無視這些事件。

肯尼士‧班克羅福特‧克拉克（1914.07.24～2005.05.01），Kenneth Bancroft Clark，美國教育心理學家、社會學家。致力研究種族隔離問題，他是第一個獲得終身教授職位的黑人，第一個獲得心理學博士學位的非洲裔美國人。著有《黑貧區》。

「社會」一詞描述的社會

社會是指人類生活的共同體。具體的社會是指處於特定區域和時期、享有共同文化並以物質生產活動為基礎的人類生活的共同體。

在一節語文課上，同學們為古漢語中的「社會」一詞，爭論不休，一些同學認為，古文裡的「社會」指的就是現代漢語裡的社會，有的同學說另有含義。到底誰說的對？我們還是聽聽老師是怎麼講解的。

老師說，在中國的古籍中，「社會」一詞始於《舊唐書‧玄宗上》（本記第八）。書中記載：「禮部奏請千秋節休假三日，及村閭社會，並就千秋節先賽白帝，報田祖。然後坐飲，散之。」此處「社會」一詞是村民集會的意思，是一動名詞，由「社」和「會」兩字演進而來。

「社」是指用來祭神的一處地方。《孝經‧緯》記載：「社，土地之主也。土地闊不可盡敬，故封土為社，以報功也。」而「會」為聚集之意。後來兩字連用意指人們為祭神而集合在一起。古籍中有時也指「社」是志同道合者集會之所，如「文社」、「詩社」，或指中國古代地區單位，如「二十五家為社」。

在西方，英語society源自於拉丁語socius一詞，意為夥伴。日本學者在明治年間最先將英文「society」一詞譯為漢字「社會」，近代中國學者在翻譯日本社會學著作時，沿用此詞，中文的「社會」一詞才有現代通用的含義。

社會是指人類生活的共同體。那麼社會有哪些特徵呢？

它是有文化、有組織的系統。社會由人群組成，但不像動物成群結隊那樣

生活，人類文化是按照一定的文化模式組織起來的，而只有人類社會才有文化。從事生產活動是人類社會的一大特徵。生產活動是一切社會活動的基礎，任何一個社會都必須進行生產。在任何特定的歷史時期，社會都是人類共同生活的最大社會群體。它獨立存在，從不屬於任何群體。

具體社會有明確的區域界限，存在於一定空間範圍之內。連續性和非連續性是社會的又一特徵。任何一個具體社會都是從前人那裡繼承下來的一份遺產；同時，它又和周圍的社會發生橫向聯繫，具有自己的特點，表現出明顯的非連續性。

工業社會，亦稱現代社會。現代社會形成了現代的官僚制度，以及教育、醫療、保險、服務等現代社會機構與制度。同時，不具人格的社會關係逐漸取代了血緣的、親屬的社會關係。

後工業社會。在這種社會中自動化、資訊技術將得到普及和發展。其特徵是：從生產產品性經濟轉變為服務性經濟；專業與技術人員居於主導地位；理論知識處在中心地位，它是社會革新與制訂政策的泉源；控制技術迅速發展，對技術進行鑑定以及創造了新的「智慧技術」。

社會具有整合的功能。社會將無數單個的人組織起來，形成一股合力，調整種種矛盾、衝突與對立，並將其控制在一定範圍內，維持統一的局面。所謂整合主要包括文化整合、規範整合、意見整合和功能整合。

交流的功能。社會創造了語言、文字、符號等人類交往的工具，為人類交往提供了必要的場所，進而保持和發展人們的相互關係。

導向的功能。社會有一整套行為規範，用以維持正常的社會秩序，調整人們之間的關係，規定和指導人們的思想、行為的方向。導向可以是有形的，如透過法律等強制手段或輿論等非強制手段進行，也可以是無形的，如透過習慣等潛移默化地進行。

繼承和發展的功能。人的生命短暫，人類一代代更替頻繁，而社會則是長存的。人類創造的物質和精神文化透過社會而得以累積和發展。

克里福得·葛茲（1926），Clifford Geertz，美國文化人類學者。在他最重要的著作之一《文化的詮釋》中，他對於文化概念的深入探討和詮釋，包括如深層描述等概念，其影響超出人類學，而涉及社會學、文化史、文化研究等方面。

此外，在另一部重要著作《地方知識》中，以實例來深入探討人類學對於個別地區的研究所獲得的種種知識，有其如何的意義。

透過偉人家庭
看社會初級群體

初級群體就是人際關係親密的社會群體。亦稱首屬群體、直接群體或基本群體。不同類型的初級群體具有滿足個人和社會不同需要的各種功能。

西格蒙德‧佛洛德於1856年5月6日出生在奧地利弗賴堡的一個猶太人家庭，父親是個羊毛商。在佛洛德4歲時，全家遷居到維也納。

佛洛德的母親是他父親的第二個妻子，在佛洛德出生時，父親已經41歲了，母親才21歲。佛洛德與父親的關係和與母親的關係恰好相反，母親讚許他、溺愛他，允許他充當兄弟姐妹中的王，但父親則沒有這樣偏袒，有時對他顯得冷漠和粗暴。

有一次，佛洛德弄髒了一把椅子。佛洛德便安慰他母親說，他長大以後要買一把新椅子來賠償。

還有一次，當他5歲的時候，父親給他和他妹妹一本關於到波斯旅行的書，並縱容他們撕下書中的彩圖。

佛洛德6歲的時候，他記得媽媽告訴他說：「人是由泥土做成的，所以，人必須回到泥土之中。」他不相信這件事。他母親為了證明這件事，在他面前用雙手擦來擦去，接著她指著雙手擦下的皮屑說：「這就是和泥土一樣的東西。」佛洛德不禁吃了一驚。他記得在他8歲時，母親不知從哪裡找了一本莎士比亞的著作送給他。

1881年3月，佛洛德沒有辜負母親的希望，終於以優異的成績通過了醫學院的畢業考試，並獲得醫學博士學位。母親去接他，對他說的第一句話就是：「太棒了，孩子！可是，你的事業才剛開始。」

對母親的依戀、對父親的叛逆、嫉恨體驗深刻地影響了他以後的生活和思想。

佛洛德一家人構成了社會的初級群體，這是社會組織的基本形式之一。初級群體就是人際關係親密的社會群體。亦稱首屬群體、直接群體或基本群體。從人類歷史發展的過程來看，初級群體是最早出現的一種群體類型，如遠古時期的原始人群、氏族公社時期的氏族家庭、部落等。就一個人的發育成長過程來看，家庭、鄰里、兒童遊戲群夥均為幼兒最早加入並在其中活動最多的群體形式，故稱為首屬群體或直接群體。

初級群體這一概念的基本含義：初級群體是指具有親密的、面對面交往與合作特徵的群體。這些群體之所以是初級的，具有幾方面的意義，但主要是指在形成個體的社會性和思想觀念等方面所起的原始作用。原來初級群體概念主要是指家庭、鄰里和兒童遊戲群夥，這些群體在人的早期社會化過程中所發揮的重要作用，所以一般把它視為「人性的養育所」。後來的社會學家將這一概念擴大到人際關係親密的一切群體。

面對面的互動是初級群體產生、形成和發展的重要條件。如果離開直接的交往與合作，就不可能形成個人之間的親密關係，也就無初級群體可言。初級

群體通常是小型群體。人員相對少是彼此能有足夠機會接觸和交往的重要保證。

　　按照群體成員聯繫的紐帶，初級群體劃分為血緣型、地緣型、友誼型和業緣型等：血緣型初級群體是指建立在婚姻、親子關係基礎上的群體，如家庭。地緣型初級群體是指建立在緊密相連的地域空間基礎上的群體，如鄰里。友誼型初級群體是指建立在友好、信任基礎上的群體，如兒童的遊戲群夥、成年人的朋友群體。業緣型的初級群體是指建立在工作聯繫基礎上的志同道合者，如工作小組。

　　不同類型的初級群體發揮著不同的社會功能。有物質生產和人口生產的功能，社會化的功能，提供個人生活和閒暇活動的場所，社會穩定和社會整合的作用。不同類型的初級群體具有滿足個人和社會不同需要的各種功能。

　　就個人來說，他的某些需要是社會組織所無法提供的，如個人之間思想情感的交流，心理方面的溝通，生活上的特殊照顧或幫助等。而這些需要往往是一個人在特殊情況下所不可缺少的，滿足這些需要，具有穩定社會秩序、增進社會整合的作用。

榮格（1875～1961），Carl Gustav Jung，瑞士心理學家和精神分析醫師，分析心理學的創立者。認為集體無意識反映了人類在以往歷史進化過程中的集體經驗。他的分析心理學因集體無意識和心理類型的理論而聲名遠揚。

李若谷修渠的制度問題

制度是為人類設計的，構成了政治、經濟和社會相互關係的一系列約束。今天的制度，本質上就是當前「公認的」某種生活方式。

　　春秋時期，楚國令尹孫叔敖在苟陂縣一帶修建了一條南北的水渠。這一條水渠又寬又長，足以灌溉沿渠的萬頃農田，可是一到天旱的時候，沿堤的農民就在渠水退去的堤岸旁邊種植農作物，有的甚至還把它種在堤的中央。

　　等到雨水一多，渠水上漲，這些農民為了保住農作物和渠田，便偷偷地在堤壩上挖個缺口放水。這樣的情況越來越嚴重，一條辛苦挖成的水渠，被弄得遍體鱗傷，面目全非，因決口而經常發生水災，變水利為水害了。

　　面對這種情形，歷代苟陂縣的行政官員都無可奈何。每當渠水暴漲成災時，便調動軍隊去修築堤壩，堵塞缺口。後來宋朝李若谷出任知縣時，也碰到了決堤修堤這個頭疼的問題，他便貼出告示說，「今後凡是水渠決口，不再調動軍隊修堤，只抽調沿渠的百姓，讓他們自己把決口的堤壩修好。」這佈告貼出以後，再也沒有人偷偷地去決堤放水了。

　　這個故事告訴我們，一個沒有制度的社會只是一個貨堆。

　　那麼什麼是制度呢？

制度實質上就是個人或社會對有關某些關係或某些作用的一般的、確定的思想習慣；今天的制度，本質上就是當前「公認的」某種生活方式。換言之，制度無非是一種自然習俗，由於習慣化和被人廣泛地接受，這種習俗已成為一種公理化和不可或缺的東西。

制度必須隨著環境的變化而變化，是生存競爭和淘汰適應過程的結果。制度無非是集體行動控制個人行動。所謂集體行動的範圍很廣，從無組織的習俗到有組織的「營運機構」，如家庭、公司、公會、聯邦儲備銀行及政府或國家。一般而言，集體行動在無組織的習慣中比在有組織的團體中還要更普遍一些。

進一步說，集體行動常和所謂的「工作規則」密不可分，後者告訴個人能夠、應該、必須做（或不做）什麼。集體行動對個人的控制，是透過所有權關係來施行的，制度是透過傳統、習慣或法律約束的作用力來創造出持久的、規範化的行為類型的社會組織。

制度是對人類活動施加影響的權力與義務的集合。這些權力與義務中的一部分是無條件的和不依賴於任何契約的，它們可能是也可能不是不可剝奪的；其他的權力與義務則是在自願基礎上簽訂的協約。從廣義上來說，制度暗指一種可觀察且可遵守的人類事務安排，它同時也含有時間和地點的特殊性而非一般性。

制度是社會遊戲（博弈）的規則，是人們創造的、用以限制人們相互交流行為的框架。制度提供了人類相互影響的框架，它們建立了構成一個社會，或更確切地說一種經濟秩序的合作與競爭關係。制度是一系列被制定出來的規則、守法秩序和行為道德、倫理規範，它旨在約束主體福利或效用最大化利益的個人行為。

制度是為人類設計的，構成了政治、經濟和社會相互關係的一系列約束。

制度是人類行為的規範或約束規則的總稱，它包括正式規則和非正式規則兩部分，前者通常是成文的、可辨識的、強制的和第三方執行的，而後者則是不成文的、默認的和自我實施的。制度表現為個人行動的社會結果，它可能是個人無意識的結果，也可能是集體基於慣例和共識知識進行選擇的結果，但離開歷史中的制度資料和資訊而憑空創造的制度是不存在的。

制度作為一種社會秩序的狀態，它是一種層次性的、網路性的社會結構，不同層次和節點上的制度都構成特定的資訊空間，並利於人們獲取一種共同的知識，進而使得個人行為具有穩定性和可辨別的特徵，並利於形成交互行為中的穩定預期。

制度在抽象性上可以描述為是一種「共識」或是「意義的分享」，從知識和意義的角度解釋制度問題，有利於人們從認知論或知識論的角度把握制度的內涵。進而為制度演化的無意識和有意識之爭找到一個溝通的橋樑。

斐迪南‧騰尼斯（1855～1936），德國社會學家。德國社會學會和霍布斯協會的創始人之一，曾任這兩個學會會長。關於「社區」和「社會」的理論觀點，在美國社會學界具有深遠影響。著有《社區和社會》、《湯瑪斯‧霍布斯》、《關於社會生活的基本事實》、《社會學的本質》、《社會問題的發展》、《馬克思的生平和學說》、《輿論的批評》、《社會學的研究和批評》、《圍繞反社會主義非常法的鬥爭》、《社會學導論》等。

第三章

理論研究

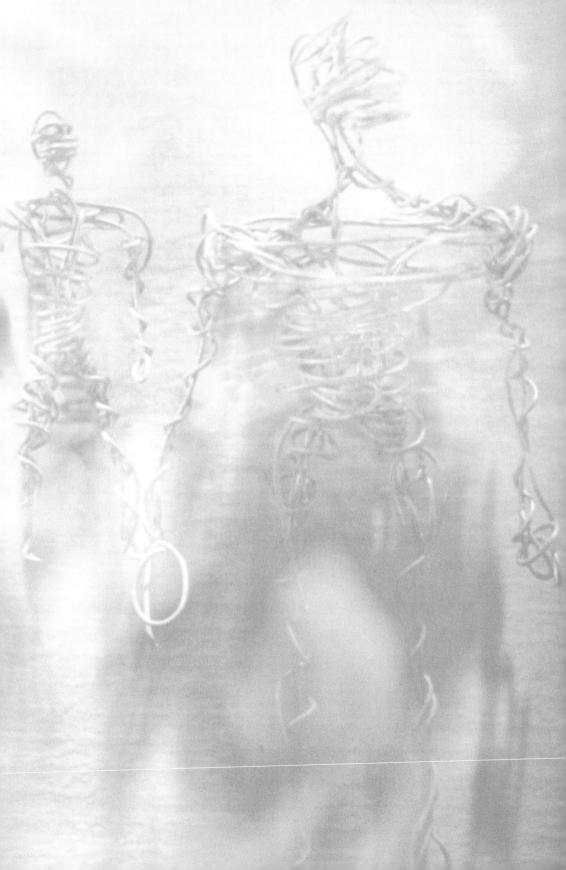

四個人分三張餅：
從公平到公正

所謂社會政策，是指以公正為理念依據，以解決社會問題、保證社會成員的基本權利、改善社會環境、增進社會的整體福利為主要目的，以國家的立法和行政干預為主要途徑而制定和實施的一系列行為準則、法令和條例的總稱。

礦井因塌方被堵塞，三個礦工和一個實習的大學生被埋在裡面，靠自己的力量出來，已經不可能。

三個礦工帶著午飯，並不豐盛，不過是三張油餅和一些菜。實習生不知道他們會怎樣分配那三張餅，水已經被何師傅收集到了一處，命令般地說，不到最後關頭，水不能動。他是幾個人中年齡最長也最有經驗的礦工，這個時候，沒有人會反駁。可是餅只有三張，是他們帶來的，和他無關。

他看著那三張餅；絕望也掩飾不了饑餓的侵襲，因為饑餓，他的絕望有了更加實質的內容。他幾乎要崩潰了。他知道他們絕對可以不管他，只不過是三張餅，他們尚且自顧不暇——縱然只是三張餅，也是此時救命的稻草。

何師傅卻說話了，說得很慢，卻極有分量。「不行！」他說，「必須分成四份。」並沒有看他，他只是把餅拿過去，掏出隨身攜帶的一把小刀，說：「我把餅分了。我想好怎麼分了。」

所有的目光都投注在那三張餅上，包括他。他們看著何師傅把三張餅疊在一起，放在他的腿上，然後用刀子均勻地切割成了十二份。很小很小的十二份。再將重疊的十二份，散成三十六份。一份，只有很小很小的一塊，比指頭大不了多少。

何師傅說：「這三十六塊餅，剛好，每個人九塊，每天每人分三塊，可以持續三天。從現在起，誰都不要說話也不要動，保持體力。餅放在我這裡，該吃飯的時候我會分給你們。」又是沉默，半天，另外兩個礦工點了點頭。實習生已經乾涸的眼睛再度潮濕了。

三個半壺水，三十六份小得不能再小的餅，維持著漫長的等待被解救的時光。一分鐘，一小時，一天……第三天的黃昏，他們得救了，就在被救出去的半個小時前，何師傅不顧另外兩個人的反對，將自己最後剩餘的三塊餅遞到了實習生嘴裡，乾裂的唇擠出一個笑容，說：「你是大學生，你活著比我更有用。」

這是一個有關公平和公正的感人故事。知微見著，這種原始的分配方案，正是現代社會政策的雛形。一般的社會政策，都是從公平開始而至公正結束。

所謂社會政策，是指以公正為理念依據，以解決社會問題、保證社會成員的基本權利、改善社會環境、增進社會的整體福利為主要目的，以國家的立法和行政干預為主要途徑而制定和實施的一系列行為準則、法令和條例的總稱。

社會政策的具體內容是在不斷豐富的。凡是和社會成員的基本權利和社會福利息息相關的政策都應納入社會政策的關注視野。社會政策的具體內容應當包括：社會救助、救災、社會保險、醫療衛生服務、就業、婦女兒童保護、性

別平等、種族（民族）平等、老年人權益、房屋住宅、勞資關係、勞動者工作保護條件、人口政策、婚姻家庭保護、殘疾人福利保障、孤兒扶養、退伍軍人優撫與安置、職業訓練、義務教育政策……等等。

公正與社會政策是密不可分的。從一定意義上說，公正與社會政策是一件事情的兩個方面。公正是社會政策的基本理念依據。現代意義上的公正是在自由、平等、社會合作等理論依據的基礎之上，強調「給每個人所應得」。對於一個社會來說，公正具有重大的意義。

「正義是社會制度的首要價值，正如真理是思想體系的首要價值一樣」。但是，我們同時還必須看到，公正畢竟只是制度安排的一種基本價值取向、一種基本的規則，它需要透過一定的載體方能在現實社會中體現出來。就社會層面而言，公正必須透過社會政策體系才能具體體現。正是從這個意義上說，社會政策是公正在社會領域的具體化，公正的社會功能在很大程度上是透過各式各樣的社會政策來實現的。「如果我們真正關心社會正義，我們就要把它的原則應用到個別地或者整體地產生貫穿整個社會的分配後果的亞國家制度上去。」

托克維爾（1805～1859），法國歷史學家、社會學家。主要代表作有《論美國的民主》第一卷、《論美國的民主》第二卷、《舊制度與大革命》。

安逸的美洲虎——
社會分層的意義

按照一定的標準將人們區分為高低不同的等級序列。劃分社會層次結構的三重標準，即財富——經濟標準，威望——社會標準，權力——政治標準。三條標準既是互相關聯的，又可以獨立作為劃分社會層次的標準。

美洲虎是一種瀕臨滅絕的動物，世界上僅存17隻，其中有一隻生活在秘魯的國家動物園。

為保護這隻虎，秘魯人從大自然裡單獨圈出1500英畝的山地修了虎園，讓牠自由生活。還有成群結隊的牛、羊、兔供老虎享用。奇怪的是，沒有人見過這隻老虎捕捉獵物（牠只吃管理員送來的肉食），也沒有人看見牠威風凜凜地從山上衝下來。牠常躺在裝有冷氣的虎房，吃飽睡，睡飽吃。

一些市民說牠太孤獨了，於是大家自願集資，與哥倫比亞和巴拉圭達成協定，定期從他們那兒租雌虎來陪牠生活。

然而，這項人道主義之舉並未帶來多大改觀，那隻美洲虎最多走出虎房，到陽光下站一下，不久又回到牠躺臥的地方。人們不知道牠還有什麼不滿足的地方。

一天，一位來此參觀的市民說：「難怪牠會懶洋洋的，虎是林中之王，這裡只有一群吃草的小動物，能提起牠的興趣嗎？為什麼不弄幾隻狼或者幾隻豺狗呢？」虎園負責人覺得他說的有理，就捉了3隻豺狗放進虎園。

這一招果然靈驗,自從3隻豺狗進入虎園,美洲虎時而站在山頂引頸長嘯,時而衝下山來,雄赳赳地滿園巡邏。沒多久,牠還讓一隻雌虎產下了一隻小虎⋯⋯

沒有等級制,生物就會停止進化。在這個故事裡,人類處於等級的最高處,決定著其他動物的命運,其次的等級是老虎,再次是豺狗,最後是食草動物。正是因為有了等級的區別,老虎才又煥發了生機,而新放進的豺狗,由於不處於競爭的最頂端,也同樣面臨被消滅的危險,為此,牠們也要做出更大的努力,才能適應新的環境。人類和這些動物園的老虎一樣,失去了一定的社會分層,人就會失去競爭的動力。社會化的直接後果就是把人按照不同的標準,分出不同的階層來。

按照一定的標準將人們區分為高低不同的等級序列就是社會分層。

社會分層體現著社會的不平等。社會不平等現象,在資本主義社會以前,

是以「等級」的形式存在的。在古羅馬,有貴族、騎士、平民、奴隸;在中世紀,有封建領主、陪臣、行會師傅、幫工、農奴,而且幾乎在每一個等級內部還有各種獨特的等級。到了19世紀,人們廣泛使用「階級」和「階層」概念來描述社會中人們的地位等級。

而事實上,任何社會都必然由於階級、地位、權力、金錢、職務、身分、家族等各種原因而產生出社會分層。社會作為一個系統必然有其結構和層次,整個社會按照一定的標準可以劃分為許多的層次,這些層次的結構與狀態的總

和構成了社會分層。

從本質上來看，社會分層的根源在於社會資源的稀缺性。人群佔有資源不同導致了分層。在完全競爭市場的條件下，資源的流動遵循著價值規律向有能力使資源得到最大利用的地方積聚，如果放任自行，最終將導致市場失靈，這是西方經濟學中對自由競爭的最終結論，由此導致的社會分層必然是不合理的。

那麼社會分層到底是否有利於社會發展呢？功能理論認為，社會分層是積極的，該理論主要從社會的存續角度來分析，認為社會分層對人們有激勵的功能，因此是社會進步的一種途徑。而與此相反，衝突理論則認為社會分層容易觸發社會矛盾，導致社會動盪，阻礙社會發展。

我認為，任何一種存在都有其兩面性。社會分層的意義在於把社會分成各個利益群體，正確地處理各利益群體的關係。

戈夫曼（1922～1982），美國社會學家。符號互動論的代表人物，擬劇論的宣導人。在對異常行為研究中提出汙記說，即對能夠損害某人（群體）聲譽的社會標記的研究，並由此提出「越軌生涯」概念。他的研究成果得到較為廣泛的贊同。著作有《避難所》、《邂逅》、《公共場所行為》、《汙記》、《互動儀式》、《框架分析》和《交談方式》等。

從打破的牛奶瓶
看社會的變遷

社會變遷就是一切社會現象發生變化的動態過程及其結果。社會變遷除了最終取決於社會生產力的發展之外，還取決於自然環境、人口、社會制度、觀念、社會心理、文化傳播等多方面因素的影響，它是多種因素相互作用的結果。

十幾歲的桑德斯經常為很多事情發愁。他常常為自己犯過的錯誤自怨自艾；交完考卷以後，常常會半夜裡睡不著，害怕沒有及格。他總是想那些做過的事，希望當初沒有這樣做；總是回想那些說過的話，後悔當初沒有將話說得更好。

一天早上，全班到了科學實驗室。老師保羅·布蘭德威爾博士把一瓶牛奶放在桌子角落。大家都坐了下來，望著那瓶牛奶，不知道它和這堂生理衛生課有什麼關係。

過了一會兒，保羅·布蘭德威爾博士突然站了起來，一巴掌把那牛奶瓶打破在水槽裡，同時大聲叫道：「不要為打翻的牛奶而哭泣。」

然後他叫所有的人都到水槽旁邊，好好地看看那瓶打翻的牛奶。

「好好地看一看，」他對大家說，「我希望大家能一輩子記住這一課，這瓶

牛奶已經沒有了……你們可以看到它都漏光了，無論你怎麼著急，怎麼抱怨，都沒有辦法再救回一滴。只要先花一點心思，加以預防，那瓶牛奶就可以保住。可是現在已經太遲了，我們現在所能做到的，只是把它忘掉，拋開這件事情，只注意下一件事。」

這個故事預示了社會的變遷與不可更改性，就像打破的奶瓶再也不可能復原一樣。社會變遷就是一切社會現象發生變化的動態過程及其結果。在社會學中，社會變遷這一概念比社會發展、社會進化具有更廣泛的含義，包括一切方面和各種意義上的變化。社會學在研究整個人類社會變遷的同時，著重於某一特定的社會整體結構的變化、特定社會結構要素或社會局部變化的研究。

社會變遷的過程和原因任何特定的社會體系一經確立，就會形成比較穩定的結構關係。但是，社會體系是一個開放的系統，它的存在和發展有賴於和外界不斷進行的物質、能量和資訊的交換，需要不斷吸收新的因素。社會體系是一個複雜的系統，各個組成要素都具有自我組織和不斷完善的特性，有可能出現各要素發展的不平衡。

社會體系為了適應新的需要和不平衡的出現，就要不斷調整原有的結構關係。這種適應和調整先是局部的、緩慢的，累積到一定程度就有可能導致原有體系結構的整體改組，直到採取社會革命的形式。在影響社會變遷的諸多原因中，社會的物質需要和經濟的發展變化是最根本的原因。社會的物質生產力是生產方式內部最活躍、最革命的因素。

物質生產力的變化造成生產方式的不斷更新，社會生活、政治生活和精神生活也隨之發生變化，進而整個社會結構體系也發生變化。社會變遷除了最終取決於社會生產力的發展之外，還取決於自然環境、人口、社會制度、觀念、

社會心理、文化傳播等多方面因素的影響，它是多種因素相互作用的結果。

　　社會變遷理論主要有四種理論。進化論，認為人類社會是一個不斷發展的漸進的過程。表現為由低級到高級，由簡單到複雜，由此及彼地向前發展。循環論，認為社會變遷是週期性的重複。均衡論。強調社會均衡一致和穩定的屬性。衝突論，人們對於權力再分配的欲望是無止境的，圍繞權力所進行的鬥爭是持續不斷的，由此造成的社會衝突是社會內部固有的現象。這種利益不可調和的衝突是社會生活的基礎。

　　社會變遷是必然的、急劇的，後果是破壞性的，任何宏觀的社會變遷理論只有涉及與權力相關聯的衝突時，才是有價值的。

馬爾庫塞（1898～1979），Marcuse，Herbert，德國哲學家，社會學家。法蘭克福學派的創始人之一。為在現代科學技術發展的條件下，發達資本主義國家的工人階級只知追逐高消費而失去革命主動性，只有激進的學生運動、流氓無產者、失業者、受壓制的少數民族才具有革命性。著有《理性和革命》、《愛欲和文明》、《蘇聯的馬克思主義，批判的分析》、《單面的人》、《心理分析和政治》、《論解放》、《反革命和造反》、《藝術和永恆性》等。

一樁婚姻引發的社會整合

社會不同的因素、部分結合為一個統一、協調整體的過程及結果，我們稱作社會整合，亦稱社會一體化。社會整合的可能性在於人們共同的利益以及在廣義上對人們發揮控制、制約作用的文化、制度、價值觀念和各種社會規範。

從前，在美國有個農村裡住著一個老人，老人有三個兒子，大兒子和二兒子在城市工作，小兒子和老人在農村相依為命。有一天，從城裡來了一個人，找到老人，對老人說：「我想把你的小兒子帶到城市去，可以嗎？」

老人說：「你趕快滾出去！我就這麼一個兒子在我身邊，為什麼要把他帶走呢？」

這個人說：「我幫你這個小兒子在城市找份工作，可以嗎？」

老人說：「那也不可以。」

這個人就說：「我幫你這個小兒子在城市找一個對象，你看如何？」

老人說：「那也不行。」

這個人又說：「如果我幫你兒子找的這個對象是洛克菲勒的女兒，你同意嗎？」

老人想了想：「洛克菲勒是世界首富、石油大王……」最後老人同意了。

過了兩天，這個人又找到了洛克菲勒，對洛克菲勒說：「洛克菲勒先生，我準備幫您女兒介紹一個對象！」

洛克菲勒說：「你趕快滾出去！我還需要你幫我女兒介紹對象嗎？」

這個人說：「如果我幫您女兒介紹的這個對象是世界銀行的副總裁，您同意嗎？」洛克菲勒笑了笑，點頭同意了。

又過了兩天，這個人找到了世界銀行的總裁，對他說：「總裁先生，您現在必須立刻任命一位副總裁。」

總裁先生說：「你趕快滾出去吧！我有這麼多的副總裁，為什麼要聽你的話再任命一位呢？而且還要立刻？」

這個人說：「如果您任命的這位副總裁是洛克菲勒的女婿，您同意嗎？」總裁先生當然同意了。

這就是一個資源整合的故事，雖然有開玩笑的成分，但故事把各種有利的資源充分利用，進而達到了自己的目的。他把一個農民的兒子既變成洛克菲勒的女婿，又變成了世界銀行的副總裁，改變了農民兒子的命運，也把鋼鐵和金融兩大產業聯合在一起。

社會不同的因素、部分結合為一個統一、協調整體的過程及結果，我們稱作社會整合，亦稱社會一體化。它是與社會解體、社會解組相對應的社會學範疇。社會整合的可能性在於人們共同的利益以及在廣義上對人們發揮控制、制約作用的文化、制度、價值觀念和各種社會規範。

社會整合概念的含義是：社會體系內各部門的和諧關係，使體系達到均衡

狀態，避免變遷；體系內已有成分的維持，以對抗外來的壓力。帕森斯還認為，一個社會要達到整合的目的，必須具備兩個不可或缺的條件：有足夠的社會成員作為社會行動者受到適當的鼓勵並按其角色體系而行動；使社會行動控制在基本秩序的維持之內，避免對社會成員做過分的要求，以免形成離異或衝突的文化模式。

社會整合有許多具體形式並可分為諸多類型。除了以上已提及的社會體系的整合、民族或種族關係方面的整合外，社會學經常論及的還有文化的整合、制度的整合、規範的整合、功能的整合等。

社會分化是社會學的核心主題之一，社會變遷其實就是社會分化與社會整合的過程。現代化社會範型是將城市化工業化社會看作是一種高度分化的社會結構和高度成長的經濟生產力。社會分化會對原有社會秩序形成巨大的衝擊，帶來社會規則的混亂，整個社會的無序程度將會大大增加。因此，要使社會在分化的基礎上向前發展，還必須對社會進行有機的整合。只有分化與整合同時存在，交替進行，互相配合，才能真正推動社會的發展。

佛洛德（1856～1939），Freud，Sigmund，奧地利精神病醫生，精神分析學派的創始人。創始用精神分析療法。著有《夢的釋義》、《日常生活的心理病理學》、《精神分析引論》、《精神分析引論新編》等。

東山羊和西山羊的公共空間之爭

蘭西認為哈貝馬斯的「公共空間」概念具有烏托邦的性質，哈貝馬斯實際上是理想化了自由主義的公共空間，它在現實中是很難實現的。而且他也忽略了去考察另外的非自由、非資本主義的、競爭性的公共空間。

森林中有一條河流，河水湍急，不停地打著漩渦，奔向遠方。河上有一座獨木橋，窄得每次只能容納一人經過。某日，東山上的羊想到西山上去採草莓，而西山的羊想到東山上去採橡果，結果兩隻羊同時上了橋，到了橋中心，彼此擋住了，誰也走不過去。

東山的羊見僵持的時間已經很久了，而西山的羊卻沒有退讓的意思，便冷冷地說：「喂，你的眼睛是不是長在屁股上了，沒看見我要去西山嗎？」

「我看你是連眼睛都沒長吧！否則，怎麼會擋我的道？」西山的羊反唇相譏。

「你讓開還是不讓開？不讓開，我就用闖的。」東山的羊搖了一下頭，意思是：看到沒有，我的犄角就像兩把利劍，它正想嘗嘗你的一身肥肉是否鮮美呢！

「哼，別想跟我鬥！」西山的羊仰天長咩一聲，便用犄角去頂東山的羊。

「好小子，我看你是不想活了。」東山的羊邊罵邊低頭迎向西山的羊。

「哞」，這是兩隻羊的犄角相互碰撞的聲音。

「撲通」，這是兩隻羊失足同時落入河水中的聲音。森林裡安靜下來，兩隻羊跌入河心以後淹死了，屍體很快就被河水沖走了。兩隻羊在公共空間裡發生了衝突，由此不僅讓我們想到人在公共空間裡的價值和屬性。

公共領域指一個國家和社會之間的公共空間，市民們假定可以在這個空間中自由言論，不受國家的干涉。公共空間是一個論壇，在這裡市民就他們的公共事務進行協商，進而引起一種話語相互作用的場所。這個場所是區別於國家和政府的，它是生產和傳播對政府質疑的話語的場所。它也區別於正式的經濟場所，因為在這裡產生關聯的是話語而不是市場。

而蘭西認為哈貝馬斯的「公共空間」概念具有烏托邦的性質，哈貝馬斯實際上是理想化了自由主義的公共空間，它在現實中是很難實現的。而且他也忽略了去考察另外的非自由、非資本主義的、競爭性的公共空間。這樣一批公共空間從資本主義的公共空間最初產生時就伴隨著它。實際上資本主義的公共空間不僅不能簡單地被看作無法實現的烏托邦理想，它也是一種意識形態的概念，使階級統治合法化。那麼「公共空間」到底是一種統治工具還是烏托邦理想？

首先是關於公共空間內部的關係問題。是否真的如哈貝馬斯所說，社會平等並不是公共空間內部政治民主的必要條件呢？資本主義公共空間宣稱是一種零度文化，平等對待任何一種社會思潮。

實際上，在層狀社會中，統治階級的文化是社會的主導文化，而弱勢群體

的作用往往被忽略。所以只有真正消除了社會不平等，才能保證人們對公共空間的積極參與。

　　其次則是關於公共空間之間關係的問題。在哈貝馬斯看來，一個簡單的、囊括眾多的公共空間勝過多個公共空間的連結，而蘭西則不這樣認為。為了論證自己的觀點，蘭西從層狀社會和多元平等社會兩種現代社會模式進行考察。在層狀社會中，公共空間中所進行的協商活動對統治集團有利，如果僅僅只有一個公共空間，這種影響還會加劇。它們具有雙重性質：一方面起到撤退和重組的作用，另一方面它們也能作為基地來培養群體，以激勵朝著建立更廣闊的空間前進。

　　而在平等多元的社會中，公共空間不僅是形成話語意見的場所，它也是形成和頒佈社會身分的場所。如果只有一個空間，等於只有一個篩檢程序在過濾各種話語，它是不可能做到文化中立的，這樣做的結果必然是多元文化的消失。

讓—弗朗索瓦・利奧塔（1924～1998），當代法國著名哲學家，後現代思潮理論家。著作有《現象學》（1954）、《力比多經濟》（1974）、《後現代狀況》（1979）、《爭論》（1983）、《海德格爾與猶太人》（1988）、《旅程》（1988）、《非人道》（1988）和《政治性文字》（1993）等。

滄海桑田話發展

社會發展學說是探討社會變遷規律性及其具體表現形式的學說。廣義探討人類歷史發展的一般規律性；狹義探討社會發展的現代化理論、模式、戰略乃至具體政策。

傳說東漢仙人王方平在門徒蔡經家見到了仙女麻姑，發現原來是自己的妹妹。她早年在姑餘山修行得道，千百年過去了，長得仍如十八、九歲的姑娘，頭頂盤著髮髻，秀髮垂至腰際，身上的衣服光彩奪目，大家舉杯歡宴。

麻姑說：「我自從得到天命以來，已經三次見到東海變為桑田。這次去仙山蓬萊，見海水比以前淺了許多，大概又快要變成陸地丘陵了吧！」王方平笑著說：「難怪聖人說海中行路都會揚起灰。」

後來人們用「滄海桑田」，比喻人世間事物變遷極大，或者變化極快。「滄海桑田」也簡稱「滄桑」。

「滄海桑田」在中國是一個婦孺皆知的成語，用來形容事過境遷以及環境所發生的巨大變化。這個成語直接印證了社會發展學說的理論。

對社會發展學說的理論家而言，這個成語確實是對其所從事的科學理論之精髓的絕妙描繪。時光荏苒，人類社會經歷了悠悠歲月。在漫長的時間裡，階

級產生滅亡、國家分分合合、政權更迭頻繁、民族衝突和解，這樣的滄桑巨變不知經歷了多少次，社會就是在這些巨大的變化中，一步一步向前發展壯大。

故事引出的社會發展學說，是探討社會變遷規律性及其具體表現形式的學說。廣義包括哲學、經濟學、政治學和人類學關於社會發展的研究，它探討人類歷史發展的一般規律性；狹義則指社會學對發展問題的研究，又稱發展社會學，它以現代社會中政治、經濟、社會、文化的綜合協調發展問題為對象，主要探討社會發展的現代化理論、模式、戰略乃至具體政策。

社會現代化理論是第二次世界大戰後出現的第一種社會發展理論，其理論基礎是T.帕森斯的結構功能主義，著眼點在社會流動的社會行為主義。現代化理論沿襲歐洲社會學的知識傳統，在社會發展過程的考察中實行傳統——現代、特殊主義——普遍主義的二分法，把傳統社會視為特殊主義的、以農業為主的、著重身分地位的、靜止的、職業分化簡單的社會；相對而言，現代社會則是普遍主義的、以工業為主的、著重成就的、動態的、職業分化複雜的社會。傳統社會和現代社會是兩種具有相互排斥特徵的社會，由傳統向現代演進的過程就是現代化。

在經濟領域，現代化主要表現為國民經濟總產值的增加、生產效率的提高、工業生產規模的擴大、市場關係的擴展、經濟交流的多重化；在政治領域，主要表現為國家意識的強化、權力分配的理性化、政治機構的分化和專業化、決策的理性化和決策效率的提高、民主參與政治的制度化和擴大化；在社會領域，主要表現為知識水準的提高、教育的普及、社會交往方式的多樣化、角色的日益分化、家庭和工作的分離等等。

從70年代中期開始，社會發展理論開始了一個多樣化的轉折時期，主要表

現在兩個方面。

一是現代化理論開始分化，一部分人將興趣轉移到西方發達國家本身的社會發展問題上，主要研究新的科技革命對西方發達國家的影響，這就是未來學研究，它形成了資訊社論和後工業社會論。另一部分人仍然專注於研究發展中國家的社會現代化問題，但研究的視角和方法都有所改變，主要研究發展中國家現代化的原始條件對其現代化的影響，這就是「遲發展」或「後發展」理論。

二是美國和西方國家的一些社會學者經過改進和完善，使依附理論逐漸發展成I.沃勒斯坦等人的「世界體系論」。費蘭克和薩米爾·阿明等依附理論者也紛紛轉變成了世界體系論者。

世界體系論的研究興趣已不再侷限於發展中國家的社會發展，它從體系的角度研究世界整體的發展問題。

露絲·伊里加蕾（Luce Irigaray），法國女性主義者。和愛琳娜·西克蘇（Helene Cixous）和朱麗婭·克利斯蒂娃（Julia Kristeva）一起被並列稱為當代法國女性主義的三駕馬車。由於她們所持的解構現有理論體系的哲學立場，也有評論家稱她們為後現代女性主義。著有《他者女性的反射鏡》、《非「一」之性》、《原始情感》、《性別差異的道德學》等。

從林肯的獨斷體會
韋伯權力的內涵

權力賦予職位而非個人。組織最為根本的功能就是提高效率，所以如何獲得組織效率是管理必須回答的問題。如果能夠理性地分配權力，用法律手段明確權力，組織結構就是最有效的。

美國總統林肯，在他上任後不久，有一次將六個幕僚召集在一起開會。林肯提出了一個重要法案，而幕僚們的看法並不統一，於是七個人便熱烈地爭論起來。林肯在仔細聽取其他六個人的意見後，仍感到自己是正確的。

在最後決策的時候，六個幕僚一致反對林肯的意見，但林肯仍固執己見，他說：「雖然只有我一個人贊成，但我仍要宣佈，這個法案通過了。」

表面上看，林肯這種忽視多數人意見的做法似乎過於獨斷獨行。其實，林肯已經仔細地瞭解了其他六個人的看法並經過深思熟慮，認定自己的方案最為合理。而其他六個人持反對意見，只是一個條件反射，有的人甚至是人云亦云，根本就沒有認真考慮過這個方案。既然如此，自然應該力排眾議，堅持己見。因為，所謂討論，無非就是從各種不同的意見中選擇出一個最合理的。既然自己是對的，那還有什麼好猶豫的呢？

權力經常會遇到這種情況：新的意見和想法一經提出，必定會有反對者。

其中有對新意見不甚瞭解的人，也有為反對而反對的人。一片反對聲中，領導者猶如鶴立雞群，限於孤立之境。

重要的是你有提議和決策的權力，只要權力在握，就應堅決地貫徹下去。

決斷，是不能由多數人來做出的`。多數人的意見是要聽從的；但做出決斷的，是一個人。管理一直以來都存在著一個基本的問題，就是權力是個人的還是組織的？韋伯的答案是：「權力賦予職位而非個人。」正如上面的故事所說，權力是賦予總統的，而不是林肯本人，正因為林肯在總統的職位上，所以他可以運用總統的權力做出最後決斷。

韋伯從事實出發，把人類行為規律性地服從於一套規則作為社會學分析的基礎，他提出了理性設計的原則：權力、職位、非個人性、法律。

這四個原則以最理性的方式預先假定了法律和權力的概念，明確地提出權力與職位的關係。韋伯認為權力是非個人的，必須在法律的界定下來確定權力與職位的概念。韋伯明確而系統地指出理想的組織應以合理、合法的權力為基礎，沒有某種形式的權力，任何組織都不能達到自己的目標。

組織最為根本的功能就是提高效率，所以如何獲得組織效率是管理必須回答的問題。韋伯正是從組織效率出發，找尋影響組織效率的核心要素。他發現合法的權力是決定組織管理的核心。也正是從這個觀點出發，韋伯強調組織體系中，法律界定的權力劃分，提出了官僚組織結構理論。這套理論為社會發展提供了一種高效率、合乎理性的管理體制，意義非凡。

管理者對於權力的迷戀，放大權力的職位範圍，沒有權力就無法工作，這些現象都說明我們沒有讓權力與職位保持關係，反而讓權力成為個人的附屬

品。於是，我們看到的結果就是需要管理者自身的影響力來發揮作用，無法按照正常的基本程序發揮作用，人們更加關心權力，而不是關心權力如何獲得組織管理的效率。

在管理中，我們常說人浮於事的狀況。這是因為在很多組織，權力與職位是分離的，所以就出現了權力變成象徵和待遇。這時，權力沒有承擔責任。一方面我們好像是有職位和分工，一方面擁有權力就意味著凌駕於分工之上和超越職位之外。這樣的存在使得我們的管理表面上是現代管理，實際上是封建管理，與現代管理有著根本的差異。

很多企業和組織，現在依然存在這些現象，問題的關鍵不在於存在這些現象，問題的關鍵是：我們是否理解韋伯的理論精髓。在韋伯之前，組織管理還是一種混沌狀態，憑藉一個人獨立的力量來協調組織的狀況是普遍的現象，而韋伯界定了權力和個人的關係之後，管理進入現代管理階段。

米德（1901～1978），Mead，Margaret，美國人類學家。文化心理學派代表人物之一。認為民族文化對塑造人格與行為模式具有決定性作用。米德的晚期研究轉向了當代社會問題，其中對代溝的研究在社會學界有較大影響。著有《薩摩人的成年——為西方文明所做的原始人類的青年心理研究》、《新幾內亞人的成長》、《三個原始社會中的性和氣質》、《時刻準備著》、《男性與女性——有關變遷世界中性別角色研究》、《蘇維埃對權力的態度》、《文化與承諾》等。

黑點白板界定國家、市場和社會的界限

實現一個國家的現代化進程需要界定各個社會基本系統的邊界和權力界限，從各個成功進入現代化的國家來看，最需要界定清楚的是國家、市場和社會的關係，也就是政治系統、經濟系統和民間組織的關係。

有位老師進了教室，在白板上點了一個黑點。然後問班上的學生說：「這是什麼？」

大家都異口同聲說：「一個黑點。」老師故作驚訝的說：「只有一個黑點嗎？這麼大的白板大家都沒有看見？」

你看到的是什麼？是否只看到了黑點；卻忽略了一大片的白板？其實換一個角度去看！你會有更多新的發現。這個小故事提出了一個對事物的界定的問題，一個國家，它和市場、社會的界限，就像黑點和白板的關係，

現代化社會就是一種功能分化的社會。現代社會分化成政治、經濟、法律、教育、科學和藝術等不同的、獨立自治的功能系統，每個系統都有自己明確的邊界，每個系統內部都有自己的角色、編碼、語言、屬性，每個系統都有自己獨立而不同於其他系統的運行機制和運行邏輯，每個系統都為整體社會履行獨特的、不能由其他系統來替代的功能。

一個國家的基本社會制度是否實現了現代化，能否實現功能分化是分水嶺。哪個國家實現了功能分化，哪個國家就真正掌握了現代文明的核心要素。

（1）功能分化的現代社會中各個系統比如政治、經濟、法律、教育和科學是開放的系統，每個人都可以進出不同的系統，而且可以同時在不同的系統範圍內活動。

（2）各個功能系統獨立運作，各自為社會履行其獨特的功能，因此每個系統的功能都是不可替代的，都不可能由其他系統來代行其功能。

（3）各個系統獨立運作，而且每個系統都是自我指涉、自我描述、自我觀察的，也就是每個系統都在用自己的視角來解釋和審視世界，也在用自己的視角來解釋自己。

今天所有還沒有進入現代化社會行列的國家都面臨一個極為艱巨的重要任務，那就是確定現代社會各個基本系統的獨立邊界，然後朝向一個功能分化的社會演變。

實現一個國家的現代化進程需要界定各個社會基本系統的邊界和權力界限，從各個成功進入現代化的國家來看，最需要界定清楚的是國家、市場和社會的關係，也就是政治系統、經濟系統和民間組織的關係。

現代化國家和地區的基本共同性在於：

這些國家和地區都能明確劃分出國家、市場和社會的權力界限。首先是清晰地劃分出行政權力的界限，也就是什麼是屬於國家和政府領域的基本任務。其次是明確劃分出什麼是市場經濟的界限範圍，在這個界限範圍內經濟系統自身的運行機制和運行邏輯主導著經濟活動，國家和政府當然可以透過宏觀經濟政策調控經濟活動，但是無法越權直接干預和進行經濟領域的活動。第三，更為重要的是，現代化社會能夠劃分出公民社會和民間組織的界限，能夠明確在

什麼樣的領域範圍內，國家不能再用公共權力介入和干涉該領域的活動，同時也明確規定了在這樣的領域中市場原則無法介入公民社會的活動。

比如說國家可以調控工會和企業主之間的談判，但是無法越俎代庖直接取代工會去進行維護工人利益的活動；一個企業家再有錢，但是也無權把工會買下來或是壟斷在自己的手中，因為這個領域是公民社會自身的領域，權力和金錢都是無權介入其本身的活動的。一旦發生國家權力直接介入公民社會，或是直接進行經濟活動，或是經濟領域侵蝕國家權力和進入公民社會的現象，就構成了濫用權力和腐敗現象，就會受到司法制度的制裁。

明確區分國家、市場和社會的關係是判斷一個國家政治制度是否是現代文明的政治制度的重要標誌，無法明確三方的關係也必定大大加重社會運行的負擔，讓腐敗、權錢交易和權力濫用無法從根本上得到遏制，進而讓一個國家總是處在內部的危機、矛盾中，所以明確區分這三者的關係，對於建設現代化國家，有非常重要的意義。

丹尼爾・布林斯廷（1914～2006），Daniel Boorstin，布林斯廷曾長期擔任美國國會圖書館館長和史密森學會所屬國家史與技術博物館館長，被聘為劍橋大學三一學院研究員。他著有20餘部著作，被譯成至少30種語言，在世界各地售出數百萬冊。其中最著名的要數其美國歷史三部曲——《美國人》，以及世界歷史三部曲——《發現者》、《創造者》和《探索者》。

釣魚釣出的知識與行動說

行動者在行動的時候並不是完全偶然的，而是在過去行動經驗的基礎上才有真正行動的發生；行動發出之後融進行動結構中的省思，也是行動的指南，進而也構成了行動本身的意義。

從前，有兩個饑餓的人得到了一位長者的恩賜：一根魚竿和一簍鮮活碩大的魚。其中，一個人要了一簍魚，另一個人要了一根魚竿，於是他們分道揚鑣。

得到魚的人原地就用乾柴搭起篝火煮起了魚，他狼吞虎嚥，還沒有品出鮮魚的肉香，轉瞬間，連魚帶湯就被他吃了個精光，不久，他便餓死在空空的魚簍旁。

另一個人則提著魚竿繼續忍饑挨餓，一步步艱難地向海邊走去，可是當他已經看到不遠處那片蔚藍色的海洋時，他渾身的最後一點力氣也用完了，他也只能眼巴巴地帶著無盡的遺憾撒手人間。

又有兩個饑餓的人，他們同樣得到了長者恩賜的一根魚竿和一簍魚。只是他們並沒有各奔東西，而是商定共同去找尋大海，他們每次只煮一條魚，他們經過遙遠的跋涉，來到了海邊。

從此，兩人開始了捕魚為生的日子，幾年後，他們蓋起了房子，有了各自

的家庭、子女，有了自己建造的漁船，過著幸福、安康的生活。

這個故事說出了三個問題：一是直接獲得財富，二是獲得知識和技術，三是團結協作。顯然這些人的活動屬於社會行動範疇。在他們的行動中，知識和社會意識起到了決定性作用。我們如何看待社會行動中個個要素的作用呢？

首先瞭解社會行動概念裡的言語、舉止、意義與知識。

行動者在行動的時候，既有舉止，又有言語。從理解社會學的角度分析，無論是舉止還是言語都是表意的，也就是說兩者都是行動意義的表達。所以，舉止和言語是行動意義的覆蓋性表達。只有舉止，沒有言語，可以表意；只有言語，也可以說明和表達行動的意義；但舉止和言語共存，則更是意義的充分表達。

這裡的行動意義，既有行動者自知的意義，也有行動者無意識的意義。行動意義表達方式有兩方面，一方面是語言表達，另一方面是行為表達。這兩方面意義的表達，實際上就是行動內容的外現。

其次，社會行動的本體論內容，實質上取決於行動者的構成和行動者已有知識的對象性存在。行動者是行動論的核心要素，是本體性和根本性的行動論存在要素。

在微觀上，行動的知識結構的圖式可以這樣表述：對於行動者的知識來說，可以看作是個體參與實際時的所獲。一個在者參與另一個在者的所在，即構成行動者的知識所賴以生存的關係。知識所表述的存在關係，使得知識本身具有涉身性，這裡就涉及到基於知識的行動論的本體論狀態。

　　在宏觀上，行動的知識結可以表述的公式為：習性——程序——道德——規範。從宏觀上看，身為生活世界的組成者，行動者的知識是和這個世界分不開的。所以行動的知識結構在宏觀上也能充分體現。需求習性在行動的結構中體現了道德安排的知識狀態，它不僅是個人的，更重要的也是社會的。

　　這種習性所擴張的制約是程序的安排。程序的方法學意義和社會化要求，使得需求習性限制在以知識為基礎的道德範圍之內。穩定的社會組織是程序的產物，只要有關的程序已經就地管理和執行了的即可。透過這些程序，有組織的行動走向得以產生和被確認道德是社會規範的一種，而且是重要的一種，規範所體現的知識狀態與程序、習性所體現的知識狀態是同構的。

　　作為社會關係總和的社會——無論是制度化下的社會規範，還是形態化下的社會理性（社會習性）；無論是社會的實體性存在，還是社會的意識性存在；無論社會是在關係狀態下，還是在行動狀態下——都是知識的表徵和知識的結果。

　　歐根・埃利希（1862～1922），Eugen Ehrlich，奧地利法學家，西方法社會學派（或自由法運動）的創始人。埃利希被公認為法社會學派的奠基者，也是所謂自由法學的首創人物。他的主要著作有《法律的自由發現和自由法學》、《權利能力》、《法律社會學基本原理》、《法學邏輯》。埃利希的理論，主要體現在《法律社會學基本原理》一書中。

彩券引出的居民的
社會網路資本與個人資本

除了個人所擁有的資本以外，在行動中還可以借助和使用其社會關係所擁有的資源，即社會資本。個人可以從其正式的社會關係中獲取社會資本，也可以從其非正式的社會關係中獲取社會資本，即社會網路資本。

羅森在一家夜總會裡吹薩克斯風，收入不高。羅森很愛車，但是憑他的收入想買車是不可能的。與朋友們在一起的時候，他總是說：「要是有一部車該多好啊！」眼中充滿了無限嚮往。有人逗他說：「你去買彩券吧！中獎就有車了！」

於是他買了兩塊錢的彩券。可能是上天的厚愛，羅森憑著兩塊錢的一張體育彩券，果真中了個大獎。

羅森終於如願以償，他用獎金買了一輛車，整天開著車兜風，夜總會也去得少了，人們經常看見他吹著口哨在林陰道上行駛，車也總是擦得一塵不染的。然而有一天，羅森把車停在樓下，半小時後下樓時，發現車被偷了。

朋友們得知消息，想到他愛車如命，幾萬塊錢買的車眨眼工夫就沒了，都擔心他受不了這個打擊，便相約去安慰他：「羅森，車丟了，你千萬不要太悲傷啊！」

羅森大笑說：「嘿，我為什麼要悲傷啊？」朋友們疑惑地互相望著。

「如果你們誰不小心丟了兩塊錢，會悲傷嗎？」羅森接著說。

「當然不會！」有人說。

「是啊，我丟的就是兩塊錢啊！」羅森笑道。

所謂資本，指的是在行動中可以獲得回報的資源。就如上個故事中羅森買彩券的兩塊錢以及中彩券之後得到的錢。根據個人與資本的不同關係，可將資本劃分為個人資本和社會資本。從資本的形式上而言，是物質資本或者說經濟資本。

僅僅是個人的物質資本和人力資本仍然不足以解釋其獲取的全部回報。除了個人所擁有的資本以外，在行動中還可以借助和使用其社會關係所擁有的資源，即社會資本。個人對其社會資本並不具有所有權，但在行動中可以加以動員。個人可以從其正式的社會關係中獲取社會資本，也可以從其非正式的社會關係中獲取社會資本，即社會網路資本。由於社會網路資本具有更大的異質性，而且個人在建構社會網路的過程中具有更大的主體性，所以，目前的大多數研究多從社會網路的角度來討論社會資本，即以社會網路資本來指稱全部的社會資本。

網路資本具有以下意義：當個人有需要時，其社會網路中有意願或有義務提供幫助的人的數量；這些人提供幫助的意願的強度；這些人所能提供幫助的能力，即這些人所擁有的資源的多少。個人在一個社會網路中越是處於橋樑性的位置，即所擁有的「結構洞」越多，則他從這個社會網路中獲取的社會資本也越多。

社會網路資本的特點是：達高性，透過社會網路所能達到的最高社會位置。異質性，社會網路包含的社會網路幅度，即網路中最高社會位置和最低社會位置的差距。廣泛性，即社會網路中包含的不同社會位置的數量。

一個社會網路邊界越是封閉，內部關係越是緊密，就越有利於社會網路資本的維持和社會網路的再生產。

社會網路資本的定義實際上已涉及個人資本和社會資本之間的關係。社會資本是如何影響個人資本，即社會資本是如何起作用的呢？有人將其總結為「資訊、影響、信用、強化」。「資訊」指的是社會關係可以提供各種有價值的資訊；「影響」指的是社會關係中可以在工具性行為中具有重要作用的角色施加影響；「信用」指的是個人的社會關係可以成為其社會信用的證明；而「強化」指的是社會關係可以強化身分和認同感，一方面為個人提供情感支援，另一方面為個人對某些資源的使用權提供公眾認可，進而有助於維持個人的精神健康和對某些資源的使用權。

總之，社會資本對個人資本的影響在於有助於獲取和增加個人資本，也有助於維持現有的個人資本。

加芬克爾（1917），Garfinkel，Harold，美國社會學家。民俗學方法論的創始人。所創造的民俗學方法論的核心，是用解釋和理解的方法對常識性行動和情景過程進行說明。他的《民俗學方法論研究》一書出版後，在西方社會學界引起了軒然大波，因此他聲名鵲起。對社會互動過程的獨到見解，豐富和發展了社會學的互動理論。

三個和尚沒水喝的
涂爾幹集體情感說

集體感情之所以能對社會產生整合作用，在於這種感情已經超出個人的範圍，訴諸道德和法律規範，因而能夠發揮維持社會秩序的作用。

很久以前，一座小山的山頂上，有一座破廟。

有一天，一個矮小的和尚來到山頂的破廟，他看見廟裡的水缸沒水了，便到山下的小河裡去挑水，看見觀音的淨瓶沒水，就給瓶子加了水，看見楊柳乾枯，就給楊柳澆水，不久乾枯的楊柳又恢復了嫩綠。

之後，一個胖和尚也來到廟中，兩人都不願挑水，後來他們意識到這樣做不行，於是兩人就一起抬水。

接著，一個瘦和尚來到了廟中，三人都不願挑水，水缸也乾了，淨瓶也倒了，楊柳也枯了，最後風乾物燥，老鼠橫行，引起了一場大火，三人奮力救火總算撲滅了大火。火災後，三人意識到了問題的嚴重性，透過協商，進行了分工，三人通力合作打水，從此解決了喝水的問題，小廟又恢復了生機。

這就是著名的三個和尚沒水喝的故事。故事提出了一個深刻的社會學問題：集體情感在社會整合中的作用。

以作為社會事實的集體感情為法律的基礎，強調現代分工社會中情感紐帶的道德作用，力創「社會團結感」，是涂爾幹集體感情主義追尋的理論和實踐重點。他把個人感情歸結為集體感情，並用集體感情來解釋社會的整合和社會的秩序。

集體感情作為一個整體散佈在整個社會範圍內，且具有超出個人之上的特質，「這些感情既然是集體的，它在我們的意識裡所代表的就不是我們自己，而是社會本身」。他把集體感情與法律聯繫起來，從法律的角度界定集體感情，表現在它的明確性、一致性和穩定性。他認為，與道德相聯繫的感情比較模糊，如忠孝之愛、仁慈之愛等，這些感情無法從明文上加以規定；而法律所依託的感情是確定的，這樣，人們的感情就會有更大程度的一致性，才能凝聚為一種集體感情。

其次，集體感情之所以是集體的，還在於它必須達到一種固定的平均強度，是社會成員平均具有的感情的總合，而且要銘刻在每個人的意識裡，得到一致的認可。最後，集體感情不是游移不定和浮於表面的，而是深植於人們內心的感情和傾向；集體感情能夠代代相繼、代代相傳，能夠「其人已去，其實焉在」。

法律被他定義為能夠進行制裁的行為規範。這種制裁可分為兩類：一類稱為壓制性制裁，它的目的是要損害犯人的財產、名譽、生命和自由。另一類制裁並不一定會給犯人帶來痛苦，它的目的只在於撥亂反正，即把被破壞的關係重新恢復到正常狀態，這種制裁稱為恢復性制裁。

社會團結與「社會整合」是同一意義的概念。社會團結是把個體結合在一起的樞紐。團結分消極團結與積極團結。消極團結是透過物權形式所確立的人

際關係系統，由於「物權」各歸其主，人們之間就會避免相互衝突，所以這種整合所產生的團結是消極的團結、外在的和諧。

與消極團結不同，積極團結是一種人們共同協作、內在和諧的系統。積極團結有兩種形式：機械團結和有機團結。前一種團結以個人同質性為基礎，集體意識強烈，個人人格消失在集體人格當中；而後一種團結以個人的異質性為基礎，每個人都能「自臻其境」，都有自己的人格。

他認為，人們之間存在著豐富的共同感情，人們必須先具有一定的團結性，才會互相信任，進而訂立契約，稱為「團結契約」，這種契約是建立在契約雙方「同等的社會價值」基礎之上的，並包含了一種「普遍共意要素」。

必須有一種共同認可的信仰和感情的集體意識，作為維持社會秩序之契約或其他機制的基礎。集體感情之所以能對社會產生整合作用，在於這種感情已經超出個人的範圍，訴諸道德和法律規範，因而能夠發揮維持社會秩序的作用。

蜜雪兒・福柯（1926～1984），Michel Foucault，法國最負盛名思想家之一。著有《雷蒙・魯塞爾》、《臨床醫學的誕生》、《尼采、佛洛德、馬克思》、《詞與物》。

看電視看出日常生活批判

「回歸生活世界」有著更為深刻的內涵和意義。回到日常生活世界的衣食住行、飲食男女、婚喪嫁娶、生老病死、禮尚往來的具體活動，回到生活世界內在的價值、意義、傳統、習慣、知識儲備、經驗累積、規範體系。

張紅慶和王俊兩人住在同一間宿舍，由於還沒有發薪水，兩個人沒錢買電視機，但是又非常的想看，於是兩人約好假裝宿舍裡有電視一樣。

這天下了班以後，兩人就坐在板凳上假裝看電視。

張紅慶一直拿著遙控器轉台，搖頭晃腦，洋洋得意。

王俊很不滿張紅慶的做法，叫他不要不停的轉台，張紅慶不聽……

於是……他們兩人打了起來。

文化生活已經滲透到人們的日常生活之中，沒有文化的生活，在當今社會已經不可想像。就像故事中所說的那樣，文化已經下意識成為生活的主題和背景。

日常生活就是一條長河，科學、藝術等更高的物件化形式都是從這條生活長河中分化出來的。赫勒在《日常生活》中明確把日常生活界定為「那些使社會再生產成為可能的個體再生產要素的集合」。她認為，如果沒有個體的再生產，任何社會都無法存在。然而，與每一個體的生存息息相關，而又無言地孕

育和滋養著人類社會的衣食住行、飲食男女的日常生活世界，卻長期處於社會學的視野之外，成為人們熟知的但又視若無睹的背景世界，一種與物換星移、花開日落無異的自然氛圍。把日常生活世界從背景世界中拉回到理性的地平線上，使理性自覺地向生活世界回歸。

生活世界之被遺忘是在兩個層面上完成的。首先，在社會結構層面上，歷史的進展呈現出從日常向非日常的演化趨勢，即從原始的、未分化的衣食住行、飲食男女、婚喪嫁娶、禮尚往來的日常生活世界中逐步分化出哲學世界、藝術世界、科學世界、政治系統、經濟體系等非日常世界。相對地，人類社會和歷史發展的重心也由日常向非日常轉移。其次，在理性省思的層面上，哲學和歷史科學的關注點越來越被非日常世界所吸引。

人真實地生活於其中的日常生活世界則被完全從理性的視野中放逐。

因此，「回歸生活世界」有著更為深刻的內涵和意義。真正的日常生活批判範式是要使我們的哲學社會科學研究真正回歸到不同時代、不同歷史條件下的具體生活世界，回到日常生活世界的衣食住行、飲食男女、婚喪嫁娶、生老病死、禮尚往來的具體活動，回到生活世界內在的價值、意義、傳統、習慣、知識儲備、經驗累積、規範體系……等等；是要在日常生活的層面上批判地考察每一時代每一文化中的個體是如何展開自己的消費、交往、思考和生存，如何形成自我同一性，如何把這些文化背景帶入公共的社會生活之中，還要考察生活世界內在的圖式、知識儲備、規範體系等是如何和社會公共生活和制度安排形成互動。不難看出，這種意義上的日常生活批判範式代表著哲學社會科學範式的深刻轉變。

日常生活批判或生活世界理論極大地拓寬了社會歷史理論的視野。如果我

們把衣食住行、飲食男女等日常消費、日常交往、日常思維活動納入社會歷史理論的視野，認真考察日常生活世界和非日常世界在不同歷史時期此消彼長、支撐、制約、互動的關係，我們就可以建構出更為完整的人類世界圖景，對社會歷史運動肯定會有更為深刻而全面的理解和把握。

日常生活批判或生活世界理論提供了一種微觀哲學社會科學範式，一種文化批判的理論視野。日常生活批判並不是對於具體的日常活動及其要素的非批判的描述，而是對於生活世界的內在文化結構和活動機制的分析，特別是對經濟、政治、科學、藝術等非日常活動的日常文化根基的挖掘。

特別需要強調指出的是，日常生活批判範式對於克服哲學社會科學理論研究的抽象化頑症，具有根本性的意義。

安東尼·吉登斯（1940），英國社會學家，失控世界的知識領袖，他對於馬克思、韋伯、涂爾幹等的經典作品的詮釋一直是「幾代大學生課本的生命線」，他還是社會學領域中構造理論的創建者，是他將「現代性」的研究推向了社會學研究的中心位置，提出「全球化」這一名詞佔領了學術與公共探討空間，以致於現任歐盟貿易代表帕斯卡·拉米說，是吉登斯，或者說是人們願意相信是吉登斯，發明了全球化。

魚鷹誘蝦引發的實踐衝突論

實踐性衝突是一種非暴力的、低強度、高頻率的、非結構性變遷的衝突。衝突只要不涉及基本價值觀念和共同信仰，其性質就不是破壞性的，而是建設性的。

附近所有的池塘都成了魚鷹的地盤，但隨著牠年事增長，精力衰退，魚鷹老眼昏花看不清水底，無法再去捕魚撈蝦。

魚鷹在池塘旁邊看見一隻蝦，便對牠說：「我的好夥計，我有一個重要消息要告訴大家：大禍將要降臨到你們身上，一個星期後，這池塘的主人就要撒網捕撈你們了。」

蝦聞言急急忙忙向大家通報消息，引起一片驚慌。

「魚鷹大人，您這消息是從哪兒來的？您說的靠得住嗎？您有解救的辦法嗎？我們應該怎麼辦才好呢？」

「換個地方。」魚鷹不容置疑地答道。

「可是我們怎麼換呢？」

「你們不用操心，我可以把你們逐個帶到我住處的附近，只有我知道這條路，世界上沒有比這更隱蔽、更安全的地方了。這是一個自然生成的魚塘，歹毒的人類根本就不知道它的存在。這個魚塘能使

你們全體獲得新生。」

　　故事中充滿了各種矛盾和衝突。魚鷹自身生存條件的衝突，魚鷹和蝦的衝突，魚鷹、蝦和人類的衝突。衝突是社會生活的主要方式之一，如何面對衝突，是社會學研究的重要課題。

　　衝突包括革命性衝突和實踐性衝突兩方面。其中實踐性衝突有兩個含義，一是對衝突狀態的描述性問題；二是面對衝突的對策性問題。實踐性衝突屬於社會事實，具有社會事實的特徵——普遍存在於該社會各處並具有其固有存在，不管在個人身上的表現如何，不管其對個人的影響大小如何，這種影響一直持續著。實踐性衝突是社會事實的代表，具有社會事實的客觀性。

　　人類社會已經步入了一個高度分工的社會。高度分工的社會就會形成各式各樣的職業群體和利益群體。這些群體之間存在著合作與競爭，必然會產生群體之間的相互摩擦，進而出現各種矛盾與衝突。高度的社會分工並不會導致社會的分裂，恰好相反，因分工而形成的各種群體之間有著強烈的相互依賴，進而在分工的基礎上建構一種有機團結的社會。

　　同時分工導致了人的異化。隨著工業化的發展，勞動者越來越不易表達自己真實的情感，傳統的以勞動表達情感的基本方式離人們也越來越遠了。他們正在從自身、從他人那裡、從自然之中疏離出來。作為一個群體，他們對任何人都沒有威脅；作為個體，他們的生活也很難說有什麼獨立性，他們完全生活在一種衝突的社會環境當中，既失去了身體的自由，也失去了思想上清新、愉悅的成分。他們從事的往往是一些並非出於自己本意的活動。這種內心衝突在長期的緊張、匆忙之中會呈現兩種異化的心理反應：一種是代替了工作辛苦，因異化造成的心理憂鬱與迷亂。

　　另一種是由於社會結構對人們性格的影響，使人們把工作上的異化情感瘋狂地投入閒暇之餘的活動，久而久之，會形成一種社會取向的病態心理，造成社會巨大衝突的可能。

　　社會衝突事件的發生，使我們認識到了社會機制存在的問題和社會有機體需要及時做出調整的必要性。

　　犯罪顯然屬於「實踐性衝突」中的一種類型，犯罪是社會健康的一個因素，是健康的社會整體的一個組成部分。既然在任何一個社會裡，個體與集體類型之間總是或多或少有些分歧，那麼這些分歧當中就難免帶有犯罪性質，它和整個社會生活的基本條件聯繫在一起，因此也就成為有益的，因為與犯罪有密切聯繫的這種基本條件本身是道德和法律的正常化所不可或缺的。罪犯已不再是絕對的反社會存在，不再是社會內部的寄生物，即不可同化的異物，而是社會生活的正常成分。

　　一個彈性體系可以從衝突中受益，而對一個僵化的體系而言，帶來危害的，並不是衝突，而是僵化本身。

雅克·德里達（1930～2004），法國解構主義哲學家，西方解構主義的代表人物。其核心概念「解構」所向披靡，廣泛滲透到藝術、社會科學、語言學、人類學、政治學甚至建築等領域。其著作超過40本，目前不少已經譯成中文，以《書寫與差異》、《論文字學》、《馬克思的幽靈》為代表作。

窮人的夢想與哈貝馬斯 「生活世界」的意蘊

「生活世界」不僅以文化、社會和個性為內在結構，而且還構成了交往行動的背景和相互理解的資訊庫。

每天上午11點，都會有一輛耀眼的汽車穿過紐約市的中心公園。車裡除了司機，還有一位主人——無人不曉的百萬富翁。

這位百萬富翁發現：每天上午都有一位衣著襤褸的人坐在公園的椅子上死死盯著他住的酒店。有一天，百萬富翁對這個人產生了極大的興趣，他讓司機停下車並走到那個人的面前說：「請原諒，我不明白你為什麼每天上午都盯著我住的酒店看。」

「先生，」窮人說，「我沒錢、沒家、沒房子，只得睡在這條長椅上，不過，每天晚上我都夢到住進了那棟酒店。」

百萬富翁覺得很有趣，於是對那個人說：「今天晚上我就讓你如願以償。我為你在酒店訂一間最好的房間，並支付一個月費用。」

幾天後，百萬富翁路過窮人住的酒店套房，想順便問一問他是否覺得很滿意。然而，他發現那個人已離開了酒店，重新回到公園的長椅上了。

百萬富翁來到公園，詢問窮人為什麼要這樣做時，窮人回答道：「一旦我睡在椅子上，我就夢見我睡在那棟豪華的酒店，真是妙不可言；一旦我睡在酒店裡，我就夢見我又回到了冷冰冰的椅子上，這夢真是可怕極了，以致完全影響了我的睡眠！」

在人們生活的世界，夢想和交往是兩個永恆的主題。社會學不可避免地要深入到生活之中，去尋求人類社會微觀生活的差異，以及差異的意義。

「交往活動」與「生活世界」的相互闡釋，構成了哈貝馬斯的交往行動理論的規範性基礎。哈貝馬斯的「生活世界」理論具有三重意蘊：「生活世界」不僅以文化、社會和個性為內在結構，而且還構成了交往行動的背景和相互理解的資訊庫。同時，生活世界不僅具有內在結構的功能，而且還有與客觀世界、社會世界與主觀世界相關的外在功能。

生活世界從來就不是單維的，而是具有多重內涵的交織體。文化、社會和個性構成了「生活世界」的三維結構。在它們相互聯結的複雜關係中，由於自我與他人的互動的介入，使得生活世界成為了錯綜複雜的意義關係網絡，它們透過交往語言而共同仲介進而交疊在一起。但是人類交往確實在這三者的相互交融與彼此分殊中充當了客體仲介。但哈貝馬斯的確看到了這樣的真理，社會對「個人──文化」互動的仲介功能和文化對「個人──社會」互動的仲介功能，亦即「個人──社會仲介──文化」與「個人──文化仲介──社會」的互為仲介的客觀結構。

作為交往背景的「生活世界」。要達致相互理解的交往行動並不是在真空內進行的，而必然要在其背後存在著與交往行動形成互補的背景，這一交往背景內涵是生活世界的內容規定性之一。

作為理解資訊庫的「生活世界」。交往背景的公設只是生活世界內容的一個方面，生活世界還能為交往行動者的相互理解提供「資訊儲存庫」，這是生活世界對交往行動參與的更為能動的方面。

「生活世界」的結構功能。實質上，生活世界不僅具有內在的（文化、社會和個性）結構，而且還要外在地與哈貝馬斯所謂的「世界」（客觀世界、社會世界與主觀世界）相互關聯和相互作用。如此看來，生活世界就具有了內在的與外在的兩種結構化功能。

任何兩個具有不同主觀世界的交往參與者在相互交往過程中，在扮演交往雙方的不同角色的過程中，一方面都要與客觀世界發生相互關聯，而另一方面還都要與社會世界產生聯繫，這裡的社會世界就是雙方角色的熔鑄而成的社會關係結構。這樣，生活世界與「世界」間便構成了一種張力場，交往雙方正是在這一場域內來完成交往過程的。

米爾斯（1916～1962），C・Wright Mills，美國「知識分子」。「社會學想像」就是要挑戰這個後現代散眾社會。米爾斯希望透過對於社會人文知識分子的召喚，打破後現代知識壟斷於科層制與專家的情況。著有《社會學的想像力》、《權力精英》等。

洗澡的「大衆社會」理論與現實

在當代社會，市民自由的畸形發展導致了人們過分熱衷於自身的個體利益，進而產生對政治和公共生活的冷漠，而社會結構與制度過分強調穩定性和連續性又壓抑了個體的自由天性。

天氣一天天熱起來了，每天晚上洗澡成為民工們最苦惱的事，夏天洗澡本來比冬天洗澡還好辦一些，把水管往僻靜處一牽，衣服、褲子一脫，黑夜成為最好的大浴室，又通風，又涼快，一天的勞頓和疲倦被冷水一沖而散。

記者們又以暗訪和臥底的形式，將民工們半夜在樓上洗澡和小便的鏡頭偷拍了下來，引起了有關部門的高度重視，又進行了一次專案治理。天氣實在太熱，不洗澡確實難以入眠，於是民工們決定以文明的方式到澡堂去洗澡，在尋找的過程中他們發現，在三環路以內，很難找到一家澡堂，他們每天下班去洗澡，來回的路程足以使他們再出一身大汗。

而且，在澡堂裡文明地洗一次澡，幾乎要消耗他們在烈日當頭下不文明地勞動賺來的幾分之一的工錢。自然這條路也堵死了。

後來，有頭腦靈光者發現公共廁所其實是個洗澡的好地方，那裡味道雖然差一點，但有水、有地盤，花上幾元門票，可以在裡面好好地沖一次澡。這個

發現使民工們快樂了十天，在第十一天的時候他們發現，每晚10點，也就是他們下班的時候，廁所的水龍頭上就會多一把鎖。

民工們只好又髒兮兮地回工棚睡覺，在充滿潮氣和汗味的工棚裡，平常不請自來的瞌睡蟲卻怎麼也不肯光臨。有人憋不住，悄悄溜出去，把水管牽進尚未竣工的大樓裡悄悄地洗澡，他們可以止住自己不吹口哨、不唱歌、不發出任何表達得出他們洗澡時的快樂的聲音，卻制止不了水流在地上的聲音，這個低弱的聲音，卻重重地刺激了大樓周圍住宅裡城裡人們一天比一天脆弱的神經。

於是，一家家的窗戶亮了，接下來就是一片叫罵之聲，還有人報警。民工洗澡問題成為新聞媒體最關注的社會問題，專家和學者們在電視上無限痛苦和憤怒地指出：提高外來人口素質的緊迫性和重要性。民工們看不到報紙但看得到電視，他們說：「我們要求的不多，只想要有一個洗澡的地方……」

當個人們集合到一起時，一個群體誕生了。他們混雜、融合、聚變，獲得一種共有的、窒息自我的本性。他們屈從於集體的意志，而他們的意志則默默無聞。這種壓力是真正的威脅，許多人有淹沒的感覺。

這就是所謂的大眾社會。「大眾社會」的含義：

首先，在個體層面，它揭示了工業化社會摧毀傳統社群結構之後個人的原子化生存狀態，工業化促進了個體的自由流動，卻割裂了社區層面的感情紐帶；滋生了個體的新生活和思考方式，卻步入了新的標準化和格式化陷阱。

其次，在國家與社會關係層面，由於缺乏中間組織的緩衝，國家直接面對個體，國家力量可以大規模地深入社會內部，而大眾又很容易為少數精英所鼓動甚至控制。

第三，在社會文化層面，大眾傳播媒體的急遽膨脹滿足了個體消除孤立和疏離感的願望，卻創造了缺乏社會約束的國家權威流通管道，使國家可以更輕易地透過社會教化、動員和整合製造同質性的「臣民文化」。

「大眾社會」所觸及的人與人之間的孤立性、人與組織之間的依附性，以及人與社會之間的疏離性等社會痼疾，市民社會理論體系能否納入、管理和解決呢？畢竟，在當代社會，市民自由的畸形發展導致了人們過分熱衷於自身的個體利益，進而產生對政治和公共生活的冷漠，而社會結構與制度過分強調穩定性和連續性又壓抑了個體的自由天性。

在現代國家建設的一項重要內容就是對公民性格的形塑。民主國家需要能擔當責任的公民，需要古希臘羅馬時代的「公民美德」，需要「一套廣泛傳播的文明抑或市民的風範」。否則，現代國家所能培養的僅僅是前面所述的大眾人，他們所承載的文化特性並不能擔當起培育市民社會的重任。

亞歷山大（1947），Alexonder，Jeffrey，美國社會學家，新功能主義的主要代表。主張採取一種「多維度」的理論視角，重新解決社會學的前提預設問題，即秩序問題和行動問題，以此達到新的綜合，首次使用新功能主義一詞命名這種新的理論運動。著有《社會學的理論邏輯》、《新功能主義》、《第二次世界大戰以來的社會學二十講》、《微觀——宏觀之環》、《行動及其環境：邁向新的綜合》、《迪爾凱姆社會學：文化研究》等。

從「嚴管妻」到「妻管嚴」

現今，女性不但享有自主選擇婚姻的權利，而且，在婚姻家庭生活中，女性也撐起「半邊天」，佔有一席之地，發揮重要的作用，不再是男性的「附屬品」。

幾對年輕的夫婦外出旅遊，在一個地方休息，為了驗證幾位男士是否「妻管嚴」，導遊讓幾位男士站在一起。然後說：「怕老婆的站過來！」一瞬間，幾乎全部都過去了，最後剩下一位男士仍站在原地。

有人問：「看來只有你不怕老婆了。」

「不，我沒有得到老婆的允許不敢隨便移動地方。」那位男士回答道。

婚姻兩字，古代寫作「昏因」，是男女締結夫妻關係的一種文化現象。毋庸置疑，在人類社會繁衍發展的過程中，婚姻起到了結合兩性、繁衍子嗣、穩定社會的重要作用。婚姻之道，謂「嫁娶之禮」，「男以昏時迎女，女因男而來。嫁，謂女適夫家；娶謂男往娶女。論其男女之身謂之嫁娶，指其合好之際，謂之婚姻。」這些都是古人對婚姻的注解。

由於歷史久遠、疆域廣袤、民族眾多和經濟發展水準等因素的制約，以及以儒家為主體的傳統文化的深刻影響，中國古代婚姻文化蘊含豐富且特色鮮明。古代婚姻重禮輕愛。舉行正式儀式的婚姻才被社會和家庭認可。

　　婚姻禮儀包括議婚、訂婚和結婚等全部過程的禮儀程序，主要分為「成妻之禮」和「成婦之禮」。婚姻重禮，當事人無自主權，而由媒人與父母參預或作主。古代婚姻文化的經濟性表現得十分突出。男女雙方在選擇配偶時大多考慮雙方家庭財產多寡。婚姻在締結過程中非常注重聘禮，聘禮越重，女子的身價籌碼越高。而女子出嫁時陪送嫁妝，也體現了婚姻當事人的經濟動機。

　　古代婚姻在形式上，自私有制產生後曾出現過劫奪婚，即男性憑藉武力（包括戰爭）、體力劫奪女性以成婚，但這種婚姻形式後來發展成假劫真婚的一種婚俗，至今仍保留於一些少數民族的婚禮中。主要的婚姻形式是透過媒妁的聘娶婚以及買賣婚，或者是這兩者不同程度的結合。

　　單純的買賣婚是將女性視如貨物而標價出售，這種情況至今仍在某些地區，主要是貧困落後地區存在。聘娶婚一般都透過媒妁介紹進行，所謂「父母之命，媒妁之言」，收取聘禮，履行一定的婚禮形式而成婚，這種形式一直延續到現在，尤其是在不少農村地區。如果聘娶婚中的聘禮含有收受財物的目的，則有買賣婚的性質。

　　在中國婚姻問題上，男子一直佔據主動權，女性幾乎沒有自主選擇的權利，所以，過去「三綱五常」的基礎上產生的只能是「夫為妻綱」的「嚴管妻」婚姻。

　　而隨著時代的發展，社會的進步，現代人的婚姻觀，及當今婚姻狀況已發

生很大變化。

在現代人的觀念中，婚姻是靠什麼維繫的呢？是靠感覺！現代都市中，若初戀的男女感覺非常相愛，往往會對戀人說：「親愛的，我們結婚吧！」這便是一種非常好的感覺，而想離婚的伴侶，便有一種愛到盡頭相對無語的感覺，都想走出煩人的圍城去找尋另一種心靈的解脫。

從根本來說，在現代人的觀念，婚姻應該建立在感情和共同的志趣之上。

與以前相比，即使時下有些年輕人談論婚嫁時崇尚的「門當戶對」，與過去的「門當戶對」不同，實際上是指經濟實力旗鼓相當或者懸殊不大。

現今，女性不但享有自主選擇婚姻的權利，而且，在婚姻家庭生活中，女性也撐起「半邊天」，佔有一席之地，發揮重要的作用，不再是男性的「附屬品」。

值得注意的是，在家庭生活中，還出現了「妻管嚴」的新現象，引起大家的關注。在漢語中，「妻管嚴」和一種呼吸道疾病「氣管炎」諧音。所指的是，家庭中，以女性為中心，男性對女性言聽計從，而不再是以男性為中心。

在女人眼裡，家庭資源的管理是以家為核心的。女性更加維護家庭生活，她們認為，如果有時間，就應該多與家人在一起。

「妻管嚴」這個稱呼是被男人周圍的夥伴

給予的。結婚使男性以前所維持的工作、家庭和朋友之間的平衡被打破了。

有些女性是「妻管嚴」中的好手：一方面考慮掌握實權，另一方面也考慮男性的社會地位和由此帶來的社會資源。這是比較好的形式，對男人實際控制得很牢，但在場面上照顧男人的面子。這是一個交往技術的問題。

姑且不論「妻管嚴」的社會作用是積極還是消極，這種現象起碼反映出女性在整個社會中地位的普遍提高，以及女性自身能力的提高。

格奧爾格‧齊美爾（1858～1918），德國社會學家，哲學家。提出衝突的存在和作用，對衝突理論起了很大的促進作用。他還對文化社會學有突出貢獻。齊美爾的唯名論、形式主義、方法論的個體主義思想和理解社會學思想，直接影響到以後的德國社會學家，同時對美國社會學也產生很大的影響。著有《歷史哲學問題》等。

從國王製作牛皮鞋
看國家社會資本的功效

國家社會資本具有公共物品性質。——非制度性權威、公民結和社會信用系統是它的三大特點。

有一個國王統治著一個很富足的國家。

一天，他徒步來到一個較遠的地方視察工作，返回宮殿的時候，國王感到他的腳疼痛萬分，因為這畢竟是他第一次步行出遠門，而且所行之路崎嶇不平，沙石遍佈。於是國王下令將全國道路統統鋪上皮革，儘管這需要成千上萬張牛皮，花費大量的資金。

智囊團的一位謀士斗膽向國王建議道：「英明無比的國王陛下，您沒有必要花那麼多無謂的冤枉錢啊，您只需割下一小塊牛皮，包著您尊貴的龍足，就可以起到同樣的效果了。」

國王驚訝不已，很快就接納了謀士的建議：為自己製作了一雙「牛皮鞋」。

在這個故事裡，國王在動用權威為自己謀取利益時，受到了國家社會資本的挑戰。

國家社會資本具有公共物品性質。其內容和形式具有多樣化的特點，歸納起來有三個主要內容——非制度性權威、公民結和社會信用系統。

國家是集合了一整套功能與結構並將適應性予以普遍化的集體。國家的一

219

整套功能與結構在很大程度上就是要整合各種社會力量，維持社會的動態平衡。當社會內部衝突無法透過社會自身機制予以解決時，社會往往訴諸國家，希望透過國家來化解衝突。

而國家功能的實現和意志的傳輸都得以權威為基礎。而事實上在很多情況下的確存在可不動用強制權力的手段。其中，一種重要的社會資本，非制度性權威——由人們自發授予，可使人們信服的一種感召力和影響力，體現為執政黨和政府在不使用行政權力的條件下開展聯繫、團結和引導群眾的能力。

非制度性權威與正式制度產生的權威是相對的。正式制度包括政治規則和契約，以及由這一系列的規則構成的等級結構，它具有強制力，對個體產生的是一種外在約束。正式制度權威的創建需要長時間相當繁瑣的工作，且耗資巨大。它是由法律制度賦予的，不屬於社會資本的範疇。與前者相比，非制度性權威的規範和要求不需要借助於一個非凡的工程從外部引入，它已經或多或少地蘊含在社會中。它由人們內心認同、自發授予並建立在威望和尊敬之上，既表現為一種影響力和引導力，又表現為一種互動中的權力關係。它是一種生產性而非壓制性權力關係，較制度性權威更深入到社會關係的各個方面之中。由於它主要從服從一方的贊同和認可中產生，因此它可使服從方在更廣闊範圍的社會生活中受到限制。

非制度性權威的作用首先在於將對人們的外部約束轉變為自我約束，人們逐漸忘卻正式制度直接的、命令的約束，無形中接受了間接的、肯定式誘導的約束。其次，正式制度的運作中有非制度性權威護駕能更有效地實施。

公民結意指公民個體之間透過私人交往或組織（包括社團和政黨）交往而產生的互動關聯。公民結包括公民參與網路。根據公民之間互動頻率和強度的

不同，公民結可分為強公民結和弱公民結。個人層次上的公民結強度受個體與他人親近程度和彼此信任度的影響，呈現一種差序格局狀態，而國家層次的公民結的強弱主要受一個國家的精神和文化機制影響。

誠信與信任問題存在於整個國家和社會的各個領域。作為國家社會資本重要內容的誠信與信任既體現為建立在理性的社會制度的存在物，也體現為基於道德和習俗之上的文化規範。

在社會信任系統的兩種類別中，社會以何種類別的信任系統為主導關係到國家的經濟績效和發展模式與道路的選擇。

社會信任系統不完善或者說信任結構缺失的後果是全方位的，將導致整個社會生活和經濟秩序的運行和維持變得艱難。而具體對於經濟領域來說包括交易成本的增大和資源配置效率的降低。

馬爾薩斯（1766～1834），英國人口學家。他的《人口論》標誌著近代人口學的崛起，提出了有名「人口控制學說」在人口理論發展史上開闢了一個新的時代，對人類社會的發展產生了極為深遠的影響。

兩個半片的子爵體現的人性

人性是利他的。在人性的內容上，存在雙重的人性：個性和共性。共性處於支配的地位。現代性使人性有了差異。

七世紀末，奧地利皇帝統率基督教大軍討伐土耳其異教軍。

風華正茂的梅達爾多子爵參軍來到前線。不幸地，他在第一次戰鬥中，便被敵方的炮火擊中，一顆炮彈不偏不倚，正好把他從頭到腳炸裂成兩半。

子爵從此分裂成了兩個半片的人。右邊的半片，是邪惡的子爵；左邊的半片，是善良的子爵。

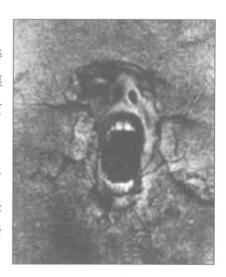

邪惡的子爵返回故鄉，以瘋狂的殘忍，做出種種傷天害理的事情。無巧不成書，善良的子爵隨後也重返家園，他的行為和邪惡的子爵截然對立。他處處行善積德，救濟貧困，為村民排憂解難。

說來有趣，兩個半片的子爵同時愛上了一位美麗的牧羊姑娘潘蜜拉。於是，一場決鬥不可避免了。他們在格鬥中互相劈開了對方原先的傷口，頓時，鮮血噴湧。

搶救的醫生把他們縫合。這樣，善良的子爵與邪惡的子爵的血肉又粘連成一體，當子爵從昏迷中醒來時，他已成為一個完整的人。

這是一個有關人性的故事，交織整個故事的是人性的利己和利他的鬥爭。

社會學的主旨，並不僅僅在於瞭解和重建業已消失的各種文明形式。相反，和所有實證科學一樣，它所要解釋的是與我們近在咫尺，進而能夠對我們的觀點和行為產生影響的現實的實在：這個實在就是人。我們研究非常古老的宗教，不僅僅是為了對它的稀罕獨特感到好奇，是因為它似乎比別的宗教更適合我們理解人的宗教本性，也就是說，它似乎更便於我們展示人性的本質的、永恆的方面。

在社會學中，一個比較完整的人性體系，主要包括以下幾個相互聯繫的方面：

利己和利他之間。在人性的性質上，人性是利他的。無論何時、何地，社會中都有利他主義的存在，因為社會是團結的。在現實生活中，我們怎能離開利他主義呢？人類如果不能謀求一致，就無法共同生活，人類如果不能相互做出犧牲，就無法求得一致，它們之間必須結成穩固而又持久的關係。每個社會都是道德社會。判斷利己和利他的的原則──是否利於社會團結或者社會道德形成。

在個性和共性之間。在人性的內容上，存在雙重的人性：個性和共性。人是雙重的或者人具有兩種存在：一是個體存在，它的基礎是有機體，因此其活動範疇是受到嚴格限制的；二是社會存在，它代表著我們透過觀察可以瞭解到的智力和道德秩序中的最高實在，即我所說的社會。在實踐過程中，我們的這種雙重本性所產生的結果是：道德觀念不能被還原為功用的動機；理性在思維過程中不能還原為個體經驗。只要個體從屬於社會，他的思考和行動也就超越了自身。

　　在個性和共性的數量關係上，隨著時代的變遷，個性和共性在人性中所占的比例也在發生著變化。在傳統社會，共性占了絕對上風，而在現代社會，個性開始張揚。個人在原始社會是不存在的，它只是隨著文明發展才逐漸產生出來。

　　因為事實上，低級社會並沒有給個人的人格留下任何餘地，當然也談不上人為地限制和壓制它們，原因很簡單，那時候根本不存在這些人格。你看到了一個美洲土著，你就見到了所有的美洲土著。相反，如果沒有事先的暗示，我們一眼就看得出兩個文明人的差別。

　　關於異化。在與現代社會相對立的傳統社會，人性中的個體性是根本不存在的，個人與個人之間存在著驚人的同質性，當然就談不上隨著現代性的來臨和發展對它的壓抑和歪曲這樣的問題。相反，正是因為現代社會的環境，包括社會分工，個性或者個別差異的存在和發展才有了可能。所以，現代性確實改變了人性，但它不是壓抑和歪曲了個性，而是相反。

拉馬克（1744～1829），Jean Baptiste Lemarck，法國博物學家。生物學偉大的奠基人之一，生物學一詞是他發明的，最先提出生物進化的學說，是進化論的宣導者和先驅。他還是一個分類學家。主要著作有《法國全境植物誌》、《無脊椎動物的系統》、《動物學哲學》等。

上訪事件裡的弱者反抗力學

群眾要使自己的具體問題納入政府解決問題的議事日程中，就必須不斷運用各種策略和技術把自己的困境建構為國家本身真正重視的社會秩序問題。這種問題化的技術既體現在上訪的話語實踐中，更體現在與之相關的非話語實踐層面。

2003年12月3日20時，一起暴力搶劫殺害計程車司機案在黑龍江省海倫市同心鄉發生，司機馮偉身中19刀，當場斃命。之前在11月26日24時，在同一地段計程車司機張殿軍計程車被搶劫。同一集團搶劫犯為何選擇在同一地段作案？他們仰仗誰？圍繞著罪犯的延誤緝捕、隱匿毀滅證據、取保違規、漏犯不究、重罪輕判、任意改變罪行、有罪不追等，公檢法三家因此上演了一場令司法蒙羞的大戲。被害人姐姐在遭遇司法不公的情況下，向上級公檢法控告、申訴，期間又遭到省公安廳紀檢處一位處長的迫害，這位處長利用職權打擊報復已受司法腐敗造成滿身傷痕的被害人姐姐，將有理上訪定為無理訪，某些人的行為實質上是充當了犯罪分子的保護傘，打擊了人民保護了敵人。

在12.3案被害人姐姐被扣為無理的情況下，她堅持上訪控告申訴，2006年此案在上級有關領導的關心下，綏化市檢察院將12.3集團搶劫殺人案的兩名包庇罪犯逮捕，2007年4月經北林區法院審理判一名殺人犯父親張丙箔犯包庇罪判處徒刑一年，另一名罪犯至今在逃。這充分說明被害人家屬上訪反映的問題是真實的、是有道理的、是有法律依據的，為什麼我們個別執法單位將其定為無理訪呢？當被害人家屬得知被定為無理訪以後相當痛苦，因為她手中掌握有大量的犯罪分子證據，她列舉的28條疑點，海倫市公安機關為什麼不給予合理、合法的說明？被害人姐姐馮亞琴希望海倫市公安機關盡快對這些存在的疑點給予合

理的答覆。

群眾並不是簡單地將自身遭受的困境描述給國家就可以使問題得到解決的，在政權結構科層化與功能科層化相互分離的情況下，國家總是面臨著解決不完的問題，其治理雄心與治理技術始終是脫節的。

群眾要使自己的具體問題納入政府解決問題的議事日程中，就必須不斷運用各種策略和技術把自己的困境建構為國家本身真正重視的社會秩序問題。這種問題化的技術既體現在上訪的話語實踐中，更體現在與之相關的非話語實踐層面。

在一些上訪案中可以看到，群眾為了使國家在千頭萬緒中意識到他們自身利益受到侵害的嚴重性，綜合運用了「說」、「鬧」和「纏」的問題化技術，把群眾自身的生存困境和不公遭遇建構為危及社會穩定局面因而是政府無法迴避、推諉、拖延和敷衍的緊要問題。

因此，在上訪中儘管也會同時借助所謂「日常的反抗」形式，但他們更多憑藉的是「合法的反抗」形式。如果說「日常的反抗」對正式的規章制度、法律乃至政權本身會起到一種侵蝕作用的話，那麼，「合法的反抗」則是「國家建設」的產物，是權力體制合法性再生產的一種特殊機制。因此，農民在日常實踐中的那種種「計策」和伎倆既可能在微觀意義上構成對權力的反抗，也可能進一步生產出基本的權力關係。

在集體上訪中，上訪者特別是上訪精英始終面臨著被手握大量資源而又身

負控制集體上訪勢頭之重任的基層政府官員報復的可能性。雖然國家確立了信訪工作中的「文明接待」原則，對鬧事採取慎用暴力的態度，但暴力的陰影始終存在著。如果說本次上訪事件中看到的是他們在國家帷幕中撕開的一個缺口的話，那麼，在眾多上訪「鬧事」中觸及的就是國家機器中冰冷的內核。

上訪者在大膽地試探政府「開口子」和「揭蓋子」的可能性的同時又小心翼翼地躲避著潛在的威脅。一方面，往往只有不斷地上訪及與之相關的「鬧事」才能帶來問題的解決，甚至「鬧」和「纏」的程度與政府解決問題的程度直接相關，此即所謂的「不鬧不解決，小鬧小解決，大鬧大解決」，「會哭的孩子多糖吃」。

但另一方面，告官又如同打虎般充滿了危險和陷阱。如果說移民與國家在互動中都各有其行動邊界，那麼，上訪群眾為什麼要「說」、「鬧」、「纏」以及「說」、「鬧」、「纏」的界限恰可以為我們提供一個分析他們與國家關係的平台。

梅奧（1880～1949），Mayo，George Elton，美國心理學家，社會學家。他創立的人際關係理論，是西方管理理論的重要內容。在20世紀30、40年代對西方管理理論發展有重大貢獻，並促成了40年代末行為科學的正式誕生。著有《工業文明中人的問題》。

100萬支票上的資本、習性與社會階級關係

布迪厄理解的社會世界與資本有著直接的本質關聯。實際上劃分階級的依據是根據每個行動者所擁有的資本總量。經濟資本和文化資本是兩種最主要的資本類型。

有一次，愛德華·查利弗先生為了贊助一名童軍參加在歐洲舉辦的世界童軍大會，極需籌措一筆經費，於是就前往當時美國一家數一數二的大公司，拜會其董事長，希望他能解囊相助。

在愛德華·查利弗拜會他之前，曾聽說他開過一張面額100萬美金的支票，後來那張支票因故作廢，他還特地將之裱起來，掛在牆上以作紀念。

所以當愛德華·查利弗一踏進他的辦公室之後，立即針對此事，要求參觀一下他這張裱起來的支票。愛德華·查利弗告訴他自己從未見過任何人開具過如此巨額的支票，很想見識見識，好回去說給小童軍們聽。

他毫不猶豫地就答應了，並將當時開那張支票的情形，詳細地解說給查利弗聽。查利弗先生並沒有一開始就提起童軍的事，更沒提到籌措基金的事，他提到的只是他知道對方一定很感興趣的事，結果呢？

說完他那張支票的故事，未等他提及，那位董事長就主動問他今天來是為了什麼事？於是他才一五一十地說明來意。出乎他的意料，他非但答應了愛德華·查利弗的要求，而且還答應贊助5個童軍去參加該童軍大會，並且要親自帶

隊參加，負責他們的全部開銷，另外還親筆寫了封推薦函，要求他在歐洲分公司的主管，提供他們所需的一切服務。愛德華・查利弗先生滿載而歸。

這個故事很有意思，不免讓我想到了布迪厄關於資本、習性與社會階級的論述。在這個故事裡，作為符號權力的資本、文化習性等，得到了充分的體現。下面我們談談布迪厄的符號權力理論，看看布迪厄是怎樣論述資本、文化習性和社會階級之間的關係的。

布迪厄提到了三種主要資本形式，即經濟資本、文化資本和社會資本，又把此三者的合法形式稱之為符號資本，比如經濟資本的合法形式之一就是信譽。但是其中他比較獨闢蹊徑、運用得比較得心應手並且發生廣泛影響的是他的文化資本的理論。

布迪厄理解的社會世界與資本有著直接的本質關聯。實際上劃分階級的依據是根據每個行動者所擁有的資本總量。經濟資本和文化資本是兩種最主要的資本類型。擁有非常多的資本的人，例如大企業主、銀行家、工業巨頭、高級專業人員、教授、藝術家，就構成了統治階級，而擁有較少資本的人，例如體力勞動者、工匠、小學教師，即是被統治階級。

文化資本儘管有相對自主性，但是它來自於經濟資本，因此也在整體原則上受制於經濟資本。所以，知識分子擁有較多的文化資本和較少的經濟資本，它就變成了統治階級中的被統治階級。

每個行動者所佔有的資本決定了他（她）在社會空間中所佔據的位置，而這一位置又塑造了他（她）的習性，習性就是一套性情系統，對於外部世界的判斷圖式和感知圖式，當然也包含我們上文提到的趣味。習性來自於早年的生

活經驗,並得到教育系統的強化或者調節。

最後,習性與一個行動者在社會結構中所處的位置存在著互動關係:習性決定了行動者的社會位置感,另一方面,行動者的位置又不斷塑造著習性。上層社會鍾情於清淡、精緻的食品,有的人身居高位,但是仍然喜歡大碗喝酒,大塊吃肉,說明了他們不能擺脫童年貧困生活對自己的歷史糾纏。

有一本劃分中國社會各階層的書,據說是按照收入來劃分的。按照布迪厄的說法,收入是重要的,但是並不是決定階級分層的唯一要素,因為它忽視了文化習性的重要意義。對於十個手指戴滿戒指,手指中還有未洗淨指垢的暴發戶,上層社會並不竭誠歡迎他的加盟。暴發戶的策略是透過給後代提供最好的教育機會,將經濟資本的一部分轉換成文化資本,進而提升其文化習性。

海德格爾(1889〜1976),Martin Heidegger,德國社會學家、哲學家,存在主義學說創始人。 認為時間性是人的存在方式,世界是形而上和形而下的統一,是一切關係和意義的總和。著有《存在與時間》、《詩人為何》等。

米開朗基羅雕出文化資本化

文化加以資本化，是現代社會發展的結果。文化產品雖然有它的獨立價值，但只有把它置於特定的社會空間特別是文化生產場中，其獨創性才能得到更為充分的解釋。

有一塊上好的雕刻石材，卻被一名拙劣的雕刻師給鑿壞了。他在應該是雕人物腿的部分誤鑿了一個洞，於是這塊不可多得的大理石就因此被遺棄在一個教堂裡了。

有一天，有人請來了米開朗基羅。他們認為，只有他可以運用這塊大理石石材，並且能運用得非常出色。米開朗基羅看了看這塊石頭，得出了一個結論：他可以雕出美麗的人形，只要調整姿態遮掩住被破壞的部位。

米開朗基羅決定雕刻手上拿著彈弓的年輕大衛。幾星期之後，米開朗基羅完成得差不多了，在做最後的修飾。一天，該市的市長進入工作室。他自以為是行家，仔細地評鑑了這項作品，最後他告訴米開朗基羅，雖然這是了不起的傑作，但是鼻子太大了。

米開朗基羅知道市長正好站在大雕像的正下方，因此視角不正確。他不說一句話，只是招呼市長隨他爬上鷹架，到達鼻子的部位，他拿起刻刀和木板上的一些碎大理石，市長站在下面的鷹架上。米開朗基羅開始用刻刀輕輕敲著，讓手上搜集來的石屑一點一點掉下去。

事實上他沒有改動鼻子，但是看起來好像在努力修改，幾分鐘裝模作樣之後，他站在一旁說：「現在看看吧！」

　　市長回答：「我比較喜歡這樣，您讓它栩栩如生了。把它擺放在我的辦公室吧！我會付您令您滿意的酬金的。」

　　這是文化資本化的例證。米開朗基羅把他的藝術轉化成了物質的利益。

　　以前人們認為「文以載道」或者「美是道德的象徵」這一類觀念是天然合法的，當然也有人強調文學應當反抗政治、經濟和道德等對文學的支配，強調文學除了自身之外沒有任何其他目的。文學場是圍繞著對於文學的幻覺而被組織起來的。

　　「為了生產而生產」，作家們創作作品只是為了給同行看，因為曲高和寡，別人也一時看不懂，這當然在經濟上就容易陷入窘境，但是從長遠的觀點來看，卻能在未來獲得較多的經濟收益，因為以後成了名著必然會暢銷；另一種是「為了群眾而生產」，那些作家為了迎合群眾的口味而創作，這主要就是暢銷書作家，當然，這些作品會迅速獲得市場效應，同時不久也會被別的暢銷書取代。前者在文學場上由於具有較多的文學資本，因而佔據支配地位；後者只是具有較多經濟資本，因而只能處於從屬地位。

　　文學場始終處於永動不居的鬥爭之中。就內部鬥爭而言，存在著已經獲得經典地位的作家與希望獲得統治地位的新興作家之間的符號鬥爭。有人分別把他們區分為牧師和先知兩類作家。牧師要捍衛正統，而先知則透過預言未來要推翻經典作家的統治。鬥爭的目的在於獲得更多的文學資本，進而獲得壟斷文學合法定義的權力。

　　新生代作家經常採用的一個策略是以宣稱回歸到文學本源的名義，以新的文學命名活動來廢除當下文學觀念的合法性，並增加自己的符號籌碼。

　　外部鬥爭則似乎是社會學家關心的主要方面。這就是居於從屬位置的作家挪用外部資源來調節內部鬥爭。那些擁有廣大讀者、擁有較多經濟資本的作家，不甘心在文學場上處於被支配位置，他們透過將自己的作品改編成電影、電視，透過廣播、報紙、電視台等大眾媒介的活動，將自己的得之於文學的經濟資本轉換成另一種符號資本，並向文學場施加壓力，使得文學場屈從於外部的文學標準。

　　米開朗基羅在當社會語境的經典化歷程，是一個非常典型的例證。文學場在權力場中仍然居於從屬地位，它的自主性表現在當別的決定要素試圖將自己的邏輯強加到文學場內部時，必須要按照文學場的遊戲規則加以變形。

湯因比（1889～1975），是英國歷史學家，早年曾在牛津大學接受古典教育，並成為希臘羅馬史和近東問題的專家。1919～1955年，湯因比長期擔任英國倫敦大學教授，並多次參加政治和社會活動。他的一生著述很多，但全面反映他歷史觀點並使他成名的是一套12本的巨著《歷史研究》。這部書被譽為20世紀最偉大的歷史著作。

絞繩斷裂處的符號暴力

文化趣味的區隔（高雅／通俗，形式／功能，深刻／膚淺，尊貴／卑下，體面／粗魯），實際上反映了一種權力關係。布迪厄在文化領域揭示文化生活中的權力動力學和基本結構。

尼古拉登基後，平定一場叛亂，他決定判處其中一名領袖李列耶夫死刑。

行刑的那一天，李列耶夫站在絞首台上，絞刑開始了，李列耶夫一陣掙扎之後繩索突然斷裂了，他猛然摔落在地上。在當時，類似這樣的事件被當成是上天恩寵的徵兆，犯人通常會得到赦免。他朝著人群大喊：「你們看，俄國的工業就是如此差勁，他們不懂得如何做好任何事，甚至連製造繩索也不會！」

一名信使立刻前往宮殿報告絞刑失敗的消息，雖然懊惱於這突如其來的變化，尼古拉一世還是打算提筆簽署赦免令。

「事情發生之後，李列耶夫有沒有說什麼？」沙皇詢問信使。

「陛下，」信使回答，「他說俄國的工業如此差勁，甚至不懂得如何製造繩索。」

「這種情況下，」沙皇說，「讓我們來證明事實與之相反吧！」於是他撕毀赦免令。

第二天，李列耶夫再度被推上絞刑台。這一次繩索沒有斷。

面對同一個問題，兩人最後得出了截然相反的結論，這種情況一般認為是區隔造成的。區隔在社會生活中隨處可見，而文化的區隔多數是由於社會等級造成的。

我們看布迪厄的三個區隔：

一是趣味分野與社會等級。康得的形式主義美學暗示，藝術天才乃是一種與生俱來的個人天賦，但是布迪厄的調查卻顯示，一切文化實踐中存在的趣味，實際上與教育水準和社會出身兩大因素相關。

有什麼樣的文化消費者的社會等級，就有什麼樣的藝術消費等級。審美無功利關係的純粹性使人們忽視，只有少數人，才能夠掌握編碼藝術品的代碼，而這些人不是因為他們比別人天資更為聰穎，只是因為他們擁有的經濟資本或由此轉化而來的文化資本使他們可以接受較好的高等教育，可以擺脫生活的直接性和必要性。

二是純粹凝視與功能滿足。布迪厄不僅僅止步於對於藝術的消費，而且把這個問題推進到人類所有的文化實踐領域。純粹美學帶來的純粹凝視，作為歷史的發明，不僅僅成為文化生產場的基本信念，而且，還帶來了一種向文化生活各個領域強加以自己邏輯的美學性情，其基本特徵就是強調形式高於功能，強調表徵模式高於表徵物件。

三是自由趣味與必然趣味。由於純粹凝視的合法性和神聖性，沒有什麼被凝視的物件是不美的。統治階級透過以風格化的形式來否定功能和內容，透過類似於聖餐變體論的自我神化，使自己將膚淺快感提升為純粹快感，進而在文化實踐和日常實踐中獲得一種特權，一種擺脫任何低級趣味可能性的絕對自由。

由此可見，文化趣味的區隔（高雅／通俗，形式／功能，深刻／膚淺，尊貴／卑下，體面／粗魯），實際上反映了一種權力關係。

為什麼觸目皆是的社會不平等沒有遭到強而有力的反抗？在布迪厄看來，這是因為統治階級改變了統治策略，他們不再進行粗暴、愚蠢的身體強制，而是改變成溫和許多的控制形式即文化實踐形式。簡單的說，他們的統治變成了多少類似於催眠術的符號統治，在此統治下，被支配階級和統治階級達成了共識。

準確的說，就是被支配者接受了支配者的理念，並將這些理念誤解為正確的、因而自己應當遵守的理念，而意識不到支配者對自己的符號支配。這種權力形式布迪厄稱之為符號暴力。布迪厄認為，文化資源、文化體制或文化實踐則是將此類統治合法化的主要工具，至於教育系統，則強化了對此社會不平等關係的再生產。

約翰・梅納德・凱恩斯（1883～1946），John Maynard Keynes，英國經濟學家、社會學家。經濟學界最具影響的人物之一。他發表於1936年的主要作品《就業、利息和貨幣通論》引起了經濟學的革命。曾被譽為資本主義的「救星」、「戰後繁榮之父」。

搭便車搭出的搭便車理論

公共物品一旦存在，每個社會成員不管是否對這一物品的產生做過貢獻，都能享受這一物品所帶來的好處。

熱浪來臨時節，人們紛紛湧向海灘。

一對年輕夫婦開車奔往去海灘的路上，他們忽然看見一個手裡拿著牌子要求搭便車的人，他們猜想上面寫的一定是他要去的地方，便放慢速度，想順便載他一程。

當他們緩緩靠近那個人，準備停車時，才看清牌子上的字寫著：只搭有冷氣的車！

後來，他們又看見一個人拿著牌子，他們以為又是想搭便車的人，就沒有理會，快速駛了過去，誰知沒走多遠，就被一輛警車攔住，示意前方道路維修，改道行駛。

當他們迴轉來到拿牌子的人身邊時，才看清上面寫著：不看牌子你還得回來——前方修路！

這個故事與本文要討論社會學裡的搭便車理論，除了有比喻上的關聯外，也具有某些內在質的相似之處，就是對公共物品的享用問題。當然，故事裡的公共物品，並非是車，而是海灘和公路。

　　要瞭解搭便車理論，首先必須瞭解什麼是公共物品。公共物品指的是一經產生全體社會成員便可以無償共用的物品。公共物品十分常見，比如，在現代社會中，國防、不付費公路、社會福利、公共教育、法律和民主都是常見的公共物品。而社會上的大部分物品都不是公共物品，比如，在商場裡看到的琳琅滿目的商品。

　　雖然社會多數物品不是公共物品，但公共物品卻是我們整個社會和文明得以存在的關鍵。公共物品問題和與之相對的搭便車理論在集體行動和社會運動研究中之所以重要，是因為社會運動和革命的目標，如民族獨立、民主自由、男女平等、提高工作待遇、環境保護……等等，都是公共物品。

　　奧爾森搭便車理論的中心論點是：公共物品一旦存在，每個社會成員不管是否對這一物品的產生做過貢獻，都能享受這一物品所帶來的好處。公共物品的這一特性決定了，當一群理性的人聚在一起想為獲取某一公共物品而奮鬥時，其中的每一個人都可能想讓別人為了達到該目標而努力，而自己則坐享其成。這樣一來，就會形成中國俗語所說的「三個和尚沒水喝」的局面。這就是所謂的搭便車困境。

　　奧爾森提出了一系列解決搭便車困境的途徑。其基本思路是，集體行動所追求的目標是公共物品，而公共物品所提供的只是一種集體性激勵，既然集體性激勵不足以讓一個理性的人為了獲取某一公共物品而奮鬥，那麼選擇性激勵就很有必要。所謂選擇性激勵就是，如果你不參加某一集體行動就不能得到或將失去東西。奧爾森所提出的選擇性激勵有三種。

　　「小組織原理」。當一個組織或社會網路的成員較少時，其中某一成員是否加入對集體行動的成敗會有很大的影響。同時，由於組織或社會網路的成員不

多，大家對某個成員是否參加了某一行動心裡都很清楚。如果一個成員沒有參加該集體行動，那麼他就不能獲得該組織或網路向那些積極參加組織活動的人提供的種種獎勵，甚至會在該組織中被邊緣化。

「組織結構原理」。該原理的核心思想是，一個組織如果很大，那就必須分層；就像國家一樣從中央到省，從省到市再到縣，一層層地分，到最後的家庭一級，成員數量就很有限了。這樣，在每個基層組織中，成員就能相互監督，是否參加集體行動與個人利益也能較好地掛鉤。這實際上是回到了前面的「小組織原理」。

「不平等原理」。簡單地說就是，組織內部在權力、利益、貢獻和分配上都不能主張平均主義。這樣，一個人在組織中所獲的權力和榮譽就有可能成為促使其為組織多做貢獻的選擇性激勵機制。一個人如果能夠獨立為某組織取得某一公共物品提供一筆關鍵的資金並從中獲取榮譽，那麼這個人就有可能獨自為某一事業做出貢獻。

維納（1894～1964），美國數學家、哲學家、社會學家，控制論的創始人。用吉布斯統計力學處理某些數學模型的思想目前仍處於控制論的中心地位。著有《控制論》等。

飛機引擎熄火引出的 溝通行動論

哈貝馬斯為了將溝通行動理論與現實世界聯繫起來,確立了「商談倫理學」,在事實與規範之間建立一個法律與民主的商談理論,以此更加有效地化解系統尤其是生活世界的張力與困惑,體現溝通行動理論的作用。

美國知名主持人林克萊特一天訪問一名小朋友,問他說:「你長大後想要當甚麼呀?」

小朋友天真的回答:「嗯……我要當飛機的駕駛員!」

林克萊特接著問:「如果有一天,你的飛機飛到太平洋上空,所有引擎都熄火了,你會怎麼辦?」

小朋友想了想:「我會先告訴坐在飛機上的人綁好安全帶,然後背著我的降落傘跳出去。」

當在場的觀眾笑得東倒西歪時,林克萊特繼續注視著這孩子,想看他是不是個自作聰明的傢伙。

沒想到,孩子的兩行熱淚奪眶而出,這才使得林克萊特發覺這孩子的悲憫之情遠非筆墨所能形容。

於是林克萊特問他說：「為甚麼要這麼做？」

小孩的答案透露出一個孩子真摯的想法：「我要去拿燃料，我還會回來！」

這個故事太有意思了，既道出了一個安全問題，又是一個溝通的問題。在社會安全學中，溝通行動論，有著非常重要的意義。

現代社會中人類受到「科技理性」的極度控制，因此需要以人際間的「溝通理性」去替代「科技理性」，在沒有內外制約之下達至相互理解的溝通，並由此協調資源的運用，去滿足各自的欲望，去疏解人類社會的矛盾和問題。

哈貝馬斯認為知識的產生根源於人類的三種旨趣（利益），相對也有三類知識，否認歷史——解釋知識、經驗——分析知識和技術控制旨趣的統治地位，造成了資本主義社會的危機。為了克服動機危機和信任危機，批判理論必須重視互動過程和溝透過程，只有透過溝通行動才有可能把人類從被統治中解放出來。

在他看來，現代社會的理性化導致社會可以分為兩個部分：一是系統，二是生活世界。哈貝馬斯認為，由於現代社會的日益發展，生活世界和系統其內部的張力日益膨脹；而更重要的是，系統中的一些媒介因素如貨幣、權力等總是不斷地滲入和侵略生活世界的信用和承諾，並以系統的形式複製它們。這樣就是哈貝馬斯所謂的生活世界「內部殖民化」，這是現代社會的一個主要病症。

如果一個系統無法產生足夠的可交換資源，以滿足其他系統的期待或需求，就會產生「危機」，即會產生經濟危機、理性危機、合法性危機和動機危機。哈貝馬斯為了將溝通行動理論與現實世界聯繫起來，確立了「商談倫理學」，在事實與規範之間建立一個法律與民主的商談理論，以此更加有效地化解系統，尤其是生活世界的張力與困惑，體現溝通行動理論的作用。

　　沿著哈貝馬斯的「思」與「路」，安全社會學同樣需要考察系統和生活世界裡及其他之間的安全問題。系統安全涉及貨幣、權力等產生和使用上的安全、穩定以及技術安全；生活世界的安全關涉安全規範、安全信用體系和安全共識問題。而且由於系統理性化的加速發展並對生活世界中人格、文化、社會領域的過度侵蝕和「殖民化」，科技理性的安全並不能絕對保障人格安全、文化安全、社會公共安全（即使是系統中的經濟安全、政治安全、技術安全也更容易引發不安全、不穩定的問題）。

　　因此，當代社會就出現了為了保障人類社會安全穩定而興起的環保主義、和平主義、民主化，以及新宗教主義和反主流文化等社會運動。一方面既反對科技理性發展對環境安全的侵蝕；另一方面又要求在人類和平、民主發展、人權保障和社會穩定問題方面爭取更多的安全權益。

大衛・李嘉圖（1772～1823），David Ricardo，是英國產業革命高潮時期的資產階級經濟學家，他繼承和發展了斯密經濟理論中的精華，使古典政治經濟學達到了最高峰。是英國資產階級古典政治經濟學的傑出代表和完成者。著有《政治經濟學及賦稅原理》等。

吃肉吃出的恩格爾定律

隨著家庭和個人收入增加，收入中用於食品方面的支出比例將逐漸減小，這一定律由於是恩格爾發現的，所以被稱為恩格爾定律，反映這一定律的係數被稱為恩格爾係數。

李軍小時候家裡很貧窮，幾個月見不到一塊肉。有幾年，就算過春節，也很少吃到肉，那時太窮了，他最大的願望，就是在某一天能吃到肉，在過春節的時候能穿上新衣服。可是這些願望在那時很難實現。

上小學二年級的時候，李軍的叔叔結婚，那天，他起床後對媽媽說：「今天不去上學了，要去喝喜酒。」媽媽沒說話，他知道媽媽默許了。

李軍在叔叔家跑來跑去，裡裡外外，餓了就到桌旁跟大人一起吃。中午時候，酒席開始了，他早早的站在桌旁。

菜端上桌，李軍也不怕大人說了，就像狼見了羊，急忙用筷子夾起一塊肥肉往嘴裡送，油順著他的小嘴流了下來，顧不得擦嘴，上一塊肉還沒有進肚，下一塊又夾起來了。可想而知，他本身就破破爛爛的衣服弄得全是油漬，大人笑他，「你的衣服洗洗能炒幾盤菜呢！」

李軍顧不得他們說什麼，只要能吃到肉，就心滿意足了。那天他吃了十幾歲以來最多的一次肉，他的肚子就像懷孕的孕婦一樣，大大的、圓圓的，走路都快走不動了。到了晚上，他的肚子開始痛了，拼命地往廁所跑，自己也記不得去了幾次廁所，直到肚子恢復到原貌，才停止上廁所。他躺在床上心想，白吃那麼多肉了，都拉了出來，唉，真可惜啊！

243

過了好幾天，媽媽想幫他洗衣服，他都不肯，因為在學校裡，他能讓同學聞聞衣服上的肉味，他自豪的跟同學說，那天他吃了一大堆肉，足足有三大碗。同學不信，他發誓說真的，不信可以打賭，賭什麼都行。

以前有個地主的兒子喜歡吃肉，天天吃，月月吃，直到有一天吃到反胃，再看見肉就難受，認為天底下最痛苦的事就是吃肉。有一天有個乞丐餓得實在忍不住了，偷了地主家一個蘿蔔，不幸被抓住了。家丁正在商量怎麼處罰他，這時地主的兒子跑了過來，道：「讓我來處罰他，以後天天給他吃肉，看他還敢不敢再偷東西了！」

無論是故事還是笑話，都說明了一個問題，就是肉，在某一特定時期反映了人們的生活水準。隨著社會的發展，人們生活水準的提高，肉類已不再是生活中的奢侈品，並且人們的生活消費也從主要以食物消費為主，朝文化、教育、娛樂等綜合消費方向轉變。隨著家庭和個人收入增加，收入中用於食品方面的支出比例將逐漸減小，這一定律由於是恩格爾發現的，所以被稱為恩格爾定律，反映這一定律的係數被稱為恩格爾係數。

19世紀德國統計學家恩格爾根據統計資料，對消費結構的變化得出一個規律：一個家庭收入越少，家庭收入中（或總支出中）用來購買食物的支出所占的比例就越大，隨著家庭收入的增加，家庭收入中（或總支出中）用來購買食物的支出則會下降。推而廣之，一個國家越窮，每個國民的平均收入中（或平均支出中）用於購買食物的支出所占比例就越大，隨著國家的富裕，這個比例呈下降趨勢。

其公式表示為：恩格爾係數（％）＝ 食品支出總額÷家庭或個人消費支出總額×100％。

　　恩格爾定律主要表述的是食品支出占總消費支出的比例隨著收入變化而變化的一定趨勢。揭示了居民收入和食品支出之間的相對關係，用食品支出占消費總支出的比例來說明經濟發展、收入增加對生活消費的影響程度。眾所周知，吃是人類生存的第一需要，在收入水準較低時，其在消費支出中必然佔有重要地位。

　　隨著收入的增加，在食物需求基本滿足的情況下，消費的重心才會開始朝穿、用等其他方面轉移。因此，一個國家或家庭生活越貧困，恩格爾係數就越大；反之，生活越富裕，恩格爾係數就越小。

　　恩格爾定律是根據經驗資料提出來的，它是在假定其他一切變數都是常數的前提下才適用的，因此在考察食物支出在收入中所占比例的變動問題時，還應當考慮城市化程度、食品加工、飲食業和食物本身結構變化等因素都會影響家庭的食物支出增加。只有達到相當高的平均食物消費水準時，收入的進一步增加才不至對食物支出發生重要的影響。

孟德爾（1822～1884），奧地利遺傳學家、社會學家，現代遺傳學之父，是這門重要生物學科的奠基人。1865年發現遺傳定律。發現了生物遺傳的基本規律，並得到了相對的數學關係式。人們分別稱他的發現為「孟德爾第一定律」和「孟德爾第二定律」，它們揭示了生物遺傳奧秘的基本規律。

第四章

流派學說

蜜蜂寓言的曼德維爾悖論

曼德維爾的一個重要觀點是，私人惡德若經過老練政治家的妥善管理，可能被轉變為公眾的利益。這就是著名的「曼德維爾悖論」。

1720年，曼德維爾出版了一本書，書名叫做《蜜蜂的寓言，或私人的惡行，公共的利益》。

他把人類社會比喻為一個蜂巢：「這些昆蟲生活於斯，宛如人類，微縮地表演人類的一切行為。」在「這個蜜蜂的國度」裡，每隻蜜蜂都在近似瘋狂地追求自己的利益，虛榮、偽善、欺詐、享樂、嫉妒、好色等惡德在每隻蜜蜂身上表露無遺。令人驚訝的是，當每隻蜜蜂在瘋狂追逐自己的利益時，整個蜂巢呈現出一派繁榮的景象。後來，邪惡的蜜蜂突然覺悟了，向天神要求讓牠們變得善良、正直、誠實。

「主神終於憤怒地發出誓言：使那個抱怨的蜂巢全無欺詐。神實現了誓言……」接著，在整個蜜蜂的王國中，一鎊貶值為一文，昔日繁忙的酒店渺無人跡，全國一片蕭條景象。

這就是說，私欲的「惡之花」結出的是公共利益的善果。這就是著名的「曼德維爾悖論」。

長期以來，很多人以為，西方主流經濟學的立論前提，與曼德維爾的理論是一脈相承的，或是依據曼德維爾的理論才推論出來的，其實並非如此。按照新古典理論，社會上的人都是對社會有利無害的「蜜蜂」，他們千篇一律、千人一面、財產相等、地位相同、只知利己不知害人，所以按照市場交換一種機制

協調他們的利益和行為,可以使人們既自利又利人,最終達到經濟的一片和諧和均衡。可是,曼德維爾雖然把社會比作蜂巢,但他卻知道「蜜蜂」也有惡德、也有等級、也有差別,將人文明化,將眾人組成一個社會,無論誰想這樣做,都必須透徹地瞭解人的優勢與弱點,都必須懂得如何將個人最大的弱點轉變為服務於公眾的長處。

曼德維爾並沒有把市場交換看成是通向社會和諧和經濟繁榮的唯一機制,在他看來,能夠保護人民生命財產不受邪惡侵犯的,是法律的嚴肅和公平正義的認真實施,而不能指望人們都不犯罪;能夠防範竊賊、入室搶劫者和殺人犯的,是嚴厲的官員、堅固的牢獄、警覺的獄卒、劊子手及斷頭台。

曼德維爾對社會的這種描述,與新古典學派的描述截然不同,卻更接近現實。就道德來說,交換允許人們在自利的基礎上相互協調其行動,可是,由於人們的道德水準並不一致,有些人在交換中對自己的利益看得較輕,總是千方百計利用一切機會擴大自己利益,壓制別人利益。另一些人則相反,總是把別人利益和自己利益看得一樣重,甚至更重。

在這種情況下,無第三方約束的交換關係中的自由競爭必然是對前一部分人有利,對後一部分人不利。因此,在人們的道德水準和偏好不一樣的現實世界裡,必須建立某種權威仲裁協調機制,給予道德敗壞者懲罰,給予道德崇高者獎勵,防止有些人利用交換機制損人利己,防止克己奉公的人在社會上沒有立足之地。

曼德維爾的另一個重要觀點是,私人惡德若經過老練政治家的妥善管理,可能被轉變為公眾的利益。在人類社會中亦如在大自然裡一樣,沒有任何一種造物會完美到不會對某個社會造成傷害;同樣,亦沒有任何一種造物是百分之

百的邪惡。惡德亦可能對造物的某一部分有益。唯有以其他事物為參照，唯有根據評判時的角度和立場，人們才能判斷出事物的善惡好壞。

他寫道：「我首先確定一條原則，即在一切社會（無論大小）當中，為善乃是每個成員的責任；美德應受鼓勵，惡德應遭反對，法律應被遵守，違法應受懲罰。然後我要說：考察古代和現代的歷史，並看一看世上發生過的事情，我們便會看到，人的本性自亞當墮落以來始終如一，其優點和弱點在世界各地一直皆顯而易見，且並不因年代、氣候和信仰不同而有別。我從未說過、亦從未幻想過，一個富強王國的人民不可能具備可憐的國度人民的美德。但我也承認：我認為，沒有人的惡德，任何社會都不會成為這種富強的王國，即使成為富強的王國，亦不可能維持長久。」

在任何社會，人們都有自己的個人利益，人們都在追求自己的個人利益。人們對個人利益的追求，是社會進步和經濟繁榮的重要動力基礎之一。如果把追求個人利益的願望也稱為惡德的話，那麼應當承認，曼德維爾的觀點是有一定道理的。

詹姆士（1842～1910），William James，美國哲學家和心理學家。心理學機能主義和哲學實用主義的先驅。名著《心理學原理》是美國心理學史上的一部劃時代著作，提出了影響深遠的機能主義概念。另著有《宗教經驗種種》和《實用主義》。

誇誇其談阿倫特的
極權主義的宣傳

由於極權主義運動存在於一個本身是非極權主義的世界中，它們被迫使用那種普遍認為是宣傳的手段。宣傳和恐怖相輔構成。

在寒冷的冬天，老農一個人走在北風呼嘯的路上，凍得渾身哆嗦。

這時，他看見兩個石頭中間放著一條圍巾，心想，運氣真不錯。不然這麼冷可有得受了。

於是走上前，一把抓在手裡。殊不知，是一隻狼在那裡睡覺，他手上抓著的是狼的尾巴，狼被老農這麼一拉睡意全消。老農只能緊緊的抓住狼尾巴。

過了好長一段時間，來了一個和尚。於是老農叫和尚去殺狼。

和尚口念佛號，誇誇其談，說了一大堆不能夠殺生之類的大道理。

老農沒辦法就說：「這樣吧！你也不能見死不救，那你來拉著狼尾巴。我到石頭那邊去殺狼。」和尚想想也有道理，就走過來拉住了狼尾巴。

老農卻沒有去殺狼，獨自往山下走去，和尚急了，叫他趕快去殺狼。

老農說：「我已經被你感化了，以後要吃齋念佛。」

只有暴民和精英才會被極權主義本身的銳氣所吸引；而只有用宣傳才能贏得群眾。在立憲政府和自由言論的條件下，為了奪取政權而奮鬥的極權主義只能在有限的程度上使用暴力，並與其他政黨共同獲得必要的堅定支持者，巧言取悅公眾。公眾在此時此刻尚未與其他資訊來源隔絕。

在極權主義國家裡，宣傳和恐怖相輔構成，這一點早已為人們所指出，而且經常被如此認定。然而這只是部分事實。凡在極權主義擁有絕對控制權的地方，它就用灌輸來代替宣傳，使用暴力與其說是恐嚇民眾（只有在初期階段，當政治反對派仍然存在時，才這樣做），不如說是為了實現其意識形態教條和謊言。在相反的事實面前，極權主義不會滿足於宣稱不存在失業現象；它會廢除失業者的福利，作為它的一部分宣傳。同樣重要的是，拒絕承認失業（儘管是以一種相當出人意料的方式）實現了古老的社會原則：不勞動者不得食。

宣傳與灌輸之間的關係通常一方面取決於運動的規模，另一方面取決於外部壓力。運動規模越小，就越有能量擴展純粹的宣傳；外部世界對極權主義政權的壓力越大（即使在鐵幕後面，也不能完全忽視這種壓力）極權主義獨裁者就越會積極地從事宣傳。根本的要點是，宣傳的必須性總是由外部世界控制著，而運動本身實際上並不宣傳，而是灌輸。相反，灌輸不可避免地與恐怖相伴，增強了運動的力量或極權主義政府的孤立，以及不受外部干涉的安全感。宣傳確實是「心理戰」的一個組成都分；但是恐怖更甚。

這種恐怖和歹徒的普通犯罪之間的相似性已很明顯，但是，極權主義宣傳比直接威脅更具體，針對個人的犯罪行為就是利用間接的、掩蓋之下的、險惡的暗示來針對一切不願跟從他們教導的人們，在此之後，大規模屠殺滲透到一

切「有罪」和「無罪」之人。極權主義宣傳非常強調其論點的「科學」性質，這一點常被人用來比較某些在群眾面前做自我表演的廣告技巧。

而事實上，每一份報紙的廣告欄都顯示這種「科學性」，製造商用事實和數字來證明，一個「研究」機構出馬相助，例如論證他的肥皂是「世界上最好的肥皂」。同樣地，宣傳者充滿想像的誇張中有某種暴力成分，例如小姐們如果不用這種牌子的肥皂．就會一輩子長粉刺，找不到丈夫，這種說法的背後是壟斷欲望的胡思亂想，夢想有朝一日，這位「唯一預防粉刺的肥皂」製造商會有力量剝奪所有不用這種肥皂的小姐們獲得丈夫的權利。

商業廣告宣傳和極權主義宣傳這兩者都明顯地只是一種權力追求。一旦極權主義運動掌握了權力，這種科學證明的糾結就停止了。

阿爾弗雷德‧馬歇爾（1842～1924），是19世紀末20世紀初的英國乃至世界最著名的經濟學家，劍橋學派的創建人。著有《對傑文茲的評論》、《關於穆勒先生的價值論》、《對外貿易的純理論與國內價值的純理論》、《工業經濟學》、《倫敦貧民何所歸》、《經濟學原理》、《經濟學精義》、《關於租金》、《分配與交換》、《工業與貿易》等。

越軌社會學下的偷渡者

越軌是指社會群體或個體偏離或違反社會規範的行為，人的社會化不完全或者人的社會化本身就接受一些越軌行為規範和價值的亞文化，那麼這樣的社會化過程本身就使人越軌。

一個墨西哥女人在10年前曾透過正當途徑申請來美國，但是沒有通過。所以她找了人蛇集團，準備偷渡。

因為墨西哥跟美國接壤，邊境很長，人蛇集團也各有獨特的辦法。

這墨西哥女人是躺在棺材裡裝死人被運進美國來的。

據說那時恰好有一個出車禍的女人的屍體要運回美國，人蛇集團辦好一切手續，還找人幫這個墨西哥女人化了死人妝，渾身塗滿了某種物質，使她皮膚的色澤、手感、皺摺和溫度都和死人一摸一樣。

更巧妙的是，因為棺材裡不透氣，她的鼻孔裡還插了一根細管通往藏在她背後的氧氣包，而她臉上的妝完全蓋住了細管，根本看不出來。

透過邊境檢查的時候，美國邊境官要求開棺，墨西哥女人馬上屏住呼吸，非常緊張。

邊檢伸手試了她的鼻孔，還掐了她的手臂，因為有一層厚厚的物質蓋住，

所以她能忍受，不過當時她心想，可別掐我的脖子，不然她一定會大叫著跳起來的。

在理論研究上，對於偷渡者的偷渡行為不適宜籠統地將之視為犯罪現象而採用犯罪學的理論進行分析，而應該根據具體情況將之視為越軌行為而納入越軌社會學的視野之下。

越軌是人類學和社會學研究社會問題時同時關注的一個特殊視野。越軌是指社會群體或個體偏離或違反社會規範的行為。由於人的社會化的原因，以往的社會學家們總是從社會教化、個人內化這兩方面出發分析越軌原因。

默頓注意到人們有許多種追求成功人生的方式。他認為，有許多人並不贊成把不斷追求物質享受當做人生的目標，也可能並不欣賞世俗追求財富的種種手段。比如說，在他的分類系統中，「創新者」指的是那些以物質財富作為目標，但是卻採用非法手段，包括搶劫、竊盜以及勒索來取得財富的人。默頓用個人的行為來解釋犯罪——個人行為受到社會所認同的目標與手段所影響，但是，這個理論的應用可以更為廣泛。這個理論也幫助解釋了窮人為什麼有較高犯罪率的問題，他們可能因為看不到人生路上的希望才鋌而走險。

越軌社會學理論實際上最初導源於涂爾幹「失範」概念，認為越軌者之所以越軌，是因為他們在社會中的特定位置使他們較少地接觸社會的主導規範和價值，因而自由地形成他們自己的規範和價值。後來的代表人物則是法國社會學家貝克爾。他認為不同群體把不同的行動視為越軌，必定與感知而不是行動者動機相關聯；越軌的核心事實是：創造越軌的不是個體行動的方式，而是社會給犯事者貼標籤的標籤理論似乎更能說明貝克爾的觀點。安全社會學在關注社會公共安全、社會穩定方面時，同樣要關注轉型國家的「制度洞」、「體制洞」

問題，即舊制度廢除、新制度尚未出台或者舊制度已經不能滿足發展需要的情況下，社會成員的「失範」、越軌問題及給社會造成的不安定影響。

越軌社會學理論還從另一端吸取精華即社會心理學和文化學的解析。生理學、心理學認為，某些人的越軌原因在於越軌者天生就有與社會規範相衝突的潛質，天生就有犯罪的基因。因此，安全社會學又必須與安全心理學、生理學結合起來研究。

人的社會化不完全或者人的社會化本身就接受一些越軌行為規範和價值的亞文化，那麼這樣的社會化過程本身就使人越軌。安全社會學同樣不能迴避安全主體的社會化問題。安全社會學也同樣要與安全文化學同步進行，需要研究安全問題發生的社會文化心理包括習俗、非正式制度等的原因以及某一安全問題發生後對某一地區或某一時期社會習俗、規則的影響。

卡爾‧門格爾（1840～1921），Carl Menger，出生於加利西亞（時為奧地利領土，現屬波蘭），是十九世紀七○年代那場開啟了新古典經濟學序幕的「邊際革命」的三大發起者之一，經濟科學中的奧地利學派當之無愧的開山鼻祖。著有《國民經濟學原理》、《關於社會科學、尤其是政治經濟學方法的探討》等。

小馬過河支持
孔德的實證主義

孔德的實證主義重視科學的研究和發現，他對科學的重視又與滿足人們的需要聯繫在一起。

小馬馱一袋麵粉去市集，途中需經過一條河。小馬來到河邊，看著湍急的河水，有些猶豫。於是牠問正在河邊的一隻老水牛水有多深，老牛告訴牠水很淺，還沒過膝蓋。小馬信以為真，而正當牠準備涉水過河的時候，一隻松鼠趕緊制止了牠。

松鼠告訴小馬說河水很深，前幾天就有一個夥伴被淹死了。小馬不知該相信誰，於是決定回家問媽媽。

回到家中，小馬把在河邊的經歷跟媽媽說了。馬媽媽深情地對小馬說：「孩子，河水有多深，你自己試一下不就知道了？」

小馬依言，又來到河邊。這回，牠既不聽老牛的慫恿，也不聽松鼠的勸阻，而是小心翼翼涉水。結果，牠發現河水既不像老牛說的那麼深，也不像松鼠說的那麼深。

小馬透過親自過河，瞭解了河水的深淺。這說明相信科學、注重實踐的重要性。

　　作為試圖區別並進而取代唯心主義和唯物主義等傳統哲學的實證主義，是由19世紀中葉法國哲學家、社會學家奧古斯特·孔德創立並由其後繼者不斷發展起來的一種學說。

　　孔德認為，人類知識的每一門類，都連續經過了三個階段，實證階段則是人類智力發展的最高階段。這個「三級定律」被孔德用來說明人類社會是不斷發展、進步的，而科學的進步和發展，其過程也是如此。

　　孔德認為，實證科學是實證主義的根本基礎，其在社會發展中的重要性是不言而喻的。孔德對實證科學的認定規定了嚴格的構成要素，認為只有完全建立在事實之上，其確認性得到普遍承認，能夠應用假設手段把與之相關的一切基礎事實結合起來的才能被稱之為實證科學。

　　由此可見，孔德的實證主義是以實證科學為其出發點的，對事實進行觀察，把觀察到的事實作為假設的根據，並以此來建構實證科學。他並認為，實證科學的事實必須透過合乎科學紀律的嚴格觀察才能夠被確定，透過對現象的觀察，就可能發現事物諸現象之間經常、重複出現的規律。實證科學的任務就在於此。因此，作為「科學中的科學東西」的實證主義，也就需要對各種實證科學的研究對象、方法、規律進行比較和分析。孔德為此建構出一套「百科全書階梯」式的方法，來對應各種科學研究現象的複雜程度，這就確立了由數學經天文學、物理學、化學、生物學最後至社會學的排序。社會現象的研究方法也就呈現出了紛繁多樣的趨勢，拓寬和深化了對社會現象研究的角度及精度。

　　實證精神為實證哲學之精粹，孔德的一生也正是一名實證精神踐行者的一生，特別是他晚年宣導的人類教實踐，更表現了他企圖根據實證精神來改造社會的努力。

孔德的實證主義重視科學的研究和發現，他對科學的重視又與滿足人們的需要聯繫在一起。他強調，科學的觀察研究「離開人又總是為了更好地回到人的方面去」，這糾正了那種認為科學的任務只在於發現規律，而忽視科學自身及發現科學的活動對人類所具有的積極意義那樣的錯誤觀念。

實證主義對社會道德、秩序、進步、和平、和諧這些理想的追求，亙古以來，一直也包含在人類對美好生活的追求之中。實證主義並不反對人們對物質利益的追求，它反對的是對物質利益的極端重視，這種極端重視不會使人誤解實證主義與它的聯繫，危害科學的前途，同時也使人「傾向於將實證思辨僅僅侷限在有直接效用的研究上」，這對我們今天開展科學研究是一個非常有遠見的警示。

叔本華（1788～1860），Schopenhauer，Arthur，19世紀德國哲學家。唯意志論的創始人。他的唯意志論和非理性主義倫理思想體系，對F.W.尼采的權力意志論產生了直接影響，並成為現代西方生命哲學、存在主義思潮的重要思想淵源。著作有《作為意志和表象的世界》、《論自然意志》、《倫理學的兩個根本問題》等。

短箭裡的反實證主義社會學

根源說明人的活動、社會關係、社會結構和社會發展。提出了從個人的、主觀的動機或體驗的認識中尋找認識社會的方法。

春秋戰國時代，一位父親和他的兒子出征打戰。父親已做了將軍，兒子還只是馬前卒。又一陣號角吹響，戰鼓雷鳴，父親莊嚴地托起一個箭囊，其中插著一支箭。

父親鄭重對兒子說：「這是家傳寶箭，配帶身邊，力量無窮，但千萬不可抽出來。」

那是一個極其精美的箭囊，厚牛皮打製，鑲著幽幽泛光的銅邊，再看露出的箭尾，一眼便能認定是用上等的孔雀羽毛製作。兒子喜上眉梢，貪婪地推想箭杆、箭頭的模樣，耳旁彷彿嗖嗖地箭聲掠過，敵方的主帥應聲折馬而斃。

果然，配帶寶箭的兒子英勇非凡，所向披靡。當鳴金收兵的號角吹響時，兒子再也禁不住得勝的豪氣，完全背棄了父親的叮囑，強烈的欲望驅趕著他呼一聲就拔出寶箭，試圖看個究竟。驟然間他嚇呆了。

一支斷箭，箭囊裡裝著一支折斷的箭。

我一直攜帶著一支斷箭打仗呢！兒子嚇出一身冷汗，彷彿頃刻間失去支柱的房子，意志轟然坍塌了。結果不言自明，兒子慘死於亂軍之中。

拂開濛濛的硝煙，父親撿起那柄斷箭，沉重地嘆一口氣道：「不相信自己的意志，永遠也做不成將軍。」

身為文化和社會的人，人最可貴的就是有意志、精神。有了精神，人就有了主動性，有了主宰世界的可能。這種可能，成就了人與動物的區別。短箭的故事與反實證主義不謀而合，主要是強調人在社會生活中主觀能動性的作用。

反實證主義是與實證主義相對立的主觀主義社會學思潮。在自然科學迅速發展的推動下，關於人的生理和心理研究取得了長足進展，科學中的機械決定論模式為新發現所突破，這在一定程度上助長了自然科學中的唯心主義傾向。一些社會學家拋棄了以整體觀和進化觀為內容的實證主義模式，試圖以個人行動的主觀根源說明人的活動、社會關係、社會結構和社會發展。

它反對實證主義社會學從自然科學中尋找可以運用於人文科學和社會科學的方法，提出了從個人的、主觀的動機或體驗的認識中尋找認識社會的方法，進而形成了反實證主義的主觀主義社會學思潮。其代表主要有新康得主義、法蘭克福學派、現象學社會學、存在主義社會學、符號互動論和擬劇論等。他們均主張在自然科學和精神科學即人文科學之間做出區分。

反實證主義社會學在方法論上具有以下幾個特徵：

強調自然科學與社會科學的區別，反對把自然科學方法運用於社會科學；反對社會唯實論，主張社會唯名論，認為社會由個人組成，社會活動由個人行動所決定，個人行動由個人動機、行為規範和價值關係決定；認為社會學的研究方法應該著重於分析社會整體的因素，找出它的成分，說明整體與成分的關係；認為社會科學的主要方法是以描述性的歷史方法說明社會現象，反對在社會科學中運用自然科學的概括性規律方法；認為考察主體的認識能力是主要的認識方法，而實證主義的所謂客觀事實是由主體的認識能力產生的，社會科學知識是主觀的和相對的。

　　實證主義與反實證主義的社會學理論由於研究立場和視角點不同，兩者概括的範圍也不同，形成兩種對立的理論。概括來說，實證主義偏重於主觀經驗現象的客觀事實方面，具有自然主義傾向；反實證主義偏重於構成主觀經驗現象的內在因素方面，具有人文主義傾向。但兩者均反對客觀唯心主義的社會理論與馬克思主義的歷史唯物主義。

　　其代表主要有新康得主義、法蘭克福學派、現象學社會學、存在主義社會學、符號互動論和擬劇論等。

　　80年代以來，社會學在呈現理論多元局面的同時，出現了試圖做出某種綜合的發展徵兆。

尼朵（1844～1900），Friedrieh Nietzsche，德國後現代主義哲學家，詩人，作家。尼朵的學說預示了西方社會進入了價值觀念根本變化的時代，被譽為後現代主義哲學的開創者。著有《悲劇的誕生》、《季節的深思》、《查拉圖斯特拉如是說》等。

章魚鑽進了
結構功能學說的瓶子

結構功能學說認為社會是具有一定結構或組織化手段的系統，社會的各組成部分以有序的方式相互關聯，並對社會整體發揮著必要的功能。整體是以平衡的狀態存在著，任何部分的變化都會趨於新的平衡。

一隻章魚的體重可以達70磅。但是，如此龐大的生物，身體卻非常柔軟，柔軟到幾乎可以將自己塞進任何想去的地方。

章魚沒有脊椎，使得牠可以穿過一個銀幣大小的洞。牠們最喜歡做的事情，就是將自己的身體塞進海螺殼裡躲起來，等到魚蝦靠近，就咬斷牠們的頭部，注入毒液，使其麻痺而死，然後大快朵頤。對於海洋中的其他生物來說，牠可以稱得上是最可怕的動物之一。

但是，人類卻有辦法制服牠。漁民掌握了章魚的天性，他們將小瓶子用繩子串在一起沉入海底。章魚一看見小瓶子，都爭先恐後地往裡鑽，不論瓶子有多麼小、多麼窄。

結果，這些在海洋裡無往不勝的章魚，成了瓶子裡的囚徒，變成了漁民的獵物，變成人類餐桌上的美食。

如果章魚是人，那麼瓶子就是社會。社會看似無形，卻無處不在。這個故

事證實了社會學一個學派的理論，那就是結構功能學說。結構功能學說是現代西方社會學中的一個理論流派。它認為社會是具有一定結構或組織化手段的系統，社會的各組成部分以有序的方式相互關聯，並對社會整體發揮必要的功能。整體是以平衡的狀態存在著，任何部分的變化都會趨於新的平衡。

現代社會學中的結構功能主義是在以往的功能主義的思想基礎上形成和發展起來的。

先說帕森斯的結構功能主義。帕森斯認為，社會系統是行動系統的4個子系統之一，社會系統為了保證自身的維持和存在，必須滿足4種功能條件。適應：確保系統從環境中獲得所需資源，並在系統內加以分配。目標達成：制定系統的目標和確定各目標的主次關係，並能調動資源和引導社會成員去實現目標。整合：使系統各部分協調為一個起作用的整體。

潛在模式維繫：維持社會共同價值觀的基本模式，並使其在系統內保持制度化。在社會系統中，執行這4種功能的子系統分別為經濟系統、政治系統、社會共同體系統和文化模式託管系統。這樣的交換使社會秩序得以結構化。帕森斯認為，社會系統是趨於均衡的，4種必要功能條件的滿足可使系統保持穩定性。

再說默頓的經驗功能主義。美國社會學家R.K.默頓發展了結構功能方法。默頓認為，在功能分析上，應該注意分析社會文化事項對個人、社會群體所造成的客觀後果。他提出外顯功能和潛在功能的概念，前者指那些有意造成並可認識到的後果，後者是那些並非有意造成和不被認識到的後果。進行功能分析時，應裁定所分析的物件系統的性質與界限，因為對某個系統具有某種功能的事項，對另一系統就可能不具這樣的功能。

　　功能有正負之分，對群體的整合與內聚有貢獻的是正功能，而推助群體破裂的則是負功能。默頓主張根據功能後果的正負淨權衡來考察社會文化事項。

　　結構功能主義在50年代美國的社會學中曾占主導地位。其代表人物還有K.大衛斯、M.J.利維、N.J.斯梅爾塞等社會學家。結構功能主義的研究涉及面很廣，包括社會理論探討、經驗研究和歷史研究，其學術觀點涉及人類學與政治學等社會科學領域，並對現代化理論有很大影響。

　　從60年代中期開始，結構功能主義受到相當多的批評，其中有的直接針對它的功能邏輯前提，特別是對它採用唯意志論和目的論的解釋方式，即把系統各組成部分存在的原因歸之於對系統整體產生的有益後果，進行了猛烈的抨擊。還批評它只強調社會整合，忽視社會衝突，不能合理地解釋社會變遷。

卡爾‧馬克思，德文為Karl Marx，1815年5月5日出生於德國特利爾城，1883年3月14日逝世於英國倫敦，德國哲學家，革命理論家，經濟學家，馬克思主義的創始人，《資本論》和《共產黨宣言》的作者。

一個半朋友再次
證明了社會交換學說

社會交換，當代西方社會學理論流派之一。交換理論最初是針對結構功能主義提出的，在理論和方法上具有實證主義、自然主義和心理還原主義的傾向。

從前有一個仗義並且廣交天下豪傑的武夫，臨終之前對他的兒子說：「你別看我從小在江湖闖蕩，結交的人有如過江之鯽，其實我這一生只交了一個半朋友。」

兒子納悶不已。他的父親就對他說：「你按照我說的去見我的一個半朋友，朋友的要義你自然會懂得。」

兒子先去父親認定的「一個朋友」那裡。對他說：「我是某某的兒子，現在正被朝廷追殺，情急之下投身貴處，希望予以搭救！」這個人一聽，容不得思索，趕忙叫來自己的兒子，喝令兒子速速將衣服換下，穿在這個並不相識的「朝廷要犯」身上，而讓自己的兒子穿上「朝廷要犯」的衣服。

兒子明白了：在你生死攸關的時候，那個能與你肝膽相照，甚至不惜割捨自己的親生骨肉來搭救你的人，可以稱做你的一個朋友。

兒子又去了他父親說的「半個朋友」那裡，抱拳相求把同樣的話說了一遍。這「半個朋友」聽了，對眼前這個求救的「朝廷要犯」說：「孩子，這種大事我可救不了你，我給你足夠的盤纏，你遠走高飛快快逃命，我保證不會告發你……」

兒子明白了：在你患難時刻，那個能夠明哲保身、不落井下石加害你的人，可稱做你的半個朋友。

那個父親的臨終告誡，告訴人們一個道理：你可以廣交朋友，也不妨對朋友用心善待，但絕不可以苛求朋友給你同樣的回報。善待朋友是一件單純又快樂的事，如果苛求回報，快樂就大打折扣，而且失望也同時隱伏。畢竟你待他人好和他人待你好是兩回事，就像給予和被給予是兩回事一樣。

我們在這個故事中清晰地看到人與人之間所進行的交換，這個交換不僅有物質的，還有精神和道德的。

社會交換，當代西方社會學理論流派之一。交換理論最初是針對結構功能主義提出的，在理論和方法上具有實證主義、自然主義和心理還原主義的傾向。它強調對人和人的心理動機的研究，批判那種只從宏觀的社會制度和社會結構或抽象的社會角色上去研究社會的作法；在方法論上宣導個人是社會學研究的根本原則；認為人類的相互交往和社會聯合是一種相互的交換過程。

社會交換論的基本研究範疇和概念包括價值、最優原則、投資、獎勵、代價、公平和正義等。霍曼斯是交換理論的創始人。他提出了一組普遍性命題：成功命題：一個人的某種行為能得到相對的獎賞，他就會重複這一行動；某一行動獲得獎賞越多，重複活動的頻率也隨之增多；獲得的獎賞越快，重複活動的可能性就越大。刺激命題：相同的刺激可能會帶來相同或相似性行為。如某人過去在某種情況下的活動得到了獎賞或懲罰，而在出現相同的情況時，他就

會重複或不再重複此種活動。價值命題：如果某種行為的後果對一個人越有價值，那麼，他就越有可能去重複同樣的行動。剝奪與滿足命題：某人（或團體）重複獲得相同獎賞的次數越多，那麼，這一獎賞對該人（或團體）的價值就越小。攻擊與贊同命題：該命題包括兩方面：一是當個人的行動沒有得到期待的獎賞或者受到了未曾預料到的懲罰時，就可能產生憤怒的情緒，進而出現攻擊性行為；二是當個人的行動得到預期的獎賞，甚至超過期待值，或者沒有遭到預期的懲罰時，他就會高興，就會贊同這種行為。

布勞的交換理論是從社會結構的原則出發考察人與人之間的社會交換過程。他認為，社會交換關係存在於關係密切的群體或社區中，是建立在相互信任的基礎之上的。社會交換是一種有限的活動，它指個人為了獲取回報而又真正得到回報的自願性活動。

繼布勞之後，對交換理論做出重要貢獻的還有愛默生等人。愛默生運用嚴密的數理模型和網路分析，闡述社會結構及其變化、社會交換的基本動因和制度化過程，在方法論上進一步充實了交換理論的理論體系。

西斯蒙第（1773～1842），Sismondi，Jean Charles Lnard Simonde de，法國政治經濟學家，經濟浪漫主義的奠基人。最早論述了資本主義生產過剩危機的必然性，這是他的科學功績。著有《論商業財富》、《政治經濟學新原理》、《政治經濟學研究》等。

旅遊帶來的衝突學說

衝突學說強調社會生活中的衝突性並以此解釋社會變遷。社會現實有兩張面孔，一張是穩定、和諧與共識，另一張是變遷、衝突和強制。社會學不僅需要一種和諧的社會模型，同樣需要一種衝突的社會模型。

一個人在森林中漫遊時，突然遇見一隻饑餓的老虎，老虎大吼一聲就撲了上來。他立刻用最快的速度逃開，但是老虎緊追不捨，直到被老虎逼到了斷崖邊。

他想：「與其被老虎捉到，還不如跳入懸崖，說不定還有一線生機。」

他縱身跳入懸崖，非常幸運地卡在一棵樹上。那是長在斷崖邊的梅樹，樹上結滿了梅子。正在慶幸之時，他聽到斷崖深處傳來巨大的吼聲，往崖底望去，原來有一隻兇猛的獅子正抬頭看著他。

正在這時又聽見了一陣聲音，仔細一看，兩隻老鼠正用力地咬著梅樹的樹幹。他先是一陣驚慌，立刻又放心了，他想：「反正是死，隨它去吧！」

情緒平復下來後，他看到梅子結實纍纍，就採了一些吃了起來。他覺得一輩子從沒吃過那麼好吃的梅子，他找到一個三角形的枝椏休息，心想：「既然遲早都要死，不如在死前好好睡上一覺吧！」於是靠在樹上沉沉地睡著了。

睡醒之後，他發現黑白老鼠不見了，老虎和獅子也不見了。他順著樹枝，小心翼翼地攀上懸崖，終於脫離了險境。

原來在他睡著的時候，饑餓的老虎按捺不住，終於大吼一聲，跳下懸崖。

黑白老鼠聽到老虎的吼聲，驚慌地逃走了。跳下懸崖的老虎與崖下的獅子展開激烈的打鬥，雙雙負傷逃走了。

這個故事告訴我們，生物之間彼此充滿了衝突，在衝突中，彼此互相依賴，互相協調，互相促進。社會中人與人、人與群體、群體與社會等等，也充斥了各種衝突，正是這種衝突，促進了社會的發展和進步。

衝突學說是20世紀50年代中、後期形成的西方社會學流派。它強調社會生活中的衝突性並以此解釋社會變遷。

以T.帕森斯為代表的結構功能主義，強調社會成員共同持有的價值取向對於維繫社會整合、穩定社會秩序的作用，將衝突視為健康社會的「病態」，努力尋求消除衝突的機制。

科瑟爾最早使用「衝突理論」這一術語。他反對帕森斯認為衝突只具有破壞作用的片面觀點，力圖把結構功能分析方法和社會衝突分析模式結合起來，修正和補充帕森斯理論。科瑟爾從齊美爾「衝突是一種社會結合形式」的命題出發，廣泛探討社會衝突的功能。他認為，衝突具有正功能和負功能。在一定條件下，衝突具有保證社會連續性、減少對立兩極產生的可能性、防止社會系統的僵化、增強社會組織的適應性和促進社會的整合等正功能。

而達倫多夫認為，社會現實有兩張面孔，一張是穩定、和諧與共識，另一張是變遷、衝突和強制。社會學不僅需要一種和諧的社會模型，同樣需要一種衝突的社會模型。他認為，社會組織不是尋求均衡的社會系統，而是強制性協調聯合體。社會組織內部的各種不同位置具有不同量的權威和權力。

1975年，柯林斯的《衝突社會學：邁向一門說明性科學》一書出版，象徵

著衝突問題的研究進入了一個新的階段。早期衝突論者只是對結構功能主義進行補充和修正，認為秩序理論和衝突理論同是有用的理論工具。

柯林斯認為，社會衝突是社會生活的中心過程，僅僅提出一種補充性「衝突理論」不足以說明這一過程，必須建立一門以衝突為主題的社會學。柯林斯為衝突問題的研究打下了新的基礎，象徵著狹義上的「衝突理論」作為一個流派已經式微。

衝突理論產生後，在西方社會學界引起了巨大迴響，它很快滲透到社會學各分支學科的經驗研究中，在政治社會學、組織社會學、種族關係、社會分層、集體行為、婚姻家庭等領域出現了大量以衝突概念為框架的論著，在當代社會學發展中有重大的影響。

費爾巴哈（1804～1872），Feuerbach，Ludwig Andreas，德國唯物主義哲學家。他恢復了唯物主義的權威；肯定自然離開人的意識而獨立存在，時間、空間是物質的存在形式，人能夠認識客觀世界；對宗教神學進行了有力的揭露和批判。著有《黑格爾哲學批判》、《基督教的本質》、《未來哲學原理》等。

愛情發現了
方法論的女性主義

女性主義並不僅僅反映了一種政治或者意識形態取向，同時也代表了一種文化和學術思潮。透過對社會結構和文化中的性別不對稱現象進行重新追問，女性主義意識到性別所蘊含的權力關係與知識的構成基礎之間的內在關聯。

隔桌看見她臉上淚痕未乾，我笑道：「幹嘛啊？有酒、有閒，還弄得像舊社會受了主人非禮的小丫環似的。」

她依然哽咽著說：「今天我一人在酒吧慶祝三十歲生日。靜靜地反省已經過完的青春，忽然有三大發現：第一，女人原來也可以勾引男人，不用老是等著被勾引。」

她瞪了我一眼接著說：「書上都說，女人在愛情中要被動。在此誤導下，我在戀愛中從來沒有主動過，一向是採『姜太公釣魚，願者上鉤』的姿態。可是從15歲情竇初開就等，也沒幾條魚上鉤。心想，不對啊，鐵絲是直的，垂在水面之上，又沒有魚餌，魚兒怎麼能高高躍出水面？就算能，牠又怎麼會咬這條沒有一點腥味的鐵絲？除非牠瘋了！除非牠想自殺！除非牠不是魚！你看在古代戲裡，佳人見到才子，不是回頭一望，眼波流轉嫣然一笑；就是在花園小徑路過才子時，忽然掉下手中的錦帕，那才子自然會彎腰替她撿起來，她接過手帕往往是看他一眼，掩嘴一笑，然後翩然而去，留下那才子愣在原地害相思。這佳人哪裡是被動？分明是勾引男人的高手啊！我卻連古人都不如啊！」

我笑著點點頭，又問：「這第二大發現呢？」她仰天嘆道：「原來男人愛

一個女人是愛她的外表而不是愛她的靈魂！」

「天！簡直天真得無恥！我也曾問過愛我的男人：『你是不是愛我的美貌？』他們都回答：『不，我愛妳的美德和才氣。』我恨死傳統美德了，反覆強調外表美不重要，害得我多年只顧追求內在美，從來沒照過鏡子；糊裡糊塗地過完了青春才發現：男人愛一個女人都是愛她的外表！他怎麼會愛女人的靈魂？他又看不見她的靈魂！我這個做女人的都如此好色，又怎能指望男人好德？」

我翻起眼睛，往椅背上一靠：「越是簡單的真理越難明白！第三個發現呢？」

她接著說：「活了30年才明白，愛情不是永恆的。愛情是火，同時點燃了兩個人，人又不是油庫，燒個半年六個月也差不多精疲力竭了，怎麼能永遠燒下去？」

故事中，未嫁女人的愛情三大發現，如同三聲響雷，吹向女性主義的批判號角。

女性主義並不僅僅反映了一種政治或者意識形態取向，同時也代表了一種文化和學術思潮。透過對社會結構和文化中的性別不對稱現象進行重新追問，女性主義意識到性別所蘊含的權力關係與知識的構成基礎之間的內在關聯。

方法論的女性主義首先是女性主義的，因此其標誌性的特徵是強調性別的核心作用，相信社會制度、組織和文化的構成中都具有無法迴避的性別傾向，甚至知識的構成和功用也是性別化的。想要瞭解社會運行的方式、人際關係以及知識的內涵，都必須分析性別在其中發揮的潛在作用。因此運用基於社會性別範疇的性別分析方法，是女性主義方法論的基本原則或工具。

　　對性別的強調還基於這樣的判斷，即
在已有的文化和知識體系中，性別因素被
消隱在眾多主導性的官方議題當中，尤其
是女性和相關議題被長期貶為邊緣或無形
化，或者強制性地以男性中心主義的假設
和偏見推而廣之形成解釋，因而造成女性
經驗和主題的忽略以及結論的扭曲。

　　批判當然不是最終的目標，對反身性和知識的情境化的強調構成了方法論
的女性主義最有建樹性的一部分。女性主義認定官方的所謂普遍知識其實是代
表男性霸權和利益的知識，他們宣導從女性自身的日常生活經驗入手，從女性
作為社會和文化中的「他者」所特有的立場和情境出發，來建構這個世界的知
識，應該更少偏見、更加有效。

皮埃爾—約瑟夫・普魯東（1809年1月15日
～1865年1月19日），Pierre-Joseph
Proudhon，法國互惠共生論經濟哲學家，也
是第一位自稱無政府主義者的人。其名句
有：「財產是盜竊！」（出自1840年出版的
《什麼是財產？》）

高牆倒塌蘊含的社會安全學

安全社會學即是將安全問題與社會學知識結合起來，把安全看做一種社會過程，研究安全問題的社會原因、社會過程、社會效應及其本質規律。探討個人——社會關係中的安全行動、安全理性、安全結構、安全系統。

有個老太太坐在馬路邊望著不遠處的一面高牆，總覺得它馬上就會倒塌，看見有人走過去，她就會善意地提醒道：「那面牆要倒了，遠離它走吧！」

被提醒的人不解地看著她大模大樣地順著牆邊走過去了——那面牆沒有倒。

老太太很生氣：「怎麼不聽我的勸告呢？！」又有人走來，老太太又予以提醒。

三天過去了，許多人從牆邊走過去，並沒有遇到危險。

第四天，老太太感到有些奇怪，又有些失望，不由自主便走到牆邊仔細觀看，然而就在此時，牆倒了，老太太被掩埋在灰塵磚石中，氣絕身亡。

這個故事是個關於安全社會學的問題。從「沃特斯社會學視角」來看「行動——理性——結構——系統」，這四個方面的安全問題，構成了安全社會學。

安全社會學即是將安全問題與社會學知識結合起來，把安全看做一種社會

過程，研究安全問題的社會原因、社會過程、社會效應及其本質規律。無論古典社會學還是現代社會學，無論社會學結構主義還是社會學建構主義，都長期在探討個人──社會關係中的行動、理性、結構、系統4個方面，因此，安全社會學同樣需要研究安全行動、安全理性、安全結構、安全系統.

行動──安全行動。行動與行為是不同的，行動是社會安排中的意義和動機的外在表現，與一套意義、理由或意圖相關的行為過程被稱為行動。行動是主動性的，行為是被動機械性的。安全是主體──人行動的安全。在生產中，主體──人的安全是本質安全之一（另外包括機器環境）。

安全行動伴隨著主體──人的一生。安全行動也是主體安全的社會化過程，即由對安全一無所知的生物人逐步接受安全理念、安全知識教育，不斷地適應社會需要、社會化為「安全人」的行動過程。從互動論角度看，安全也是一種人與人（或人群與人群）之間的一種社會互動，進而形成一些安全行動組織或群體、安全制度。

理性──安全理性。社會學考察的理性和經濟學考察的理性大同小異：個人利益的最大化。安全同樣具有理性，安全行動即是理性的行動，在保障人的生命安全、財產安全和環境安全方面以及日常的生產安全、社會公共安全和國家層面的安全（國家理性中的安全）都含有工具合理性的行動。人類天生就有一種安全的理性需求，人類總是算計行動在什麼條件下會求得最大安全、最安全可靠。安全行動同樣產生效用，同樣會產生安全需求的彈性。

結構──安全結構。結構是決定經驗的隱秘模式，被當作潛藏於外在表象之下的決定因素。本我意義上的安全即最原始、本源和無意識的成分，體現為具有生物基礎的衝動、需要和驅力，也就是本體性安全。本體安全可以透過與他

人際遇的例行化，以及實踐的或者庫存的知識對行為的成功解釋，以及伴隨話語意識而來的理性化能力而得到。例行化使行為具有可預見性，而且由此可以產生本體性安全感。

　　系統——安全系統。系統表現為一種統領性的秩序功能，社會如何以一種凝聚的、內部整合的方式實現維存。安全穩定問題因此更依賴於人與人或人群與人群之間的相互作用、相互依存關係，更在於發展的安全機制的建立和安全系統的創建，安全的行動系統同樣包含安全的人格系統、安全的社會系統、安全的文化系統，以及安全行為的有機系統。安全主體的行動總也需要考慮安全動機並要適應情景；安全主體之間也存在一套固定的相互安全期待；主體之間也有一套共用的意義和安全標準、規則。

馬丁・賴爾（1918─1984），Martin Ryle，英國天文學家。綜合孔徑射電望遠鏡的誕生開創了射電天文學的新紀元。因這一重大貢獻，他榮獲1974年諾貝爾物理學獎。

有其父必有其子的
社會達爾文主義

個人、人種、社會組織和社會制度，都在接受現實的考驗，最有適應力、能戰勝別人的強者活下來，弱者被淘汰；一代一代這樣「優勝劣汰」，就是人類和社會的進步。這就是社會達爾文主義。

有一個人心高氣傲從不肯讓人。一天，他走在街上，對面走來一個人沒給他讓路。他當然不肯讓，於是兩個人就這樣面對面地僵持著。過了很久，這個人的父親來找他，著急地問他：「你怎麼在這兒站著，家裡人等你買米回去做飯呢！」

「我不能走，這個人不讓路給我！」

「那你去買米，我替你在這兒站著，看最後誰給誰讓路！」

俗話說：「有其父必有其子。」有什麼樣子的父親一定會有什麼樣子的兒子。這句話有一定的道理，我們在遺傳學和達爾文的進化論裡就能夠看出這句話的依據。

社會學在十九世紀初在歐洲興起，受啟蒙運動、科學革命後自然科學所取得的成就的影響很大。自然科學的實證主義成為社會科學、人文科學發展的一個主力和主流，帶來龐大的正面和負面後果。

後來有人把達爾文的「適者生存」生物界進化論直接引進社會學，認為社

會就如大自然的環境，人與人就如一切生物，在艱苦的現實中殘酷競爭，求生存；個人、人種、社會組織和社會制度，都在接受現實的考驗，最有適應力、能戰勝別人的強者活下來，弱者被淘汰；一代一代這樣「優勝劣汰」，就是人類和社會的進步。這就是社會達爾文主義。

社會達爾文主義的一個發展方向是放任資本主義和極右法西斯軍國主義。德國十九世紀初至二十世紀中的一百多年中，日本十九世紀中至二十世紀中的一百年中，社會思潮和文化哲學的主體主流以社會達爾文主義為總方向。

德國和日本的極右法西斯軍國主義，沿著實證主義的信念和理念，相信自己掌握人類社會發展和世界事物的客觀性和客觀規律，發展成種族主義，相信這是德意志民族和大和民族的天生優越性，可以操控客觀性和客觀規律的整個系統和體系，按德意志民族和大和民族的需要和標準改變世界現狀，這是「順天應人」，符合歷史的客觀性和客觀規律，異議者和反對者是跟不上時代，認識不足、螳臂擋車；客觀性和客觀規律不以個人意志為轉移，可以透過戰爭，實現理想，替天行道。

英國為何沒有產生德、日思潮呢？

社會達爾文主義標榜的進化論、進步性和優越性，為德國和日本的極右法西斯軍國主義提供了百年的理論基礎和指導思想。達爾文是英國人，但英國並沒有產生德國和日本那種社會達爾文主義、極右法西斯軍國主義和種族主義。

英國文化哲學和思想，有以下特性，由經驗主義、功利主義和懷疑主義合組成主體主流，相對多元開放自由；不輕易相信終極、絕對的形而上本體性／主體性／人性，不輕易相信眼前或歷史的客觀性和客觀規律，相信也是暫時

的、有條件的，一邊相信一邊設法否定；以具實體性的個體為單位，直接接觸現實和大自然，觀察和鑑辨，公開並公正討論，知識和利益無禁區；知識和利益的正面和負面共存、並行和互動，觀點和立場的正面和負面共存、並行和互動，知識、事理和道德不定於一尊，無先天先驗的絕對、神聖，一切以法治調節秩序。

日本現代化初期學英國，後來轉向學德國。日本和德國把英國人的達爾文主義無限擴大，沒有傳承英國文化哲學和思想中的個體主義為基礎的多元自由開放和法治。日本和德國把啟蒙運動、科學革命後的實證主義，結合傳統的終極、絕對、神聖的單元本體性／主體性／人性，神聖化，一面倒、一往無前，造成近代史上日本人和外國人的人間悲劇。

黑格爾（1770～1831），Hegel，是德國哲學中由康得開始的那個運動的頂峰。建立起令人嘆為觀止的客觀唯心主義體系，主要講述絕對精神自我發展的三個階段：邏輯學、自然哲學、精神哲學。在論述每一個概念、事物和整個體系的發展中自始至終都貫徹了這種辨證法的原則。這是人類思想史上最驚人的大膽思考之一。著有《精神現象學》、《邏輯學》、《哲學全書》、《法哲學原理》、《哲學史講演錄》、《歷史哲學》和《美學》等。

幫助烏龜幫出的
社會學干預法

透過積極的社會學干預，撥開覆蓋在社會關係上面的支配和習俗，借助於設法重建行動者所處的社會情景和社會關係，向行動者及研究者展示這些關係的本相和實質，這就是社會學干預的意義所在。

　　格洛麗亞・斯坦姆，是女權主義運動的一位領導者兼作家。學生時代，在一次地理考察中，她上了人生中重要的一課。在史密斯大學演講時，斯坦姆和聽眾分享了這次經歷：

　　「在考察中，在蜿蜒的康涅狄格河畔，我發現了一隻巨大的烏龜，牠趴在一段路的護堤上。牠顯然是從河裡爬出來的，經過一段土路才到了現在這個地方。牠還在繼續前進，隨時有被汽車壓死的危險。

　　同是地球上的生物，我覺得幫助牠是責無旁貸的。於是我走上前，連拉帶扯，最後總算把這隻大烏龜從路障上帶回岸邊。這段期間，牠不斷憤怒地想咬我一口。

　　當我正要把烏龜推回河裡時，地理學教授走了過來，並對我說：『妳知道嗎？為了在路邊的泥裡產卵，那隻烏龜可能花了一個月的時間才爬上公路，結果妳要把牠推回河裡！』

　　唉，我當時懊惱極了。不過，在後來的歲月裡，我發現那次經歷是我人生中生動的一課。它時刻提醒我不要犯主觀臆斷的錯誤。不管你是激進的還是保

守的，在做事關『烏龜』的決斷時，都不要忘記先聽聽烏龜自己的意見。」

教授對烏龜的干預，就像權力對市場的干預一樣，起到了非常大的作用。同樣，社會學對社會生活的干預，也有著非常重大的意義。

在社會框架穩定的時期，社會學家努力發掘的都是「結構」對「行動」的支配和制約作用：看到貌似自由的行動背後，存在著隱秘的、深層的結構支配機制，發現制度和規範如何經由各種途徑而被「內化」為人的行為動機。「制度是如何思維的」已將這條思路的基本特點一語道盡。

但是，至少在兩種情況下，社會學會轉而強調「行動」的作用：第一，即使在社會框架基本穩定時期，當頻頻出現社會運動時，社會學會強調「行動」的作用；第二，在社會轉型期，人們力求改變基本的社會結構，而制度安排也不可能像在穩定時期那樣規範人們的行為，提供基本社會生活秩序。這時，社會學更多地看到的是「行動」的意義和作用。

社會學家不再是社會生活之外在的旁觀者，而是社會運動的積極參與者。只有透過能動的干預手段，介入社會生活，社會學家才能形成關於行動者本身的真切知識。圖海納認定：社會學研究社會行動者之間的關係，但是，這些關係並非輕易可見，它們確實是被秩序和支配掩飾起來。社會學的主要問題，就是使這些關係浮出檯面，進而不再受到各種社會慣例範疇的擺弄。因此，這就預設了社會學家的積極干預。

　　透過積極的社會學干預，撥開覆蓋在社會關係上面的支配和習俗，借助於設法重建行動者所處的社會情景和社會關係，向行動者及研究者展示這些關係的本相和實質，這就是社會學干預的意義所在。

　　通常把社會學干預法分為「強干預」與「弱干預」兩種。在社會自組織機制得到較為充分發揮和顯現的地方，一般運用「弱干預」手段，面對「弱社會」即社會自組織機制難以在短期內自動修復的條件下，「強干預」手段就是必要的。設計帶有相當針對性的項目，將之嵌入行動者自身的生活世界之內（而不是剝離行動者與其生活世界的關係），透過持續的干預活動促成其變化，就是「強干預」的意義。所以，「強社會，弱干預；弱社會，強干預」，是社會轉型條件下運用社會學干預方法的一個基本原則。

亞當斯密（1723～1790），英國經濟學家。揭示了資本主義經營管理的中心問題和剝削本質，被尊稱為「現代經濟學之父」和「自由企業的守護神」。著有《國富論》、《道德情操論》等。

借錘子借出的社會學

布迪厄對社會學的反思性的「單向度」理解實現了超越——其反思性具有學術的、道德的和政治的三重向度。反思是對社會科學的學術前景和理性的政治前景的「雙重憂慮」。

有一個人想掛一幅畫。他有釘子，但沒有錘子。鄰居有錘子。於是他決定到鄰居那兒借錘子。

就在這時候他開始了反思：要是鄰居不願意把錘子借我，那怎麼辦？昨天他對我只是漫不經心地打招呼，他匆匆忙忙，也許這種匆忙是他裝出來的，其實他內心對我是非常不滿的。

什麼事不滿呢？我又沒有做對不起他的事，是他自己多心罷了。要是有人向我借工具，我立刻就借給他。而他為什麼會不借我呢？怎麼能拒絕幫別人這麼點小忙呢？而他還自以為我依賴他，僅僅因為他有一個錘子！我受夠了。

於是他迅速跑過去，按響門鈴。鄰居開門了，還沒來得及說聲「早安」，這個人就衝著他喊道：「留著你的錘子給自己用吧！你這個惡棍！」

人們總是對自己的行為進行反思，並在反思尋找到新行為的指導方針。借錘子的人如此，作為科學的社會學亦如此。由此產生了社會學的社會學，其目

的在於對社會學的發生、發展進行反思，進而尋找到社會學正確的發展方向。

布迪厄針對社會學（乃至社會科學）的混亂——唯智主義偏見和學究謬誤、各式各樣的二元對立、在各種政治傾向下左右搖擺的「學術人」，以及知識分子（以社會學家為代表）對這些混亂麻木不仁、無動於衷，布迪厄提出了以社會學和社會學家本身為研究對象的「社會學的社會學」。

社會學誕生不久就出現了三路「路神」並存的局面——「實證」、「理解」和「批判」三種進路並行，長期以來，人們大多關注前兩種範式的差異，準確說是「對立」——社會先在與個人先在的對立、結構與行動的對立、方法論的整體主義和個體主義的對立……等等。這些對立在布迪厄看來都是「虛假的對立」。二者的對立不是根本性的，而是在追求客觀性這一目標時體現出的方法論上的差異。

在布迪厄看來，如果說唯智主義偏見和學究謬誤僅僅是一種學術無意識的話，那各種二元對立不僅如此，在其背後還隱藏著很強的政治意蘊，尤其是當代。常人方法學等後繼學說，無數次地摧毀二元對立的思維之網，但為什麼這種思維卻又無數次的重新修復，死灰復燃，一些學者又紛紛跌入「客觀性的陷阱」之中。這種二元對立思維之網的修復機制到底是什麼呢？布迪厄指出，社會學的任務就在於揭示社會世界隱藏的各種深層結構，以及使這些結構得以存在和再生產的條件、機制。布迪厄認為，在二元對立思維這張「有形之網」背後還隱藏著一張「無形之網」——利益動機和政治取向。只有超越這種無形之網才能做到真正意義上的反思，社會學乃至社會科學才可能獲得自主性。

布迪厄「社會學的社會學」不是把反思性作為目的而是將其當作實現學術場域自主性的前提性條件。

然而「社會科學面臨的特殊困惑在於自主性日益增大並不同時意味著政治中立性也隨之增大。社會學越是科學，它就越是與政治相關，即使它只是一種抵禦性工具，亦即充當一種屏障，抵禦著那些時刻阻止我們成為真正意義上的政治行動者的各種形式的神秘化和符號支配。」

布迪厄社會學的反思性具有學術的、道德的和政治的三重向度。其反思是對社會科學的學術前景和理性的政治前景的「雙重憂慮」。

在他看來，社會科學應該擔負起時代所賦予的文化使命，理性應該在人類事務中發揮更大作用，進而推進人類的「自由」。布迪厄為社會學乃至社會科學勾畫出的這一「理想圖景」也正是後繼者努力的方向。

休謨（1711～1776），Hume，David，18世紀英國哲學家，歷史學家，經濟學家。他的哲學是近代歐洲哲學史上第一個不可知論的哲學體系。著有《人性論》、《道德和政治論說文集》、《人類理解研究》、《道德原理探究》、《宗教的自然史》、《自然宗教對話錄》、《自凱撒入侵至1688年革命的英國史》（6卷）等。

買柿子引發的「文明衝突論」

民族國家雖然仍是世界事務中最有力量的行動者，但全球政治的主要衝突將發生在跨越國家疆界、信仰不同宗教、分屬於不同文化的民族和族群之間，文明衝突將成為未來的主要戰場。

美國的一個攝製組，想拍一部反映中國農民生活的紀錄片。於是他們來到中國某地農村，找到一位柿農，說要買1000個柿子，請他把這些柿子從樹上摘下來，並演示一下貯存的過程，談好的價錢是1000個柿子160元人民幣，折合20美元。

這位柿農很高興地同意了。於是找來一個幫手，一人爬到柿子樹上，用綁有彎鉤的長杆，看準長得好的柿子用力一摔，柿子就掉了下來。

下面的一個人就從草叢裡把柿子找了出來，撿到一個竹筐裡。柿子不斷地掉下來，滾得到處都是。下面的人則手腳飛快地把它們不斷地撿到竹筐裡，同時還不忘高聲吶喊地和樹上的人話家常。在一旁的美國人覺得很有趣，自然全都拍了下來。接著又拍了他們貯存柿子的過程。

美國人付了錢準備離開，那位收了錢的柿農卻一把拉住他們說：「你們怎麼不把買的柿子帶走呢？」美國人說不好帶，也不需要帶，他們買這些柿子的目的已經達到了，這些柿子還是請他自己留著。

天底下哪有這樣便宜的事情呢？那位柿農心裡想。於是他很生氣地說：「我的柿子很棒，品質又非常好，你們沒理由瞧不起它們。」美國人聳聳肩，攤開雙手笑了。他們請翻譯耐心地跟他解釋，說他們絲毫沒有瞧不起他的柿子的

意思。

翻譯解釋了半天，柿農才似懂非懂地點點頭，同意讓他們走。但他卻在背後搖搖頭感嘆說：「沒想到世界上還有這樣的傻瓜！」

那位柿農不知道，他的1000個柿子雖然原封不動地就賣了20美元，但是那幾位美國人拍的他們採摘和貯存柿子的紀錄片，拿到美國去卻可以賣更多更多的錢。

那位柿農不知道，在那幾個美國人眼裡，他的那些柿子並不值錢，值錢的是他們的那種獨特又有趣的採摘、貯存柿子的生產生活方式。

那位柿農不知道，一個柿子在市場上只能賣一次，但如果將柿子製成「資訊產品」，一個柿子就可以賣一千次、一萬次甚至千千萬萬次。

那位柿農很道地，很質樸，很可愛，但他在似懂非懂的情況下就斷定別人是傻瓜，他的可愛也就大打折扣了。這是兩種文明衝突，這種文明的衝突，正在促使文明的溝通和融合。

文明衝突論強調，人類的重大分野和衝突的主要根源將是文化的或文明的；民族國家雖然仍是世界事務中最有力量的行動者，但全球政治的主要衝突將發生在跨越國家疆界、信仰不同宗教、分屬於不同文化的民族和族群之間，文明衝突將成為未來的主要戰場。因而「文明衝突論」也正在演變成一種「自我實現的預言」。

所謂「自我實現的預言」是社會學家在揭示人類社會活動的建構特徵時使用的一個概念，意思是說一個本來屬於不實的期望、信念或預測，由於它使人

們按照所想像的情境去行動，結果是最初並非真實的預言竟然應驗了，變成了真實的後果。

「文明衝突論」刻意強調文明、族裔認同意識在未來事變中將起到重要媒介作用，甚至會扮演推波助瀾的角色，在全球化脈絡下，凸顯宗教信仰、文化傳統所導致的稱霸與反霸衝突將日益尖銳化，自有其不容忽視的警世意義。

經濟全球化的發展一方面帶來了一種新的世界主義理想即將實現的錯覺，另一方面也導致了一種反全球化趨勢，這是一種針對全球化的叛逆心態，被稱為「排他性」的反叛情緒，即重新強調種族和社群的認同感和合法權利的「身分政治」、「承認政治」和「多元文化主義」。

自由是一種在特定的歷史、文化和種族環境下的權利，而不是一種普遍的權利。所以，自由在不同的民族中有不同的定義，有時文明衝突恰恰是一種不同自由觀的衝突。

魁奈（1694～1774）法國資產階級古典經濟學家，重農主義學派的創始人和領袖。提出「純產品學說」，並以此為基礎，研究了社會總資本的再生產與流通。著有《租地農場主論》、《穀物論》、《人口論》、《賦稅論》、《經濟表》等。

從侯淵放虎歸山
看科爾曼的理性選擇理論

理性選擇理論包括行動系統、行動結構、行動權利以及社會最佳等四組基本概念。理性選擇理論能夠從微觀分析上升到宏觀分析，這集中體現在對法人行動分析之中。

《魏書侯淵傳》記載，北魏大都督侯淵，率領七百騎兵，疾奔襲擊擁兵數萬的葛榮部將韓樓。

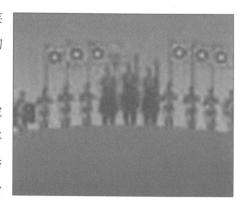

他孤軍深入敵方腹地，帶著一股銳氣，在距韓樓大本營一百多里地之處，將韓樓的一支五千餘人的部隊一下子就打垮了，還抓了許多俘虜。侯淵沒有將俘虜當「包袱」背，而是將他們放了，還把繳獲的馬上口糧等東西都發還給他們。侯淵的部將都勸他不要放虎歸山，以免增加敵人的實力。

侯淵向身邊的將士們解釋道：「我軍僅有七百騎，兵力十分單薄，敵眾我寡，無論如何不能和對方拼實力、拼消耗。我將俘虜放歸，用的是離間計，使韓樓對他們疑心，舉棋不定，這樣我軍便能趁機攻克敵城。」將士們聽了這番話，恍然大悟。

侯淵估計那批釋放的俘虜快回到韓樓佔領的薊城了，便率領騎兵連夜跟進，拂曉前就去攻城。韓樓接納曾被俘虜過的這批部下時，有些不放心，當侯

淵緊接著來攻城時，便懷疑這些放回來的士兵是給侯淵當內應的。他由疑而懼，由懼而逃，棄城而去沒多遠，就被侯淵的騎兵部隊追上去活捉了。

在這個故事裡，侯淵在知彼知己的情況下，進行了理性的選擇，這種選擇，表面上看是他自己的選擇，其實也是一種社會的選擇：他的國家、他的教育、戰場的資訊、戰爭的目的。

科爾曼認為，社會學的任務就是解釋社會行動系統，即解釋社會現象、分析社會事實，而不只是解釋個體心理活動。但是，想要解釋社會現象就要借助於對個體行動的解釋，即透過對個體行動的分析去說明「處於宏觀水準下的個人行動以及這些行動是怎樣構成宏觀社會現象的」。為此，科爾曼說道：「如果社會理論的目標是解釋以個人為基礎的社會組織活動，理解個人行動便意味著尋找其隱藏在行動內部的各種動機。所以，解釋社會組織活動時，必須從行動者的角度來理解他們的行動。換句話說，局外人認為行動者的行為不夠合理或非理性，並不反映行動者的本意。用行動者的眼光衡量，他們的行動是合理的。」

理性選擇理論包括行動系統、行動結構、行動權利以及社會最佳等四組基本概念。人們的理性行動總是在一定規範指導下的行動，因此，理性選擇理論應當對社會規範展開徹底的反思性、批判性研究。理性選擇理論不僅要分析個別行動者的行動，也要能夠從微觀分析上升到宏觀分析，這集中體現在對法人行動分析之中。

法人的出現使得現代社會產生以下兩個問題：首先，如果一個行動者「既是自然人又是法人和代理人，他將有意無意地變換角色，以最大限度地控制資源謀取利益，這樣就會增加有效規範制定與實施的難度」。其次，個人選擇與社

會選擇矛盾問題。

個人選擇是行動者為了追求自身利益、利用可能獲得的資源在一定規範下的私人行為。而法人行動必須依賴於社會規則或規範，也是一種集體行為的博弈過程，與其主體成員的構成、社會關係的結構、可供選擇的方式等密切相關。因此，法人僅僅代表了特殊群體的特殊利益。

在現代社會中，社會的發展使個體行動者之間的互動越來越少，而法人行動者之間的互動越來越多，儘管法人行動者也難以真正達到帕累托最佳，但它在個人競爭的殘酷和集體行動的搭便車難題之間，找到一種協調個人利益和集體利益的理性選擇。

盧梭（1712～1778），是法國著名啟蒙思想家、哲學家、教育家、文學家，是18世紀法國大革命的思想先驅，啟蒙運動最卓越的代表人物之一。著有《論人類不平等的起源和基礎》、《社會契約論》、《愛彌兒》、《懺悔錄》等。

乞巧話民俗

民俗學方法論就是對一定社區的社會成員在社會互動中所遵循的規則的社會學研究。民俗學方法論的最大特點是反對社會學的主流思想,特別是實證主義學派。

　　七夕節始終和牛郎、織女的傳說相連,這是一個很美麗、千古流傳的愛情故事,成為中國四大民間愛情傳說之一。

　　相傳在很早以前,牛郎獨自一人進山放牛。

　　一天,天上的織女和諸仙女一起下凡遊戲,在河裡洗澡,牛郎在老牛的幫助下認識了織女,兩人互生情意,後來織女便偷偷下凡,來到人間,做了牛郎的妻子。織女還把從天上帶來的天蠶分給大家,並教大家養蠶、抽絲,織出又光又亮的綢緞。

　　牛郎和織女結婚後,男耕女織,情深意重,他們生了一男一女兩個孩子,一家人生活得很幸福。這件事很快便讓天帝知道,王母娘娘親自下凡來,強行把織女帶回天上,恩愛夫妻被拆散。

　　牛郎拉著自己的兒女,一起騰雲駕霧上天去追織女,王母娘娘拔下頭上的金簪一揮,一道波濤洶湧的天河就出現了,牛郎和織女被隔在兩岸,只能相對而泣。他們的忠貞愛情感動了喜鵲,千萬隻喜鵲飛來,搭成鵲橋,讓牛郎織女能走上鵲橋相會,王母娘娘對此也很無奈,只好允許兩人在每年七月七日於鵲

橋相會。

後來，每到農曆七月初七，相傳是牛郎、織女鵲橋相會的日子，姑娘們就會來到花前月下，抬頭仰望星空，尋找銀河兩邊的牛郎星和織女星，希望能看到他們一年一度的相會，乞求上天能讓自己像織女那樣心靈手巧，祈禱自己能有如意稱心的美滿婚姻，由此形成了七夕節，又叫乞巧節。

這是一個優美的民間傳說，反映了漢民族特有的民俗文化。對這種民俗文化的研究，就產生相對的民俗學以及相對的方法論。

民俗學方法論就是對一定社區的社會成員在社會互動中所遵循的規則的社會學研究。又稱民族學方法論、本土方法論。20世紀60年代發展起來的微觀社會學學派之一。創始人為美國社會學家H.加芬克爾。民俗學方法論的英文詞首「ethno」在希臘文中意為國家、人民、部落、種族。H.加芬克爾認為，社會是具體的而不是抽象的，社會僅僅在它的成員察覺到它存在時才存在，因此必須對社會成員在建構和解釋他們所處的社會時所使用的方法進行詳細考察。在現實生活中，社會成員依據一定的規則和程序來組織社會活動，並使活動具有共同的意義。這套規則和程序就稱為民俗方法，也有人稱它為本土方法或民族方法。由於強調社會成員對社會現實的主觀解釋，民俗學方法論常常被視為一種現象學研究。民俗學方法論的研究對象是個人，它運用極為精細的實證方法，著重分析人們行為的微觀方面，力圖發現和描述人們在日常生活中做出行為、回應行為和改變行為的規則。在他們看來，這些不成文的、公認的行為規則是一切社會生活的基礎。

民俗學方法論的最大特點是反對社會學的主流思想，特別是實證主義學派（見社會學方法論）。

　　對於民俗學方法論者來說，傳統社會學的概念、技術和統計歪曲了社會現實的真實本質。與現象學社會學不同，民俗學方法論並不試圖概括出普遍規律，而只注意對日常生活的語言及行為意義的經驗研究，尤其是對行為者實際動作的觀察分析。加芬克爾等人發展了一套獨特的研究技巧，如追蹤訪問、親身觀察、文件解釋和「破壞試驗」法。

　　後者是故意干擾和打破人們通常的行為方式，以觀察人們的反應。透過這些方法來揭示社會互動中隱含的行為規則，對社會成員的日常生活做出描述與闡釋。這些研究技巧對社會學調查方法的精細化起了一定的作用。

　　民俗學方法論強調個人間的微觀互動過程，強調對行為者主觀意圖的理解，並把這種原則應用於經驗研究，進而在方法論上發展和充實了M.韋伯的理解的社會學。

布阿吉爾貝爾（1646～1714），法國經濟學家。法國古典政治經濟學創始人，重農學派的先驅。他是自由競爭的早期擁護者，他的經濟自由思想和重視農業的觀點為後來的重農學派所繼承和發展。著作有《穀物論》、《法蘭西辯護書》、《論財富、貨幣和賦稅的性質》等。

清掃落葉掃出的
社會行為主義

社會行為主義是當代美國社會學中的一種激進的自然主義理論。主張社會學應用經驗方法測算具體環境對行為的刺激因素，以解釋個人的外顯行為，然後再將個人行為擴大到人際交換領域，使之成為能解釋社會現象的理論。

有個小和尚，每天早上負責清掃寺廟院子裡的落葉。

清晨起床掃落葉實在是一件苦差事，尤其在秋冬之際，每一次起風時，樹葉總是隨風飛舞落下。

每天早上都需要花費許多時間才能清掃完樹葉，這實在讓小和尚頭痛不已。他一直想要找個好辦法讓自己輕鬆些。

後來有個和尚跟他說：「你在明天打掃之前先用力搖樹，把落葉統統搖下來，後天就可以不用掃落葉了。」

小和尚覺得這是個好辦法，於是隔天起了個大早，用力的猛搖樹，這樣他就可以把今天跟明天的落葉一次掃乾淨了。這天小和尚非常開心。

第二天，小和尚到院子一看，不禁傻眼了。院子裡如往日一樣落葉滿地。

老和尚走了過來，對小和尚說：「傻孩子，無論你今天怎麼用力，明天的

落葉還是會飄下來。」

小和尚終於明白了，世上有很多事是無法提前的，唯有認真的做好當下的事情，才是最真實的人生態度。

社會行為主義像這小和尚一樣，總想讓人透過自身的行動和努力，早一步解決明天的社會發展帶來的問題。

社會行為主義是當代美國社會學中的一種激進的自然主義理論。又稱行為主義社會學。它以英國功利主義經濟學的個人主義和自由放任原則以及美國行為主義心理學為理論基礎，主張社會學應用經驗方法測算具體環境對行為的刺激因素，以解釋個人的外顯行為，然後再將個人行為擴大到人際交換領域，使之成為能解釋社會現象的理論。代表人物有心理學家B.F.斯金納和社會學家G.C.霍曼斯。

以斯金納為代表的激進行為主義為社會行為主義提供了心理學基礎和認識論依據。行為主義心理學主張心理學的對象是人的外顯行為，認為人的行為與動物行為並無本質差別。斯金納把研究鴿子和老鼠時獲得的實驗資料用在對人的研究上，認為個人的外顯行為並非對外部刺激的首要反應，而是在外部環境各種刺激因素作用下形成的一種反射的複雜總體。

他認為，人類行為和動物行為都可視為旨在獲得報償和逃避懲罰；人們在互動過程中彼此提供積極或消極的外部因素，進而形成各自的外顯行為。這一原理為社會學交換理論奠定了基石。

霍曼斯把行為心理學對人的行為的解釋與功利主義經濟學把人的行為解釋為在成本和利潤中選擇最合算的行動路線的思想結合起來，目的在於把對人的

行為的心理學解釋和經濟學解釋納入對社會交換的解釋之中。在他看來，社會
讚許的社會現象如貨幣一樣可被視為一種報償，而人所處的從屬地位同樣也可
當作一種成本；而經濟學的「報償」和「成本」概念分別與心理學的「強化」
和「懲罰」概念相對應。據此，霍曼斯把社會行為視為一種至少在兩個人之間
發生的、為獲取報償或付出成本的有形或無形的交換活動，並在此基礎上建立
他的社會交換論。

米德認為，不應當用意識的術語來說明人的行為、行動，而是要以行為、
行動的術語對意識做出唯一科學的說明。所以他強調社會心理學所要解決的一
個任務，就是要說明意識的發生過程，也就是要說明人「自我」或「自身」怎
樣在人的行為內部和從人的行為中出現。

社會行為主義是從個人主義和客觀性出發，目的是在社會學傳統中的個人
──社會兩種研究策略之間搭起溝通的橋樑。

約翰‧洛克（1632～1704），John Locke，
英國哲學家、經驗主義的開創人，同時也是
第一個全面闡述憲政民主思想的人，在哲學
以及政治領域都有重要影響。法國後來的啟
蒙運動乃至法國大革命都與洛克的思想不無
關係。著有《論寬容》、《政府論》、《人類
理解論》、《關於教育的思想》、《聖經中體
現出來的基督教的合理性》等。

氣球放飛的形式社會學

社會學是研究人與人之間關係的科學，人與人之間的交互行為構成社會關係與社會結構。認為社會關係不是社會有機體論所想像的實體或有機整體，而是在時間、空間中變化發展的。

一天，幾個白人小孩在公園裡玩。這時，一位賣氫氣球的老人推著貨車進入公園。白人小孩一窩蜂地跑了上去，每人買了一個氣球，興高采烈地追逐著放飛的氣球跑開了。白人小孩的身影消失後，一個黑人小孩怯生生地走到老人的貨車旁，用略帶懇求的語氣問道：「您能賣給我一個氣球嗎？」

「當然可以，」老人慈祥地打量了他一下，溫和地說，「你想要什麼顏色的？」

他鼓起勇氣說：「我要一個黑色的。」臉上寫滿滄桑的老人驚詫地看了看這個黑人小孩，隨即遞給他一個黑色的氣球。他開心地接過氣球，小手一鬆開，氣球在微風中冉冉升起。

老人一邊看著上升的氣球，一邊用手輕輕地拍了拍他的頭，說：「記住，氣球能不能升起，不是因為它的顏色，而是因為氣球內充滿了氫氣。」

內容與形式同等重要，不僅白色氣球能飛，黑色氣球也能飛，關鍵是看裡面是否有充氫氣。所以，形式與內容的統一，才能夠完整揭示事物的本質。

　　形式社會學是19世紀末形成的社會學的重要派別。主張社會學對社會現象的研究可以集中研究社會關係的形式，而忽略其內容。主要代表人物是德國社會學家F.滕尼斯、G.齊美爾和L.von維澤。

　　滕尼斯提出了「社區」（又譯共同體）和「社會」兩個概念，認為「社區」是透過血緣、鄰里、朋友關係建立起來的人群組合。

　　它由其成員的嗜好、習慣、道德規範、審美價值等本質意志所決定。成員依靠共同的群體意識來保持其親密的自然關係，而不計較個人的利益。

　　「社會」是靠人的理性權衡，即選擇意志建立起來的人群組合。它的成員各有其目的，由人的選擇意志所決定。

　　「社會」成員因利益不同而決定其分工的差異，他們雖相互依賴，但由於各自的利益衝突而喪失了自然的親密關係。滕尼斯對「社區」與「社會」這兩種社會結構一般形式的分析，樹立了社會形式（理想類型）研究的範例。

　　齊美爾認為，社會學應該脫離社會關係的具體內容，專門研究社會關係的形式或人類交往的形式。社會關係產生於一定的社會條件，社會條件雖有不同，但形式卻具有共同性，統治、順從、競爭、交換、模仿、衝突、協作、分工、隔離、聯合、接觸、反抗，以及派別的形成、社團的持續、社會分化與整合等都可以看成是社會關係的一般形式。

　　事物的形式與內容結合的密切程度有所不同，人的行為的形式，如交換、個人愛好、模仿等和內容結合密切，變化較快；經濟組織與政治活動的形式與內容結合程度較低，其固定性較強，變化較慢；結合最不密切的是儀式形式如節日，經常脫離其原來內容而成為一種抽象形式。

維澤提出了關係社會學。他認為，社會學是研究人與人之間關係的科學，人與人之間的交互行為構成社會關係與社會結構。關係社會學著重於關係的變化，認為社會關係不是社會有機體論所想像的實體或有機整體，而是在時間、空間中變化發展的。

變化的過程由人與人之間的聯合、接近、適應、同化、調和、分離、競爭、反對和衝突等關係形成；這種人與人的關係的變化也受到人的外在條件的制約。關係社會學考慮到人的行為與外界條件的關係，比較注意實際的社會關係，在一定程度上完善了形式社會學的理論。

形式社會學對以後社會學各學派重視研究人際關係和群體之間關係產生了重要影響。當代的形式社會學已轉化為群體網路關係分析的學說，並借助數理統計知識建立起各種嚴格定量操作的形式模型。

笛卡兒（1596～1650），Rene Descartes，法國哲學家、物理學家、數學家、生理學家。解析幾何的創始人。17世紀及其後的歐洲哲學界和科學界最有影響的巨匠之一，被譽為「近代科學的始祖」。著有《方法論》、《形而上學的沉思》、《哲學原理》等重要著作。

買鸚鵡解讀韋伯的
官僚組織理論

官僚組織充分地體現了現代資本主義精神，它所追求的是透過穩定的、有秩序的、分工合作且運作協調的組織體制來謀求效率。所以，效率是官僚制的核心，法治是官僚制的靈魂。

一個人去買鸚鵡，看到一隻鸚鵡前標明：此鸚鵡會兩種語言，售價兩百元。

另一隻鸚鵡前則標明：此鸚鵡會四種語言，售價四百元。

該買哪隻呢？兩隻都毛色光鮮，靈活可愛。這個人轉啊轉，拿不定主意。突然發現一隻老掉牙的鸚鵡，毛色暗淡散亂，標價八百元。

這個人趕緊將老闆叫來：「這隻鸚鵡是不是會說八種語言？」

店主說：「不。」

這個人納悶了：「為什麼又老又醜又沒有能力，會值這個價錢呢？」

店主回答：「因為另外兩隻鸚鵡叫這隻鸚鵡『老闆』。」

這個小故事道出現代社會普遍的管理方式，官僚組織。僅僅因為那隻又老又醜的鸚鵡是管理者，牠的價值就翻一番。

有社會組織的地方就有統治和管理，有統治和管理就得有統治的道理，人們服從統治的道理就構成了權威，例如那隻老鸚鵡。任何一種組織，都是以某

種形式的權威為基礎的。權威能消除混亂，帶來秩序，實現組織目標，推進社會發展。

馬克斯·韋伯是對權威進行理論剖析的第一人，他對權威進行了歷史的考察，認為正當的（或稱為合法的）權威不外乎三種歷史形態。即傳統權威、魅力權威、法理權威。韋伯認為，組織與權威的關係密切，任何一種形式的組織都以某種形式的權威作為基礎，沒有權威，組織就失去了其存在的條件，這即是著名的權威理論。

傳統型權威：他們所遵從的規則，是社會傳統的習俗和慣例，而不是法律制度。傳統權威的本質是「順從」。

魅力型權威：這種權威又可稱之為超人權威或神授權威，它建立在非凡人格、英雄氣概、創業奇蹟的基礎上，也就是說它來自於對領袖個人魅力的崇拜。魅力型權威的核心是個人崇拜，這種組織所依賴的往往是某種信仰，而不是強制性因素。

法理型權威：這種權威又可稱之為法定權威，是建立在相信規章制度和行為規則的合法性基礎之上。這種權威下的組織關係是法定的，組織的行為規則體現了理性。所以，它是現代社會最為普遍的權威類型，其他兩種權威最終會朝這種權威演變。

官僚組織建立在法理權威之上，它的合理性來自於三個方面，組織的勞動分工體系；調節成員關係和行為的規範秩序；對個人自利追求的激勵和制裁體制。

這種組織的形式、結構和運行機制，表現為高度理性化的法律規章和制度

體系。官僚組織充分地體現了現代資本主義精神，它所追求的是透過穩定的、有秩序的、分工合作且運作協調的組織體制來謀求效率。所以，效率是官僚制的核心，法治是官僚制的靈魂。

韋伯認為，從純粹技術的角度看，官僚組織能夠取得最大效率。而從工具理性角度上來說，這種組織是進行社會管理最合理的手段。官僚組織在精確性、穩定性、嚴格的紀律性、可靠性等方面，比其他組織形式都要優越。資本主義的發展，使大規模社會組織迅速成長起來，官僚組織是人類迄今發現的管理大型組織的最好模式。相對於傳統組織和個人崇拜組織來說，官僚組織的實質，就是拋棄人治，實現法治，遮罩情感，崇尚科學。

官僚組織具有專業化分工、等級制、對法理化規則的遵從、非人格化等特點。官僚製作為一種理性的和有效率的管理體制，它迎合並極大地推動了近代資本主義的工業化進程。一方面，官僚制滿足了大工業生產的生產模式和管理複雜化的需要。其在精確性、快捷性、可預期性等方面是其他社會組織形式所無與倫比的。另一方面，它以非人格化、制度化的特徵而得到科學理性時代的文化認同。

湯瑪斯·孟（1571～1641），Thomas Mun，英國晚期重商主義最傑出的代表人物。著有《英國得自對外貿易的財富》，這本被稱為「重商主義一部具有劃時代的著作」的書為貿易差額論獲得了較為系統的理論形態，被稱為「重商主義的聖經」，「進而直接影響立法」。因此極大地影響了政府的農業政策。

報紙裡的社會傳播理論

傳播指的是人與人關係賴以成立和發展的機制——包括一切精神象徵及其在空間中得到傳遞、在時間上得到保存的手段。報紙作為新聞的採集者和詮釋者,它的作用就是社區的功能的某種發展,這種功能原來是由社區內部的人際交流及街談巷議來完成的。

一九三五年的春季,我失業在家。在外面讀書、看報慣了,忽然想訂一份報紙看看。這在當時確實近似一種幻想,因為我的村莊非常小又非常偏僻,文化教育也很落後。例如村裡雖然有一所小學校,歷年來就沒有想過訂一份報紙,村公所就更不用談了。而且,我想要訂的還不是一種小報,是當時有名的《大公報》。

這種報紙,我們的縣城,是否有人訂閱,我不敢斷言,但我敢說,我們這個區,即子文鎮上是沒人訂閱過的。

我在北京住過,在保定求學過,都是看《大公報》。現在我失業了,住在一個小村莊,但我還是想看這份報紙。我認為這是一份嚴謹的報紙,是一些有學問、有事業心、有責任感的人編輯的報紙。

我認為《大公報》裡的文章很好。首先我把這個意圖和我結婚不久的妻子說了:「我想訂份報紙。」「訂報紙做什麼?」

「我在家裡閒得發慌,想看看報紙。」「那你去訂吧!」

「我沒有錢。」「要多少錢?」

「訂一個月要三塊錢。」「啊!」

「妳能不能借給我三塊錢？」「你花錢應該向爸爸要，我哪裡來的錢？」

這是孫犁在一篇散文中講述的有關報紙的故事。報紙在現代資訊傳播中發揮著重要的作用，而傳播的社會學意義不言而喻。

芝加哥學派將傳播看作社會得以存在的基礎。傳播指的是人與人關係賴以成立和發展的機制——包括一切精神象徵及其在空間中得到傳遞、在時間上得到保存的手段。它包括表情、態度和動作、聲調、語言、文章、印刷品、鐵路、電報以及空間和時間的其他最新成果。

作為人類社會組織基礎的原則，是包括他人參與在內的交流原則。這一原則要求他人在自我中出現，他人參與自我，透過他人而達到自我意識。這種參與透過人類所能實現的交流而成為可能。傳播是一個社會心理過程，憑藉這個過程，在某個過程，人們之間合理的和道德的秩序能夠代替單純心理和本能的秩序。

傳播的意義在於，社會作為社會學的核心概念，是由個體之間的傳播所構成；所有的人類傳播代表著某種交流，這種交流對於所涉及的個體來說具有交互的效果；傳播在彼此之間的社會距離不斷改變的個體之間發生；人類傳播滿足某些基本需要，諸如友情或侵略，或追求收入、教育或其他渴望達到的目標；某些種類的傳播隨著時間的發展而成為穩定的或固定的，因此代表著文化和社會結構。

現代社會中，傳播的發生通常是由媒體來完成的，媒體在完成傳播的過程中必然面臨下列問題：媒體內容怎樣影響公眾意見？大眾媒體是怎麼被公眾意見所影響的？大眾媒體是否能夠帶來社會改變？人際傳播是怎樣與大眾傳播進

行聯繫的？報紙是傳播領域最重要的媒體之一。

報紙是維繫鄉村民主的人際交流在現代城市的自然延伸和對應物，在所有報刊報導中，作者以及報刊的動機，不管是否有意識，實際上都是盡可能地在城市環境中再現農村生活的情景。……鄉村是民主的，我們的國家是個村民的國家，我們的制度、機構基本上都是鄉村的制度、機構。在鄉村，社會管理主要出自公共輿論和議論。

報紙作為新聞的採集者和詮釋者，它的作用就是社區的功能的某種發展，這種功能原來是由社區內部的人際交流及街談巷議來完成的。社會是透過個體的交流與相互作用得以可能的。只有當研究者同樣作為行動者參加他所研究的世界時，他才能接近這些秘密現象即行動者有意義的社會產品。

社會學關注的問題與報社記者必然會得到大批第一手的問題有關……可以說，一個社會學家只不過是一個更準確的、更負責的和更科學的記者。在指導安德森進行關於流浪漢的研究時，派克說：「像一個新聞記者一樣，只把你看到、聽到和知道的事情寫下來。」

弗里茨・海德（1896.02.18～1988.01.02），Fritz Heider，美國社會心理學家，社會心理學歸因理論的創始人。所謂歸因（attribution）是指人們對已發生事件的原因的推論或知覺。著有《人際關係心理學》、《社會知覺與現象世界的因果關係》。

富人和窮人擔心的
社會學習論

把認知心理學與行為改變的原理結合起來，闡明人怎樣在社會環境中進行學習，進而形成和發展其人格特徵的理論。又稱造型論。這裡的社會環境是指由人提供的功能性刺激，社會學習即是對這種刺激的反應過程。

富人和窮人一起來到牧師面前訴說自己的苦惱。

富人首先說：「尊敬的牧師，我是一個有錢人，我的錢多得幾輩子都用不完。也正因為富有，所以我幫我的兒子請了最好的老師到家裡來教育他，我唯一的希望就是我的兒子能夠接管我的事業，將這份龐大的產業傳承下去。20多年後的今天，我也快退休了，可是，我卻越來越擔心我的兒子無法管理好我的產業，因為他害怕面對這個世界，甚至不敢走出自己的書房。現在，我懷疑，是不是我的富有影響了他正常成長……」

窮人接著說：「尊敬的牧師，我是一個窮人，一輩子靠捕魚為生。因為貧窮，我沒錢送我的兒子去讀書，所以，我十分內疚，於是每次去捕魚的時候，我都讓我的兒子坐在船艙裡。我想趁我還年輕，多出點力，讓兒子好好休息幾年，以後，等我老了，就將這艘船交給他。可是，20多年後，我的兒子竟然連網都不會撒。我想，是不是因為我貧窮，對兒子教育不夠……」

富人對窮人說：「什麼？你的兒子天天跟你去捕魚，怎麼連網都不會撒？難道還鍛鍊得不夠？」窮人也不解地對富人說：「你那麼有錢，幫兒子請了最好的老師，讓他坐在家裡就可以接受教育，難道他所受的教育還不夠多嗎？」

　　牧師打斷兩人的對話說：「貧窮和富有都沒有錯，孩子不怕父母貧窮或者富有，怕的是父母溺愛的心！」

　　實際上富人和窮人面對的是同樣的問題，就是如何學習的問題。正是看到了學習的力量，所以富人和窮人都在為自己的後代擔憂。學習的力量就是人類生存發展的力量，而這種力量的獲得，正是在社會的大環境中完成的，它既是心理學的過程，也是社會學的過程。

　　社會學習論是心理學界行為主義學派的大師——班杜拉提出的心理社會心理學基礎理論，這一理論源自於行為主義學派的強化學習理論——即學習，本質上說是受到積極強化、消極強化、無強化、懲罰的影響，而改變了行為的發生機率。例如，小孩說真話，得到了糖果獎勵，以後他就會更常說真話；小孩說謊話，得到了糖果，以後他就會常說謊話。

　　而社會學習論則認為，不僅加諸於個體本身的刺激物可以讓其獲得或失去某種行為，觀察其他個體的學習過程也可以獲得同樣的效果。例如，小孩看到幼稚園老師誇讚彬彬有禮的小朋友，並且給他糖果吃，等到他（她）見到幼稚園老師，也會彬彬有禮。

　　社會學習論的這個論斷，從常識看是走了一小步，從科學上看是走了一大步。透過這種理論，行為主義學派的強化理論被用來解釋許多社會心理學問題。社會心理學第一次擁有了改造社會的理論。自社會心理學理論出現之後，大量的電視報導，英模報告會便隨之出現，社會管理者開始更多地注意示範作用。榜樣的教育意義被空前重視起來。

　　把認知心理學與行為改變的原理結合起來，闡明人怎樣在社會環境中進行

學習,進而形成和發展其人格特徵的理論。又稱造型論。這裡的社會環境是指由人提供的功能性刺激,社會學習即是對這種刺激的反應過程。他人的式樣,特別是家長、教師、同伴和其他模範人物具有學習模型的作用。

研究證明,兒童缺乏這種學習將導致順應不良。美國社會心理學家A.班杜拉和W.米歇爾、N.E.米勒、J.朵拉德和 J.B.羅特以及A.W.斯塔茨等人是提倡這一理論的代表人物。班杜拉和他的同事們認為,觀察學習的機制不能簡單地用操作條件作用的原理去解釋。他們分析這種學習是由注意過程、保持過程、動作複製過程和動機過程這四個互相關聯的過程構成的。

班杜拉等人還用實例和實驗闡明認知過程怎樣操縱強化作用對控制個人行動中的影響,並決定他們如何估量和選擇不同的活動或改變他們的自我概念。社會學習論是分析人的思想和行為的一個理論體系。它是根據認知活動對外界影響的調節去剖析社會行為的學習、動機和強化的,因而被稱為一種認知行為論。這個理論對培養人的準確技能、積極態度和良好行為,具有一定的意義。

戈塞特(1876～1937),William Sealey Gosset,英國數學家、統計學家。英國現代統計方法發展的先驅,小樣本統計理論的開創者。由他導出的統計學T檢驗廣泛運用於小樣本平均數之間的差別測試。著有《平均數的規律誤差》等。

張大爺嘮叨出的老年社會學

社會化從個人來說是將社會的文化規範內化並形成獨特的個性的過程；從社會來說，是將一個生物學意義上的自然人教化、培養為一個有文化的社會人的過程。

　　小學門前，一位交通警察正在指揮交通。久等的張大爺在熙熙攘攘的人群中一眼就看到了自己的小孫女，一邊拎著剛才在市場買的菜，一邊接過小孫女的書包，跟在一路嬉鬧的孩子後面往回家的路走。

　　今年六十二歲的張大爺已經幫女兒照顧小孫女快六年了，與此同時，張大爺的老伴正在小兒子家幫忙照顧剛滿一歲大的小孫子。

　　「今天是重陽節，我中午回去給老伴打個電話。」張大爺說，「我們分開快三年了，雖說都住在同一個城市裡，卻只能在例假日團聚團聚，你說，像不像『牛郎、織女』呢？」

　　「在家閒她嘮叨，這下去照顧小孫子，剩我一個人，還挺悶的。」張大爺說，「女婿工作特別忙，原本想請個保母照顧，可是孩子一方面覺得不放心，一方面覺得還是自己父母貼心。原本打算和老伴一起去，但房子不夠住，只能她先過去，等孩子大點再回來。不過，說好過年就和孩子們一起回來了。」

　　據不完全統計，中國目前六十歲以上的老年人有一點三億，約占總人口的

百分之十點二。隨著人口的高齡化，家中沒有兒女、親人相處，獨自留守「空巢」的老人正以前所未有的速度增長，目前中國約有三分之二老人的家庭出現了「空巢」現象。

運用社會學的理論和方法對人的高齡化和老年社會群體進行研究的一門學科。它既是老年學的組成部分，又是社會學的一個分支學科。

人的高齡化是老年社會學產生的最根本的社會條件。現代社會由於科學技術的進步，醫學的發達，人的壽命越來越長，老年人口在總人口中的比例越來越高。這種人口的高齡化過程已成為發達社會必然出現的一種趨勢。人口高齡化的趨勢預計在21世紀還會加速。

同時，現代社會工業化和都市化的結果，老年人的社會經濟地位發生了變化，改變老年人的贍養關係，並使老年人的社會顯著度大為增加。這些因素大大促進了老年社會學的系統研究。

人的高齡化是一種生物過程，也是一種社會過程。老年社會群體的存在與發展，實際上是這種過程的產物。老年社會學就是研究這種過程的社會方面，以及老年群體的各種社會特徵與活動規律。

它的最重要的指標是老年人在總人口中的比重。老年社會學根據這一比重及相關指標，研究人口高齡化的程度及其發展的規律與特徵。人口高齡化與社會發展規律關係密切。

這方面的探索涉及勞動就業、勞動生產率和勞動人口的關係；對消費市場的影響；與社會人口負擔及贍養負擔的關係；對建設計畫的影響等。

老年人的家庭雖然受整個社會家庭演變的影響，但由於男女壽命的差異，老年人的家庭必然具有本身的特點，如鰥寡老人增加、代際關係、贍養問題等。老年人的社會保障和社會保險非常重要。這方面的研究涉及老年社會保障及保險制度的建立、基金的募集、享受的範圍及條件，以及基金的管理等問題。另外，老年人就業與人才開發、老年人的教育、老年人的扶養與服務機構、老年人閒暇時間利用與文娛保健活動等，如何滿足老年人這些方面的需要已成為一個重要課題。

中國學者將上述問題歸納為老有所養，老有所為，老有所學，老有所樂和老有所醫五個問題。此外，有關老年人的社會問題還有住屋問題、犯罪受害問題、自殺問題等。

高爾頓‧威拉德‧奧爾波特（1897～1967），Gordon Willard Allport，美國心理學家。認為特質是人格的基礎，是心理組織的基本建構單位，是每個人以其生理為基礎而形成的一些穩定的性格特徵。

地主眼裡的城市社會學

人口數量多、人口密度高和人口異質性大是城市的三個基本特質，城市居民其他的社會心理特徵和生活方式的特點都是由這三個特質決定的。

以前，有個地主有很多地，找了很多長工幫忙，地主幫長工們蓋了一棟宿舍大樓。

一天，地主的謀士對地主說：「東家，長工們這幾年手頭有點錢了，他們住你的房子，每月繳房租，不划算，反正他們要一直住下去，你乾脆把房子賣給他們吧！名字就叫公房出售！告訴他們房子永遠歸他們了，可以把他們這幾年存的錢收回來。」地主說：「不錯，那租金怎麼辦？」謀士說：「照收不誤，叫物業費！」地主很快實行了，賺了好多錢，長工們哪個會高興啊！

過了幾年，地主的村子發展成城鎮，有錢人越來越多，沒地方住，謀士對地主說：「東家，長工們這幾年手頭又有錢了，我們幫他們蓋新房子，取個名堂叫做舊城改造，他們把手頭的錢給我們，我們拆了房子蓋新的，再叫他們買回去，可以多蓋一些賣給別人。」地主又實行了，這次，有些長工們不高興，地主的家丁派上用場了，長工們只好忍氣吞聲，地主又賺了好多錢。

又過了幾年，地主的村子發展成大城市，有錢人更多了，地主的土地更值錢了，謀士對地主說：「東家，我們把這些長工的房子拆了，在這個地方蓋別墅，蓋好賣給那些有錢的大爺還能賺一筆。」地主說：「長工們不肯怎麼辦？」

謀士說：「我們給他們多點錢，取個名堂叫貨幣化安置，再到我們的豬圈旁邊蓋房子，取個名堂叫經濟適用房，給他們修個馬車道，讓他們到那邊買房

子。」地主說：「他們錢不夠怎麼辦？」謀士說：「從我們的錢莊借錢給他們，一年6分利，我們這些錢還能生利息，又沒風險。」地主又實行了，長工們拿到錢，地主的經濟適用房到現在才蓋了一間，長工們只好排隊等房子，直到現在，還在等著呢⋯⋯

沃思給城市下的定義是「為了社會學的目的，一個城市可以闡釋為大量異質性居民聚居的永久性居民點。」他把城市特有的生活方式叫做城市性，人口數量、人口密度和人口異質性這三個要素之間的相互作用形成了城市性。所謂城市性就是指「社會活動的形式和在由眾多異質的個人組成的相對穩定的聚居地中出現的組織」。

城市的第一個特點是人口數量多。這一特點對城市產生的影響是，城市居民在想到別人時，不是想到他是誰，而是想到他的職業，即城市居民是根據對方能夠為自己做些什麼來認識對方的。這表明聯結城市的紐帶已經變成了一種相互利用的關係。最後，即使城市中建立了正式的社會控制結構和職業行為準則，大量人口的存在仍然使城市具有分散和混亂的可能性。

人口密度高是城市的第二個特點。稠密的城市人口已經對城市生活產生了種種影響。高密度的人口使市民們被迫在空間上彼此接近，這種身體的接近必然擴大他們之間在心理方面的距離；並且城市居民有按照規範和慣例思維的傾向，因而人們之間的關係比較冷漠。

同時，彼此異質的居民的相互接近提高了城市居民們容忍差異的能力。沃

思還指出，密度過高的人口「會造成摩擦或衝突」，進而使反社會行為增加。

城市的第三個特點是人口異質性大。在城市環境中，各種不同個性特徵的人們之間的社會交往將打破頑固不化的等級界限，並使階級結構更加複雜化。也就是說，人口異質性的增大使城市中的門第觀念日益淡薄，個人奮鬥的作用增加，這就將導致城市中社會流動的增強，進而使階級結構更加複雜化。大多數城市居民不是房地產擁有者，頻繁變動的住處不會產生有約束力的傳統情感。也就是說，城市居民對自己的住所較少眷戀，鄰里之間的關係也比較淡漠。再次，作為交換的媒介，貨幣在彼此異質的城市居民中佔據了非常重要的地位。

因此沃思把城市描述為「金錢交易的場所」。

格爾茨（1926），美國人類社會學家。創立「解釋人類學」（或「文化解釋學」）。主張地方性知識的必要性也就是針對以往的那種沉溺於把自己封鎖在「框架結構」裡視為至上目標的現代社會科學的封閉性的一種批判。著有《農業內卷化》、《舊社會與新國家》、《商販與貴族》等。

社會學的想像力

社會學是一種讓每個人都能發揮自己「社會學想像力」的、在一些基本概念和視角之下散發的學科，因此，社會學的研究成果沒有單線條式的累積，有的是相容並包的，甚至是相互衝突的視角之間的討論與對話。

一位放羊的牧民注意到一個現象：他的羊群在食用了野生咖啡樹上的果實之後變得格外亢奮。出於好奇，他也嘗了嘗咖啡果。一嘗之後，由於咖啡豆的作用，他也像那些亂撞亂跳的山羊一樣，開始手舞足蹈起來。發生在牧民身上的這一幕，恰恰被一群僧侶撞個正著。於是，每當有必要在夜間舉行宗教儀式時，這些僧侶都用咖啡豆煮成湯水喝下，用這種方法來使自己保持清醒。

還有一個故事是這樣說的：一個穆斯林托缽僧被他的敵人趕入沙漠。在精神錯亂的狀態下，他聽到聲音，提示他採食身邊的咖啡果。他把咖啡果放在水裡，想把它們泡軟，由於咖啡果過於堅硬，他沒有成功。不得已，他只好將浸泡咖啡豆的水喝下去。最後，這個托缽僧就靠這種方法存活下來。當這個托缽僧走出沙漠之後，他覺得自己能夠倖存，並且自己身上之所以能夠獲得神奇的能量，全都是真主安拉相助的結果。於是，他就不停地向別人講述這個故事，並且把這種配製飲料的方法介紹給別人。

這是兩個關於咖啡起源的故事，從故事中不難看出，咖啡之所以被人們所推崇，是因為飲用咖啡能帶給人們某種神奇的力量。社會學研究同樣如此，它要借助的神奇力量就是在社會生活激發出無窮的想像力。僅僅依靠哲學的思維，很難對新出現的社會現象進行解釋。也很難對新出現的社會問題提出解決之道，而必須面對現實社會，對社會本身進行研究，從社會中尋找答案。從這

個意義上來說，社會學是工業社會的學問，是工業社會經世致用之學。

社會學是一種讓每個人都能發揮自己「社會學想像力」的、在一些基本概念和視角之下散發的學科，因此，社會學的研究成果沒有單線條式的累積，有的是相容並包的，甚至是相互衝突的視角之間的討論與對話。

什麼是社會學的想像力呢？米爾斯在《社會學的想像力》中指出，社會學的想像力是一種心智的素質，這種素質可以幫助人們利用資訊增進理性，進而使他們看清世事，即「個人只有透過置身於所處的時代之中，才能夠理解他們自己的經歷，並把握自身的命運，他只有變得知曉他所身處的環境中所有個人的生活機遇，才能明瞭他自己的生活機遇」。因此，具有社會學想像力的人能夠看清更廣闊的歷史舞台，發現現代社會的構架，透過這種想像力，個體性的焦慮不安就被體現為明確的社會性困擾，公眾不再漠然，而是參與這樣的公共議題。吉登斯在談到社會學的想像力的時候，曾經舉了一個喝咖啡的例子。一個在人們日常生活中再普通不過的行為，社會學能夠對它說什麼呢？

首先，咖啡並不只是一種讓人精神煥發的東西。作為日常社會活動的一部分，咖啡還具有象徵價值。有時候，與喝咖啡相關的儀式比喝（消費活動）更為重要。

第二，咖啡含有咖啡因，而咖啡因是一種毒品，人們並不把愛好喝咖啡的人看成是吸毒的人。但是，如果你只是要咖啡因（吸毒），情況就不同了，大多數社會並不容許人們吸毒。不過，也有社會容許消費大麻甚至可卡因，但卻反對消費咖啡。為什麼這樣呢？這是社會學家有興趣探討的問題。

第三，喝一杯咖啡使一個人捲入到了全球一系列複雜的社會與經濟關係中。咖啡生產地大多數是貧窮國家，而消費地大多數在一些富裕國家。在國際

貿易中，咖啡是僅次於石油的最有價值的商品，是許多國家最大的外匯來源。咖啡的生產、加工、運輸和銷售，為許多人提供了就業機會，也為國家之間的交往提供了機會。研究這種全球化的貿易，也是社會學的一項重要任務。

第四，正因如此，咖啡也變成一種政治。由於咖啡的種植十分普及，已變得「品牌化」，而喝什麼樣的咖啡就變成了消費者對生活方式的選擇，譬如純天然的咖啡、無咖啡因的咖啡和「公平貿易」咖啡等等。對於這些現象，社會學家也有興趣，譬如全球化讓人們關注遙遠的事物。如何產生對新事物的認知？

第五，喝一杯咖啡的行動隱含了某種社會和經濟發展史。雖然咖啡源自於中東，西方人對咖啡的消費是殖民擴張時期才開始的，那麼西方人到底怎樣看待咖啡？過去和今天的看法有什麼不同？咖啡與世界貿易的發展有著怎樣的關係？這也是社會學家感興趣的問題。總之，社會學的想像力讓一些看起來是個體的事情，當把它放在社會經濟背景中時，卻成為社會的現象。在這點上，米爾斯的「社會學想像力」與涂爾幹的「社會事實」有異曲同工之妙。是否自殺、如何自殺和在哪裡自殺都是個體的事，但把個體的自殺行為放在一定的社會經濟背景中討論，就具有了更加廣泛的意義，就變成了一個公共議題。

賈斯特・巴納德（1886～1961），Chester I. Barnard，是西方現代管理理論社會系統學派的創始人。他在組織管理問題上的貢獻和影響，可能比管理思想發展過程中的任何人都更為重要。管理學界幾乎一致認為：巴納德關於組織理論的探討，至今無人超越，西方管理學界稱他為現代管理理論的奠基人。著有《經理人員的職能》、《組織與管理》等。

國家圖書館出版品預行編目資料

關於社會學的100個故事／葛修文編著.
－－初版－－ 台北市：宇炯文化出版；
紅螞蟻圖書發行，2007〔民96〕
面　　　公分，－－(Elite；4)
ISBN 978-957-659-629-2 (平裝)

1.社會學　2.通俗作品
540　　　　　　　　　　　　　　96013552

Elite 4

關於社會學的100個故事

編　　　著／葛修文
發 行 人／賴秀珍
榮譽總監／張錦基
總 編 輯／何南輝
特約編輯／呂靜如
平面設計／劉淳涔
出　　　版／宇炯文化出版有限公司
發　　　行／紅螞蟻圖書有限公司
地　　　址／台北市內湖區舊宗路二段 121 巷 28 號 4F
郵撥帳號／1604621-1　紅螞蟻圖書有限公司
電　　　話／(02)2795-3656（代表號）
傳　　　眞／(02)2795-4100
登 記 證／局版北市業字第 1446 號
港澳總經銷／和平圖書有限公司
地　　　址／香港柴灣嘉業街 12 號百樂門大廈 17F
電　　　話／(852)2804-6687
新馬總經銷／諾文文化事業私人有限公司
新加坡／TEL:(65)6462-6141　FAX:(65)6469-4043
馬來西亞／TEL:(603)9179-6333　FAX:(603)9179-6060
法律顧問／許晏賓律師
印 刷 廠／鴻運彩色印刷有限公司
出版日期／2007 年 8 月　第一版第一刷
　　　　　 2009 年 4 月　第一版第二刷

定價300元　港幣100元

ISBN 978- 957-659-629-2　　　　　　　　　Printed in Taiwan